Klaus Eickhoff

Unterwegs fand ich nach Hause

Stationen einer Durchreise

SCM
Hänssler

SCM

Stiftung Christliche Medien

Der SCM-Verlag ist eine Gesellschaft der Stiftung Christliche Medien, einer gemeinnützigen Stiftung, die sich für die Förderung und Verbreitung christlicher Bücher, Zeitschriften, Filme und Musik einsetzt.

2. Auflage 2014

SCM Hänssler im SCM-Verlag GmbH & Co. KG · 71088 Holzgerlingen
Internet: www.scm-haenssler.de · E-Mail: info@scm-haenssler.de

Umschlaggestaltung: Jens Vogelsang, Aachen
Titelbild: © Kerstin Kauffold
Bilder im Innenteil: © Dr. Klaus Eickhoff
Satz: typoscript GmbH, Walddorfhäslach
Druck und Bindung: CPI books GmbH, Leck
Gedruckt in Gedruckt in Deutschland
ISBN 978-3-7751-5420-8
Bestell-Nr. 395.420

Inhalt

Vorwort

»Schreib das doch mal auf!«

»Und dann?«, haben sie gedrängelt. »Wie ging es weiter?« – Dabei hatte ich doch nur ein wenig erzählt, von dem, woran ich mich gerade erinnerte. Nun musste ich tiefer in die Vergangenheit eintauchen. Erstaunlich, was mir da wieder vor Augen kam!

»Schreib das doch mal auf!«, haben sie gesagt, die Kinder, Schwiegerkinder, die Enkel.

Soll ich? Sicher, sie werden es lesen. Möglicherweise findet es einmal sogar eine Ur-Ur-Urenkelin und freut sich, dass einer ihrer Vorfahren das festgehalten hat.

Doch wen sonst sollte meine Geschichte interessieren?

Vielleicht hilft sie Leuten, die sich mit ihrer eigenen Geschichte schwertun. Das wäre schön. Vielleicht hilft sie denen, die sich fragen, was sie vom Leben halten sollen. Da wird man in diese Welt geworfen und erfährt so nebenbei, man wäre nichts anderes als organisierter kosmischer Staub. Na, toll!

Nichts anderes?

Woher kommt der Staub und dann noch organisiert? Könnte mir das bitte einmal jemand erklären? Steckt wirklich nichts dahinter? Von nichts kommt doch nichts.

Woher komme ich? Wer bin ich? Wohin gehöre ich? Warum bin ich da? Wozu bin ich da? Wo werde ich einmal sein? Das hatte mich überfallartig bedrängt, als ich ein Teenager war. Dann habe ich entdeckt, dass hinter meiner Geschichte eine andere Geschichte steht. Da ist Regie von langer Hand. Unser Leben hat Sinn und Ziel.

Wir sind auf der Durchreise.

Von einigen Stationen meiner Durchreise möchte ich erzählen.

Also schreib ich es mal auf.

1.

Das Tagebuch meiner Mutter

Meine Mutter mit ihren Eltern und Geschwistern

Was keiner wissen sollte

Die ersten Blätter sind weg. Rausgerissen. Da hat gestanden, was ich zu gerne wüsste. Das Tagebuch meiner Mutter beginnt für mich mit Fragezeichen. Wer war mein Vater? Wie war er? Wie haben sie sich kennen- und lieben gelernt? Warum hat er sie verlassen? Das steht alles nicht drin. Hat er sich davongemacht, weil ich kam? Hat er mich je gesehen? Meine Mutter ist bestimmt traurig gewesen, wütend, verletzt. Dann hat sie versucht, sich ihren Schmerz von der Seele zu schreiben. Aber gesund ist sie dadurch nicht geworden. Sie hätte jemanden gebraucht, dem sie ihre Trauer, ihre Schmerzen und ihre Verletzungen hätte bringen können, am besten jemanden, der solche Wunden heilt.

Ob sie wohl einmal daran gedacht hat, mich wegmachen zu lassen? Ich glaube nicht. Zu liebevoll ist alles, was sie über mich geschrieben hat. Sie hat mich gewollt, koste es, was es wolle. Aber etwas ist möglicherweise geschehen – und zwar in mir. Warum hat es mich eigentlich in jungen Jahren nie danach verlangt, nach meinem Vater zu forschen? Hat Mutter meiner Seele vermittelt, an meiner väterlichen Herkunft nicht zu rühren?

Er wäre bei einem Autounfall tödlich verunglückt, hat sie mir einmal gesagt. Später dann aber die Frage gestellt: »Ob er vielleicht noch lebt?« Also hatte sie zunächst einmal geflunkert. Ein Kind merkt sich das. Als ich einmal etwas angestellt hatte, verlor sie die Beherrschung und es platzte aus ihr heraus: »Willst du so werden wie dein Vater?«

Das wollte ich lieber nicht, auch wenn ich gar nicht wusste, wie er gewesen war. Wie war er wohl? Wer war er?

Erst durch unsere Tochter Petra bin ich draufgekommen, dass da bei mir etwas nicht stimmt: »Warum hast du nie nachgeforscht?« Ja, warum nicht? Das frage ich mich jetzt auch. Zaghafte Versuche habe ich dann doch unternommen, aber nicht mit der nötigen Leidenschaft. Mir ist, als würde ich meiner Mutter einen Gefallen tun, wenn ich die Finger davon lasse. Woher komme ich? Wo gehöre ich hin?

Mein Vater

In einem Ordner fand ich ein Dokument, das nun doch ein wenig über ihn verriet. Unter Hitler musste von jedem, der in Deutschland geboren war, ein Nachweis erbracht werden, dass er arischer Abstammung sei und nicht etwa Jude oder Halbjude. Deshalb musste meine Mutter noch einmal den Spuren meines Vaters nachgehen. So ist mir seine Geburts- und Taufurkunde in die Hände gekommen. Mein Vater wurde in Vilna, Litauen, geboren. Dort wurde er katholisch getauft. Dem Namen nach gehörte seine Familie zu den Polen, die seinerzeit dort lebten: Woizichowitz, Eduard. Meine Tante Gustel meinte, er sei aus gutem Hause gewesen, aber vermutlich das schwarze Schaf. Mehr könne sie mir auch nicht sagen.

Meine Mutter damals in Berlin

Weil im Tagebuch Dinge standen, die niemanden etwas angingen und die auch ich nicht erfahren sollte, hat meine Mutter die ersten Blätter also eliminiert. Außerdem war das schwarze Büchlein mit einem Schloss versehen. Mir hatte das Herz geschlagen, als ich es nach dem Tod meiner Mutter fand und aufbrach – es blieb mir leider keine andere Wahl, denn der Schlüssel war weg.

Ohne die entfernten Seiten beginnt das Tagebuch sinnigerweise mit der Erinnerung an meine Taufe. Dieser Eintrag hat später genügt, dass ich in der evangelischen Kirche in Senne 1 konfirmiert werden konnte, ohne nochmals getauft zu werden – einen Taufschein habe ich nicht. Der Tag meiner Taufe ist demnach der 27. Februar gewesen. Geboren bin ich am 24. Februar 1936 in Berlin, ein Kriegskind, wie man sagt. Am 1. September 1939, als ich dreieinhalb Jahre alt war, begann der Zweite Weltkrieg mit dem Einmarsch der deutschen Wehrmacht in das Nachbarland Polen. Bis zum Kriegsende 1945 verloren weltweit über 55 Millionen Soldaten und Zivilisten ihr Leben. Irgendwo in diesem Schmelztiegel heilloser Ereignisse spielten sich meine ersten Jahre ab.

Und so beschrieb meine Mutter meinen Start ins Leben:

Kläuschen ist dann gleich in der Klinik getauft worden … mit einem hübschen Sträußchen angetan legte man ihn mir nach dem feierlichen Akt in die Arme. Ich war glücklich ob meines kleinen Buben …

Er blickte mir schnurstracks in die Augen, so groß, so durchdringend vorwurfsvoll, als wenn er sagen wollte: »So hast du mich kämpfen lassen, bis ich nun endlich da bin!«

Kläuschen sah sehr mitgenommen aus … Er hatte den ersten Kampf seines Daseins hinter sich, und man sah es ihm an.

Als man uns dann nach fünfzehn Tagen aus der Klinik entließ, zogen wir zuerst zu meiner früheren Wirtin, Frl. Neumann. Die alte Dame hatte sich die größte Mühe für unseren Einzug gegeben. Sie verfügte ja selbst über so wenig. Kläuschens Bettchen bestand aus einem leider zu kleinen Wäschekorb. Es war alles so dürftig und ärmlich. Ich habe so sehr geweint. Wie so ganz anders hatte ich mir früher mein Mutterwerden vorgestellt. Mein kleines Bübchen tat mir so leid. Es war März und sehr kalt. Der Ofen im Zimmer gab so wenig Wärme.

Wie vorsichtig habe ich ihn dann gewaschen und angezogen, aber er hat immer ganz mächtig geschrien. Mit dem Windelwaschen hatte ich meine Not, die wollten so schlecht trocken werden und ich war so gar nicht auf all die Arbeiten, die so ein ganz Kleines einem zu schaffen gibt, eingestellt. Den ganzen Tag hatte ich nur mit dem Jungen zu tun, kaum, dass ich mein Zimmer aufräumen konnte. Dazu hatte ich noch die vielen Wege zu besorgen, und wie bin ich dann gelaufen, um nur wieder zur rechten Zeit da zu sein, um ihm seine Mahlzeit einzugeben.

Am 1. April mussten wir dann wieder ausziehen. Frl. Neumann tauschte ihre Wohnung, und wir mussten eine neue Bleibe suchen. An diesen Tag dachte ich schon immer mit Grauen. Kläuschen war vier bis fünf Wochen alt. Ich fand aber dann für uns beide ein Leerzimmer, vom Hauswirt direkt gemietet. Sachen hatte ich ja noch keine, ich sollte das Notwendigste von Frl. Neuman mitbekommen.

Somit rückte der 1. April heran. Ich packte meine Sachen, und da schon der Tapezierer sich in der Wohnung zu schaffen machte, stellte ich Kläuschen derweil oben ins Treppenhaus. Ich hatte inzwischen eine größere Wiege zu leihen bekommen, aber dort gefiel es ihm nun gar nicht. Er fing ganz mächtig an zu schreien, sodass ich ihn in die andere Wohnung trug. Ich nahm mir die Wiege unter den Arm und trug ihn bis zur anderen Straße, wo unsere jetzige Wohnung war. Sobald ich die Wiege aufhob, war er mucksmäuschenstill, und als ich dann auf der Straße die Decke zurückschlug, schaute er mich ganz groß verwundert an.

In unserer neuen Wohnung stellte ich ihn dann ans Fenster in die Sonne, ordentlich wohl fühlte er sich da. Hier haben wir beide dann nette Tage verlebt und aller Kummer und alle Niedergeschlagenheit waren verschwunden …

Dann kam bald der Tag, wo ich ihn abgeben musste, zum Waisenhaus musste ich ihn bringen …

Das herumgereichte Kind

Gut, dass meine Mutter mir dieses Tagebuch hinterlassen hat. Auf die Erlebnisse der ersten Wochen folgten noch viele weitere Aufzeichnungen, die unter anderem die häufig wechselnden Beziehungen in meinen ersten Lebensjahren beschrieben:

> *Es war für mich schrecklich, mein Junge ins Waisenhaus. Aber es half ja nichts … Die Schwester im Waisenhaus, die ihn aufnahm, freute sich über sein freches Stupsnäschen.*
>
> *Sonntags darauf besuchte ich dann meinen kleinen Liebling. Aber ich war ganz erschrocken, als ich ihn wieder sah. Er sah so traurig aus. Ich kannte ihn nicht wieder, bis die Schwester mir sagte: »Das ist Ihr Kleiner doch.« Der Wechsel hatte ihn doch sehr mitgenommen …*
>
> *Als mein Kläuschen dann vier Monate alt war, musste er schon wieder wandern. Er kam dann nach Oranienburg bei Leuten in Pflege.*
>
> *Ich glaubte, es müsse dort sehr gut für ihn sein, erst einmal die Luft. Aber es schien doch nicht so. Er bekam dort fast die englische Krankheit. Ich holte ihn von dort wieder … Ich hatte bei dieser Frau, die ihn nur zwei Tage behalten wollte, herausbekommen, dass sie krank sei und in der Krippe war eine Krankheit ausgebrochen … Zwei Tage später konnte ich ihn mir dann abholen. Aber Kläuschen wurde der Abschied von dort doch sehr schwer. Er hatte sich zu sehr schon gewöhnt, und er hat tüchtig geschrien, als ich ihn abholte …*

Das also hat meine ersten Lebensjahre ausgemacht: Ich kam in irgendwelche fremden Hände, gewöhnte mich langsam an die neue Umgebung, um dann bald wieder herausgerissen zu werden; wo doch die ersten zarten Wurzeln gerade begonnen hatten Boden zu fassen. Nirgendwo erwähnt meine Mutter, dass ihr dieses Herumgereiche ihres Kindes als ein besonderes

Problem erschienen wäre, (was natürlich nicht heißt, dass es ihr nicht doch Schmerzen bereitete). Wen wundert das, war doch damals die psychologische bzw. pädagogische Kenntnis in der Bevölkerung über solche Dinge noch nicht sehr weit gediehen.

Ich hatte ihn bei mir dann vierzehn Tage. Immer war ich auf der Suche, eine gute Pflegestelle für ihn zu bekommen. Es war schrecklich schwer … Alles schlug fehl. Ich war schon wie ein gehetztes Wild. Ich musste doch bald wieder arbeiten. Wie ich dann keinen Rat mehr wusste, ging ich zum Gau und ich hatte mir vorgenommen, nicht eher von dort zu gehen, bis Rat geschaffen wurde. Die fanden dann auch einen Platz für ihn, außerhalb von Berlin in Kohlhasenbrück, Königsweg, bei Vogt, in einem schönen Landhaus. Hier war er dann wohl drei Monate …

Alle Augenblicke hatten die Kinder eine Infektionskrankheit, sodass man ihr die Kinder nahm und sie etwas weiter ins Oberlinhaus in Nowawes brachte. Hier ist es nun auch einwandfrei. Trotzdem hatte das Jugendamt versucht, ihn dort nach vier Monaten abzuholen, ohne mich zu fragen schickte man ihn wieder zu Leuten in Pflege, weil es angeblich zu teuer war in Nowawes. Ich bekam erst die Nachricht, als er schon dort war. Ich bin dann gleich sonntags hingefahren. Als Kläuschen mich sieht, kommt er ganz schnell zu mir gelaufen und weint und drückt mich noch und noch. So rührend war er noch nie. Er hat sich so gefreut …

Da habe ich dann gesehen, dass Klaus noch nicht mal ein Bett für sich hatte, sondern bei den Leuten mit im Bett schlafen musste. Außerdem war dort eine Stufe von 30 cm Höhe, wo er hätte leicht runterfallen können, denn K. lief doch erst kurze Zeit.

Tags darauf bin ich dann zum Jugendamt und zum Gau gegangen und habe ganz mächtig geschimpft. Und nur, weil ich so treffende Beweise hatte, dass die Pflegestelle wirklich keiner Prüfung unterzogen worden sei, denn eine Pflegestelle, wo das Kind mit Großen in einem Bett schlafen muss, ist doch ganz gegen die Grundsätze des neuen Dritten Reiches …

25. September 1937: Gestern habe ich den Brief bekommen, dass man Kläuschen nach Kaltenberge in eine unerfreuliche Pflegestelle gegeben hat …

30. September 1937: Heute habe ich Kläuschen nun zurückgebracht ins Oberlinhaus. Als ich ihn vom Kinderhort abholen wollte, schlief er noch. Wie er dann nachher aufwachte und mich sah, sagte er: »Mama hier!« Ich war ganz glücklich. Er fängt jetzt wohl so langsam an zu sprechen …

Gestern hatten wir den ersten Weihnachtsfeiertag. Ich kam leider eine halbe Stunde später. Der Baum brannte schon, und wir Eltern saßen alle mit im Kinderzimmer. Als ich hereinkam, ließ sich Kläuschen gerade von der Schwester das Krippenbildchen erklären, da hörte er so andächtig zu.

26. Oktober 1938: … Bald werde ich nun wohl meinen Liebling für immer holen. Ich freue mich schon auf unser Beisammensein. Es fällt mir sehr schwer, wenn ich sonntags von ihm fort muss. Er ist jetzt schon so verständig. Man kann sich so gut mit ihm unterhalten.

Weihnachten 1938: Heute vor einem Jahr habe ich angefangen, in diesem Büchlein einzutragen, und Klaus wird bald drei Jahre alt … Kläuschen ist noch im Heim in Nowawes, jetzt Babelsberg … Ich habe nun Kläuschen für immer geholt. Er freute sich sehr, als ich kam und ihn holte … Doch dann später sagte er, jetzt wolle er wieder in den Spielsaal. Ich habe dann allerlei aufgestellt, um ihn auf andere Gedanken zu bringen.

Ich hatte mir in der Zeit Urlaub genommen und konnte so einige Tage bei ihm bleiben. Doch dann musste ich ihn in einen anderen Kindergarten bringen, von der Sofiengemeinde …

Diese drei Monate waren für mich köstlich mit ihm. Ich muss sagen, ich konnte mich ihm viel widmen, weil unsere liebe Oma mir die viele Hausarbeit abnahm. Es war so schön. Meine herrlichste Zeit. Nachher ist er dann auch gern in die Kinderschule gegangen und zum Turnen …

Danach kam dann unsere Inge. Wir haben der Inge dann ordentlich Berlin gezeigt. Als Inge 14 Tage bei uns war, nahm ich meinen Urlaub und heidi, zusammen fuhren wir alle zu unserer Oma nach Hause … Onkel Heini holte uns von der Bahn ab und Heinz empfing uns an der Straßenbahn. Die beiden waren sogleich Freunde und stießen sich immer mal wieder mit den Ellenbogen an und grienten dabei …

Die Tagebuchaufzeichnungen meiner Mutter hören Ende 1938 auf. Da war ich etwas über zwei Jahre alt. Meine eigenen Erinnerungen setzen ein, als ich etwa sechs Jahre alt war und mich in einem Kinderhort befand. Dieser lag in der Nähe unserer Wohnung, die nur aus einem einzigen großen Zimmer bestand. Meine Mutter musste arbeiten. Ich schlief zu Hause, kam morgens in den Hort. Dort gab es Mittagessen, dann Mittagsschlaf, Hausaufgaben, danach wurde gespielt. Abends ging ich nach Hause. Vor unserer Haustür in der Auguststraße musste ich auf dem Bürgersteig quälend lange warten, bis Mutter kam. Ich starrte immer in die gleiche Richtung; eine kleine, mutterlose Ewigkeit.

Als ich zur Schule kam, wurde der Kinderhort gewechselt. Auch er lag nicht weit von unserem Zuhause entfernt. Auf dem Heimweg begegneten mir Menschen mit einem gelben Stern auf der Kleidung. In der Auguststraße lebten viele jüdische Mitbürger.

Nach den Angaben meiner Mutter bin ich in den ersten drei Jahren meines Lebens – getrennt von ihr – an 16 verschiedenen Orten gewesen: Waisenhäuser, Pflegestellen, Kinderhorte. Über die Zeit zwischen meinem dritten und sechsten Lebensjahr kann ich nur wenige Angaben machen. Wahrscheinlich war ich wiederum in dem einen oder anderen Heim, ehe ich mit siebeneinhalb Jahren endgültig nach Senne 1 im Landkreis Bielefeld kam, katapultierten mich die Kriegsumstände noch für zwei Monate nach Westpreußen zur Kinderlandverschickung.

Wie sehr diese vielen Orts- und Beziehungswechsel mein Leben beeinflusst haben, vermag ich nicht zu beurteilen. Durch meine Erinnerung zieht sich ein Gefühl von Fremdheit, noch unangenehmer als nasskalter Nebel. Mich fröstelt, wenn ich daran denke. Die Wärme und Geborgenheit, in die sich ein Kind gern fallen lässt, fehlte irgendwie. Wie gesagt: immer wenn sich Heimatgefühle einstellten, wurde ich aus meiner Umgebung bald wieder herausgerissen und weitergereicht.

Irgendwann habe ich gelesen, dass man in diesem zarten Alter durch den häufigen Wechsel der Bezugspersonen nicht reparierbaren Schaden erleidet, in der Seele und so. Dem will und kann ich im Blick auf meine eigene Geschichte nicht ganz zustimmen, allerdings gestehe ich zu, dass eine objektive Betrachtung der eigenen Person wohl kaum gelingt. Das aber weiß ich: In dieser geschundenen Welt sind auch gute Mächte am Werk, von denen Heilendes ausgeht. Die habe ich zu meinem Glück handfest erfahren. Jedenfalls ist mir viel später, als Erwachsenem, aufgefallen, dass ich trotz vieler Widerwärtigkeiten im Kindesalter zum Beispiel so gut wie nie Albträume gehabt habe. Bis auf den einen, der sich eine Zeit lang wiederholte: Die Hexe von Hänsel und Gretel lief hinter mir her, und ich kam bei meinen Fluchtversuchen nicht vom Fleck. Das lag aber daran, dass ich die hässliche Alte im zu frühen Alter in einem Märchenfilm gesehen und fürchten gelernt hatte. Ich sehe mich tief im Kinosessel versunken, schwitzend vor Angst mit Atemnot.

Die regelmäßigen Tagebuchaufzeichnungen meiner Mutter enden zwar im Sommer 1938, doch hat sie acht Jahre später, im April 1946, noch einige Eintragungen hinzugefügt. Wir lebten inzwischen in Senne 1 bei Bielefeld. Ich war zehn Jahre alt und hatte damals kleine Verse verfasst, wohl angeregt durch Geschichten in meinem Lesebuch. Die hat sie aufgeschrieben, wollte sie der Nachwelt nicht vorenthalten. Also schreibe ich einige ebenfalls ab:

König Winter
Zur Winterszeit, da kommt heran der alte König Winter,
er zieht sein weißes Jäckchen an, gebärdet sich ganz munter.
Er necket auch die Kinder gern, die draußen sind im Freien.
Und wenn sie frieren, ganz gewiss, wird er sich auch noch freuen.

Wintersabzug
Im Frühling kommt die Sonne zum ersten Mal heraus.
Da kommen auch die Blumen aus ihrem Winterhaus.
Da kommen auch die Vöglein, da ist es erst recht fein,
da sagen dann die Kinder: »So müsst es immer sein!«
Da zieht der Winter grimmig ab. Er nimmt zur Hand den Wanderstab.
Er sinnet jetzt auf Rache, er weiß nicht, was er tut.
Die liebe Sonne lacht ihn aus in ihrem heißen Sonnenhaus.

Die Eule
Die Sonne geht schon wieder unter,
da wird auch bald die Eule munter und macht ein laut Gekrächz.
Sie flieget leis im Wald umher, etwas zu fressen ist ihr Begehr.
Da fliegt sie übern Wald hinaus und kommt zu einem Bauernhaus.
Ihr Flug geht hin zur Scheune. Da höret sie ein leis' Piep, Piep
und sieht ein Mäuschen da, es wollte sich noch ducken.
Doch, ach, die Eule hats erfasst und fraß es auf, o Graus.
Da war es mit dem Mäuschen aus.

Der Rosenstrauß

Im stillen Wald, da stand ein Haus, nicht fern davon ein Rosenstrauß.
Ein Mägdelein, Marie, genannt, war seine Pflegerin
und unser Strauch gab ihr zum Dank die schönsten Rosen hin.
Die nahm sie gern und bracht sie dann zu ihrer Mutter Grab,
und sagte oft zum Rosenstrauch: »Wie gut, dass ich dich hab!
Du bist zu mir fast wie ein Kind, du spürst nicht Schmerz noch Leid,
du wächst so auf und wächst so hin in Gottes Herrlichkeit.
Dein Leben ist umgeben von Freud und Freudigkeit
Und meines ist dagegen nur tiefe Traurigkeit.
Doch will ich nicht mehr klagen, es ist das Schicksal mein,
ich will es still ertragen, es muss ja doch so sein.«

Dieses letzte Gedichtchen habe ich mit elf Jahren geschrieben. Ich erinnere mich, dass meine Mutter weinte, als sie es gelesen hatte. Ob sie ahnte, dass sie nur noch wenige Monate leben würde? Habe ich's geahnt?

2.

In Berlin, der Stadt des Führers

Todesahnung und ein gelber Stern

In Berlin wurde ich im Jahre 1942 eingeschult. Meine Mutter war nicht dabei. Wegen ihrer Berufstätigkeit konnte sie mich nicht begleiten. Damals habe ich mich im Stich gelassen gefühlt. Der erste Schultag, so viele Gesichter, alle und alles fremd.

Wir saßen schon auf unseren Plätzen, da hieß es, wir seien in den falschen Raum geraten. »Schnell, schnell raus und ins nächste Klassenzimmer!«, rief die Stimme eines Lehrers. Es folgte ein zähes Geschiebe, denn alle wollten zugleich. Schüchtern, wie ich war, wurde ich mitgerissen, ohne mich irgendwie gegen irgendwen zu behaupten. Der breite Strom zukünftiger Schulkameraden spülte mich vor die Tür des anderen Klassenraums. Die war für diese Strombreite zu eng. Hilflos hing ich in der Menge. Ein Lehrer, mit einem langen Stock bewaffnet, lauerte bereits. Gedränge von Kindern mögen Lehrer wohl nicht. Er nahm das Ding und ließ es blindlings auf den Strom der heranrückenden Kinder niedergehen.

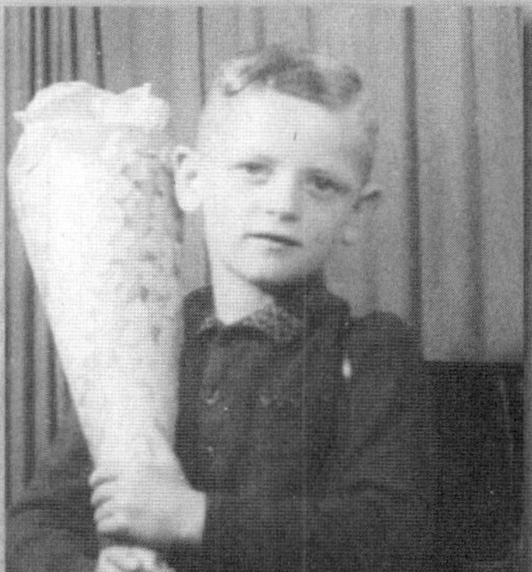

Meine Einschulung in Berlin Mitte, 1942

Ich weiß nicht, ob er noch jemand anderen getroffen hat. Jedenfalls landete das äußerste Stockende zielgenau auf dem Nagel meines rechten Zeigefingers. Der zeigte sich unverzüglich beleidigt, lief rot an und plusterte sich auf, wurde immer dicker. Mir tat er höllisch weh. Das war mein erster Schultag.

Schließlich und endlich saßen wir alle da, wo wir nach einem höheren Plan wohl hingehörten. Das heißt: Nicht alle. Einer fehlte. Die Klassentür wurde aufgerissen. Zwei Männer und eine Frau zerrten den Jungen herein. Der schrie so schrecklich, dass ich meine, sein verzweifeltes Brüllen noch heute zu hören. »Nein! Nein! Nein!«, hallte es durchs Gebäude. Die Frau war seine Mutter. Anstatt ihr Kind zu retten, stieß sie es mit Hilfe der beiden Männer in sein Unglück. Sie drückten den Jungen auf einen leeren Platz. Der Schreihals gab auf, legte seine Arme auf den schmalen Tisch vor ihm und vergrub sein Gesicht. Er schluchzte, schluchzte, schluchzte. Die drei verließen das Klassenzimmer. Das Schluchzen wurde weniger, bis es verstummte. Ich wusste, dass es in ihm leise weiterweinte. Es gibt ein Weinen, das niemand hört.

Am nächsten Tag war er wieder da, ohne Gezeter und Geschrei, wie ein wildes Pferd, dass sie zahm geritten haben. Wir erfuhren, dass er Günter hieß. Wie wir alle war er einmal rau und frech, dann wieder still und folgsam. Ein normaler Junge unter normalen Jungen.

In den großen Pausen war jedes Herumtollen auf dem Schulhof verboten. Ballspielen? Kein Gedanke! Wir mussten uns zu viert aufstellen. Eine Viererreihe hinter der anderen. Dann marschierten wir im Kreis im Innenhof der Schule. Nicht rennen! Nicht stehen bleiben! Gehen! Wenn einer stehen blieb, war jemand da, der ihn alsbald in Gang setzte.

Hätten wir doch toben dürfen! Vielleicht wäre es nicht passiert.

An den Außenwänden des dreiteiligen roten Backsteingebäudes war ein Baugerüst errichtet worden. Wenn ich aus dem Fenster unseres Klassenzimmers sah, konnte ich ein Stück vom Gerüst an unserer Außenwand gut sehen. An der gegenüberliegenden Hausseite zeigte es sich in voller Breite, wie ein

Riesenkrake, der uns alle in den Griff kriegen wollte. Es wäre ein Leichtes gewesen, durch ein offenes Klassenfenster auf das Ungetüm zu steigen. Doch das wagte keiner. Doch halt, einer hatte es gewagt. Man sagte, Günter wäre in der Pause unbemerkt ins Klassenzimmer zurück und durchs Fenster geklettert. Einige haben ihn von unten gesehen. Dann sei er wohl ausgerutscht. Vielleicht aber …

Erst hieß es, er läge im St. Hedwigs-Krankenhaus. Dann sagte unser Lehrer: »Günter ist gestorben.« Möglicherweise hat er sich nur austoben wollen, weil auf dem Schulhof Disziplin so furchtbar wichtig war, wichtiger als wir Schüler.

»Ob er geahnt hat, dass er in der Schule sterben würde?«, habe ich meine Mutter gefragt. »Warum hat er am ersten Tag so geschrien?« Sie wüsste es nicht, sagte meine Mutter.

Mein Nebenmann hieß Jakob, ein zutrauliches Kerlchen mit einem gelben Stern an seinem Jäckchen. Das war etwas Besonderes, so einen hätte ich auch gerne gehabt.

Jakob hatte in seiner Butterbrotschachtel stets eine Essiggurke dabei. Gleich am Morgen des ersten regulären Schultages hielt er sie mir hin: »Willst Gurrrke? Kannst abbeißen! Na willst?« Ich habe im späteren Leben niemanden getroffen, der so schön »Gurrrke« sagen konnte. In den nächsten Tagen hat er sein Anerbieten mir gegenüber resigniert eingestellt. Bis heute esse ich fast alles, nur keine Essiggurken. Wie gesagt, den gelben Stern hätte ich gern genommen. Den aber konnte er mir nicht geben. Der war angenäht. Eines Tages kam Jakob nicht mehr. Er wäre verreist, wurde uns erzählt. Das war die Wahrheit. Trotzdem war es gelogen. Der Platz neben mir blieb leer.

Die Bombe, die dich trifft, hörst du nicht

Wir wohnten in Berlin, N4, Auguststraße 22. Nicht weit von zu Hause war der Koppenplatz. Da hatte ich als Vierjähriger im riesengroßen Sandkasten gespielt. Habe lange nicht gewusst, dass unter dem Platz ein Luftschutzkeller war!

Wenn die Nacht ihre schwarze Decke über die Stadt ausgebreitet hatte, ging es los. Das Sirenengeheul hat mich im Tiefschlaf einfach nicht erreicht. Mutter musste deshalb Mittel und Wege finden, mich aus meinen Träumen zu reißen. Sie stand an meinem Bett und schüttelte mich: »Klaus! Fliegeralarm! Ab in den Luftschutzkeller!«

Während meine Mutter mich anzog, versuchte ich im Stehen weiterzuschlafen. Nachdem sie die Aktenmappe mit den wichtigen Papieren im Griff hatte, packte sie mich. Wir hasteten in den Bunker, der unter meinem Sandkasten auf dem Koppenplatz lag!

Einmal waren wir spät dran. Die Amis warfen schon ihre Leuchtbomben ab. Damit wurde die Stadt hell gemacht. Die Berliner nannten diese Leuchten »Christbäume«. In der Regel warfen die Flieger danach ihre Sprengbomben. Diese deckten Dächer ab und zerstörten Fenster. Anschließend entluden die feindlichen Geschwader ihre Brandbomben, die eine verheerende Wirkung entfalten konnten. Sie enthielten eine phosphorartige Chemikalie. Durch den Aufprall entzündete sie sich und war dann nicht mehr zu löschen. So haben sich in vielen Städten tödliche Feuerstürme ausgebreitet.

Wir waren also spät dran. Ich sehe sie am dunklen Himmel, die »Christbäume«, die nicht nur uns den Weg erhellten, sondern auch den Fliegern die Ziele für ihre tödliche Last markierten. Der Luftschutzwart sah uns, rief zur Eile und schloss hinter uns die schwere Tür.

In einer Nacht, während ich im Bunker schlief, hatte es ein Amerikaner, der weit über den Dächern Berlins unterwegs war, doch glatt geschafft, mich wach zu kriegen. Die Bombe, die er auf uns abgeworfen hatte, heulte so laut, dass meine Mutter mich gar nicht erst wecken musste. Das Ungetüm ging in der Nähe runter und es gab ein Riesengetöse. Ich glaube, dass sogar die Wände des Bunkers gezittert haben. Vielleicht aber waren das auch die Erwachsenen, deren panische Angst sich auf uns Kinder übertrug. Gezittert jedenfalls hat was!

»Wenn man das Pfeifen einer Bombe hört«, wusste ein alter Mann zu beruhigen, »muss man keine Angst mehr haben. Dann ist keine Gefahr.«

Das habe ich in jener Nacht gelernt: Die Bombe, die dich trifft, hörst du nicht. Von da an hatte ich Angst, wenn nichts zu hören war. Stille kann schön sein. Aber es gibt auch eine, die gespenstisch ist. Ich fürchtete mich. Weil man aber nicht ständig Angst haben kann, ließ ich mich von meiner Mutter wieder in den Schlaf summen.

Irgendwann weckte sie mich: »Die Bomber sind weg. Wir können gehen.« »Sind alle abgeschossen?« »Alle abgeschossen.« »Dann kommen sie morgen nicht wieder?«, fragte ich hoffnungsvoll.»Ich glaube, die haben noch mehr. Aber jetzt ab nach Hause.«

60 Jahre später werden meine Frau Renate und ich in den Vereinigten Staaten amerikanische Freunde in Florida treffen. Sie laden uns zu einem besonderen gesellschaftlichen Ereignis in Fort Myers ein, das mit einem gepflegten Dinner beginnen soll. Nach freundlicher Begrüßung werden wir an einen runden, festlich gedeckten Tisch geleitet. Da sitzt schon ein Ehepaar, das mir älter vorkommt, als wir es sind. Wir sind 68. Der übliche Smalltalk beginnt.

»Ach, Sie sind Deutsche? Nun wohnen Sie in Österreich? Wie schön! Wir kommen ursprünglich aus Nebraska, aber leben jetzt hier. Die Sonne, verstehen Sie, die Sonne. In Österreich sind wir schon zweimal gewesen«, erzählt die Frau, »beautiful country!«

Dann meldet sich der Ehemann: »In Deutschland war ich auch schon einmal. Genauer gesagt, ich war mehrmals über Deutschland.« Er wäre im Zweiten Weltkrieg als junger Soldat bei der Air Force gewesen, der Luftwaffe. Mehrere Male habe sein Geschwader auch Einsätze über Berlin geflogen.

Renate und ich sehen uns an. Dann erzählen wir ihnen, was wir aus unserer Sicht von den Bombennächten noch wissen. Da wird es still. Niemand sagt etwas, aber spürbar hängt jeder seinen Gedanken nach. Was ich gedacht habe, weiß ich noch genau: »Vielleicht ist die Bombe, die mich damals im Bunker aus dem Tiefschlaf gerissen hat, aus seinem Flugzeug gefallen.« Kann man es wissen?

Brennholz für Kartoffelschalen

Wenn man so klein ist wie ich damals, also sieben Jahre alt, ist man gerne zu Hause bei seinen Spielsachen. Mir jedenfalls ging es so. »Nie mehr in ein Heim!«, war wohl der unbewusste, aber feste Vorsatz meiner geschüttelten Kinderseele. Doch so richtig daheim fühlte ich mich zu Hause nicht. Es war halt wieder nur eine der vielen Stationen.

Zu Hause, das war zu der Zeit eine geteilte Zweizimmerwohnung im dritten Stock. Eine Hälfte war unser Heim. Die Toilette war auf dem Innenflur der Wohnung und wurde mit dem Ehepaar Ulbricht geteilt. Küche und Bad der Wohnung standen uns nicht zur Verfügung. Das einzige Fenster führte zum Hinterhof. Unser Leben spielte sich auf wenigen Quadratmetern ab.

Unten gab es den tristen Hinterhof. Wenn ich daran denke, kriecht mir wieder dieses unangenehm nasskalte Gefühl den Rücken herauf. Wahrscheinlich hat nie ein Sonnenstrahl den Boden des Hofes berührt.

Heute frage ich mich: Konnte man für die Kinder nicht wenigstens ein bisschen Farbe aufwenden, einige lustige Graffitimotive vielleicht? Ein Sandkasten wäre eine Sensation gewesen. Oder ein Klettergerüst. In den Hof gelangte man durch den typischen Berliner Treppenflur, der nach Bohnerwachs roch. Der hölzerne Handlauf vom Treppengeländer war blank poliert. Darauf konnte man als Siebenjähriger bäuchlings in einem Affenzahn runterrutschen. Heidewitzka, Herr Kapitän!

Im Hinterhof stand eine Pumpe, die mich an Länge überragte. Ob sie damals noch Wasser führte, weiß ich nicht mehr. Als ich es eines Tages wagte, das Ungeheuer zu erklimmen, gingen mehrere Fenster auf und einige betagte Damen, die etwas von Hänsels und Gretels Hexe an sich hatten, rissen die Fenster auf und keiften. Von da an wusste ich: Wer sich im Hofe bewegte, war unter schärfster Beobachtung.

Mit 23 Jahren habe ich den alten Hinterhof wieder besucht. Er war kleiner, als ich in Erinnerung hatte. Die große Pumpe war weg. Stattdessen hatten sie dort eine originalgetreue Miniaturausgabe aufgestellt, die verrostet war. Erst langsam dämmerte es mir: Das war die alte Pumpe! In meiner Erinnerung hatte sie ihre Proportionen behalten. Deshalb hatte ich unbewusst nach einer Pumpe gesucht, an der ich hinaufsehen konnte.

Im Hause war eine Bäckerei. Die Besitzer hatten einen Schäferhund, ein Riesenvieh. Das Ungeheuer hat mich einmal umgeworfen und auf mich runtergeschaut. Von daher rührte eine lang anhaltende Hundephobie. Wenn irgendwo ein Schoßhündchen unvermutet bellte, zuckte ich jedes Mal zusammen.

Die Zeiten waren schlecht. Man versuchte irgendwie über die Runden zu kommen. Manchmal kam ein Bauer, stellte sich in den Innenhof, läutete mit einer Glocke und rief: »Brennholz für Kartoffelschalen.« Daraufhin huschten die Hänsel-und-Gretel-Weiblein die Treppen hinunter. Sie gaben ihm ihre in der vergangenen Woche gesammelten Kartoffelschalen und empfingen im Gegenzug dafür ein Bündel Brennholz.

Wir hatten zu Hause ein kleines Glöcklein mit zartem Klang, und meine Stimme war dünn, eben die eines siebenjährigen Knaben. Ob es kindliche Unschuld war oder schalkhafte Hintergründigkeit, weiß ich nicht mehr, doch ich konnte es nicht lassen. Einmal versuchte ich, den Bauern nachzuspielen. Ich stellte mich in den Hof, klingelte mit dem Glöckchen und piepste die Wände des Hauses empor: »Brennholz für Kartoffelschalen!« Dann verbarg ich mich im Flur. Würden die Fenster aufgerissen? Würde wieder das Keifen anheben? Es war mein Glückstag. Niemand hatte mich gesehen. Aber gehört. Und noch einmal rief ich: »Brennholz für Kartoffelschalen!« Da kamen sie auch schon die Treppen heruntergehastet, die Weibsen. Dann standen sie im Hof, schauten hierhin und dorthin, raus auf die Straße, wieder rein in den Hof, sahen sich um, schauten sich an, keiften, geiferten, fühlten sich getäuscht – und wussten nicht von wem. Kein Bauer war zu sehen, nur eine Berliner Göre. Es ist mir ein Rätsel, wie dieses Schauspiel so glatt über die Bühne gehen konnte und ich unbehelligt davonkam.

Knockout und fest umarmt

Zur ständigen Versuchung wurde mir Benno aus der Nachbarschaft. Er war etwa zwölf und sprach ein holpriges Deutsch. Oft, wenn ich auf die Straße ging, um auf dem Bürgersteig zu spielen, stand Benno da: »Klausch, willscht mit nach Kino?« Er musste eine nie versiegende Geldquelle haben, denn seine Ideen waren meistens mit erheblichen Kosten verbunden. »Willscht mit nach Kino?« Und eines Tages sagte er zu mir: »Auf Alex is Jammack.« Kirmes auf dem Alexanderplatz! »Willscht mit?« Ich war entflammt! Jahrmarkt, das wäre einmal etwas Besonderes im alltäglichen Einerlei. Meine Mutter war nicht da. Sie konnte ich nicht fragen. »Kein Geld«, sagte ich, trollte mich und ging in die Wohnung zurück. Da traf es mich wie ein elektrischer Schlag. Auf der Anrichte lag eine Münze. 50 Reichspfennige. Mann, was man damit alles auf dem Jahrmarkt erleben könnte! Aber einfach klauen? Nee! Wenn sie das merken würde! Vielleicht aber hatte sie das Geld ja längst vergessen? Und wenn sie es vergessen hatte – was sie bestimmt schon lange, lange getan hatte –, dann merkte sie auch nicht, wenn es nicht mehr da wäre. Das jedenfalls schien mir die wahrscheinlichste aller Varianten.

Ich rutschte bäuchlings das Treppengeländer runter, raus auf die Straße: »Bennoooh!« Um zum Alex zu gelangen, mussten wir den Bus nehmen. Damit war ein Groschen weg. Nun hatte ich noch vier. Einer musste für die Rückfahrt bleiben. Drei Groschen blieben zum Verpulvern. Karussell und Riesenrad, schließlich die Schiffschaukel. Jedes für einen Groschen. Das Kontingent war erschöpft. Der letzte Groschen ruhte tief in der Hosentasche.

Dann stehen wir vor dem Boxerzelt. Der große Kampf gehe gleich los und dürfe auf keinen Fall verpasst werden. Da steht auch schon der Champion. Ein Hüne von Gestalt. Etwas Überirdisches haftet ihm an. Er dröhnt durchs Mikrophon: »Damen und Herren, nach Tokio und Rom, nun endlich in Berlin! Einmaliges Ereignis! Morgen ist es zu spät. Meine Wenigkeit, Meister aller Klassen, kämpft gegen einen edlen Deutschen aus dem Publikum, der den verwegenen Mut aufbringt, für zwanzig Reichsmark seine Kräfte mit mir zu messen.«

Mit vielen anderen Fans starren wir auf die zwei atemberaubenden Gestalten. Und wieder heißt es, wer jetzt nicht käme, wäre selber schuld. Und man solle sich später nicht beklagen, er hätte es uns jetzt deutlich genug gesagt. Was gleich zu erleben wäre, käme nie wieder.

»Da muss ich rein!«, bricht es aus Benno heraus. Erwartungsgier bebt in seiner Stimme, springt auf mich über. Ich wanke und schwanke.

»Damen und Herren! Verpassen Sie es nicht! Ein großer Kampf!«

»Da muss ich rein!«, keucht Benno wieder. Mit ihm stürze auch ich an die Kasse. Kinder zahlten einen Groschen! Wie in Trance bezahle ich; rieche schon den Männerschweiß.

Der Fight beginnt, die Fäuste fliegen, das Publikum tobt. Ich hätte mich gerne mitreißen lassen, doch es gelingt mir nur schlecht, die Gedanken an die Folgen dieser Sensation zu verdrängen. Da bekommt der Mutige einen Kinnhaken wankt, taumelt, geht auf die Knie, kommt nicht mehr hoch. Der Kampf ist aus.

Ich verlasse das Boxerzelt und trotte hinter Benno her. Er besucht noch dies und das, lässt mich draußen schmachten. Dann, meint er, es wäre an der Zeit, den Heimweg anzutreten. Da kommt auch schon der Bus. Mein Genosse steigt ein und lässt mich stehen. Der Bus verschwindet ohne mich. Ein Häuflein Elend heult verloren in der großen Stadt! Mit mir weint der Himmel. Als der Regen nachlässt, sitze ich noch immer auf dem Bürgersteig an der Bushaltestelle und schluchze vor mich hin.

»Warum weinst du?«, höre ich eine Stimme. Es ist eine ältere Dame, und ihr klage ich mein Unglück. Das gute Herz schenkt mir den nötigen Groschen. »Danke! Danke!« »Ist schon gut.«

Der nächste Bus kommt. Ich steige ein. Als ich aussteige, überfällt mich die Nüchternheit, die mich anfangs verlassen hatte. Was wird Mutti sagen? Natürlich hat sie das Geld auf der Anrichte nicht einfach vergessen. Dazu waren wir zu arm.

Bedrückt schleppe ich mich zu unserem Haus. Die Schritte werden schwer. Das Geld ist verjubelt, der Rausch verflogen. Mich schüttelt die Angst. Am liebsten gehe ich nicht heim, so entfremdet fühle ich mich meinem Zuhause. Längst wird mir klar, dass ich nicht nur Geld gestohlen, sondern meiner Mutter Qualen bereitet habe: Ihr Junge ein Dieb! Es brennt wie Feuer in mir. Derart schuldig zu sein, mit der Aussicht, bestraft zu werden – gibt es Schlimmeres für einen Siebenjährigen? Schließlich komme ich ins Wohnzimmer, sehe ihre traurigen Augen und fange an zu schluchzen. Leib und Seele sind in Aufruhr. Ich komme mir vor wie ein Angeklagter vor Gericht. Da spüre ich, wie sich ihre Arme um mich legen. Sie hatte meinetwegen Schmerzen erlitten, und ich werde umarmt. Das ist wie aus einer anderen Welt. So unbegreiflich das für mich war, ich kann mich nur an wenige Freuden meiner Kindheit erinnern, die an das Glück dieser Stunde heranreichen.

Aus dir soll etwas werden!

An meiner Mutter habe ich sehr gehangen und doch hatte ich zu ihr ein gespaltenes Verhältnis. Irgendwie blieb sie mir eine fremde Frau. Zu oft waren wir voneinander getrennt. Als ich fünf Jahre alt war, verbrachte ich viele Wochen – wieder ohne die Mutter – bei Onkel Ewald, Tante Gustel und der Oma in der Senne. Vetter Heinz und Walter Möller waren meine Spielgefährten. Wir spielten zusammen oder machten gerne dummes Zeug. Dann hieß es, Mutti käme, um mich zu besuchen. Mit einer seltsamen Deutlichkeit erinnere ich mich: Ich hocke vor der untersten Stufe der Kellertreppe, die direkt nach draußen zum kleinen Hinterhof führt. Plötzlich steht Mutter da! Vor der obersten Stufe schaut sie herab auf ihr Kind. Nach ihm hatte sie sich, da bin ich gewiss, wochenlang gesehnt. Ich blicke auf. Sie wirkt überdimensional, riesenhaft.

»Kläuschen, da bin ich! Mutti ist da!«

»Wann fährst du wieder?«

Meine Worte müssen sie verletzt haben. Ich begebe mich zu ihr hoch. Sie beugt sich herunter, will ihr Kind umarmen. Ich halte sie mir reflexartig vom Leibe. Für eine Mutter muss das schrecklich sein.

Mutti, wie ich sie nannte, war – aus Liebe zu mir – bewusst sehr streng. Oft bekam ich es mit dem Stock zu tun. Heinz, der von seinem alten Herrn dauernd verprügelt wurde, hatte seine eigene Strategie entwickelt, wie er das Ungetüm von Vater zur schnelleren Aufgabe der Torturen verlocken konnte: »Du musst schreien, laut schreien! Quieken, so laut du kannst! Dann denken sie: ›Toll, nun habe ich es ihm aber gegeben!‹ Je lauter du schreist, je eher lassen sie von dir ab.« Das habe ich mir gemerkt! Als in Berlin wieder einmal der Stock auf mir zu tanzen begann, habe ich die »Methode Heinz« angewandt. Das erwies sich als Reinfall. Gar zu bald hat meine Mutter die Angelegenheit durchschaut. Zwischen ihr und mir kam es zu einer Absprache. Wenn ich mich ohne Widerstand bücken würde und keinen Mucks von mir gäbe, würde sie zur Belohnung ihr Strafmaß reduzieren. Je weniger Töne ich ausstieße, umso weniger würde sie zuschlagen. Damit musste ich leben. Oft habe ich mich in meinem Schmerz lautlos gewunden.

»Strenge Erziehung« war einmal Gesprächsthema. Wir saßen uns beim Mittagessen gegenüber. Mutti erklärte, dass es für das spätere Leben wichtig wäre, als Kind streng erzogen worden zu sein. Das könne man am Preußenkönig, Friedrich dem Großen, sehen, der von seinem Vater, dem Soldatenkönig, Friedrich Wilhelm I., hart rangekriegt worden war. Pflichtgefühl und Pflichterfüllung wäre der Preußen oberstes Gebot. Dazu unerbittliche Strenge! Ähnlich müsse es bei uns auch sein. Schließlich soll aus mir etwas werden!

»Klar! Was ist das eigentlich, streng?«, plapperte ich wie nebenbei. »Wie sind Eltern, wenn sie so richtig streng sind?« Hingegeben löffelte ich meine Suppe. Ich hatte meine Frage schon fast ein wenig vergessen und schaute nichts ahnend zu ihr auf. Mich durchfuhr ein jäher Schreck! Zwei stechende Augen starren mich an. Sie hatte – um mir Strenge vorzuführen – ein stahlhartes Gesicht aufgesetzt. Für mich war das entsetzlich, Furcht erregend. Sie fixierte mich auf eine Weise, dass ich meinte, das Herz bliebe mir stehen. Und alles so unvermittelt. Da war mir meine Mutter unheimlich. Den Schock habe nie vergessen.

Strenge beweist auch ein Gedicht, das meine Mutter mir zu meinem neunten Geburtstag geschrieben hat. Eine Woche zuvor hatte ich im Kino meine Mütze verloren. Das war damals ein herber Verlust und für den Finder unvermutetes Glück. Jedenfalls war, wie meine Nachfrage beim Kino ergab, keine Mütze abgegeben worden.

An Klaus: Zum 9. Geburtstag am 24. Februar 1945

Mein lieber, lieber Bub,
Du weißt, ich bin Dir gut,
doch wenn Du nicht brav bist,
ich bin dann erzürnt,
dann hilft's allemal nichts,
bekommst Straf', die Du spürst.

Du hast dies vernommen
Am Sonntag bevor.
Hast Deine Mütze verloren,
wie kam denn dies nur?
Den Kopf voller Flausen,
nicht besonnen genug,
das bringt Dir viel Ärger.
Räum auf damit, mach Schluss!

Wenn's Kino ist zu Ende,
pass auf auf Deine Sach,
ob Du sie auch allemal
beieinander gut hast.
Du sparst Dir viel Ärger
und Schläge dazu
und Mutter ersparst Du Kummer,
gönn ihr doch diese Ruh.

Mein lieber, lieber Bub,
wie bin ich Dir so gut,
und wünsch an diesem Tage heut,
Dir ein Leben voller Zufriedenheit,
dass Du besinnst Dich allezeit
auf Gut und Richtig, Lieb und Treu,
dies ist ja so wichtig,
sag es täglich Dir aufs neu!

Ich weiß, Du bist noch ein Junge,
erst eben neun Jahre alt.
Du musst Dich früh gewöhnen,
drum tu es auch alsbald!
Es ist ein altes Sprichwort,
und sehr viel Wahres dran,
dies alte weise Sprichwort:
Jung gewohnt, ist alt getan.

Deine Mutter

Das sogenannte Gute war das gut getarnte Böse.

Kriegskinder nennt man meine Generation. Ich war Kind, und die Nazis hatten Hochkonjunktur. Meine kindliche Begeisterung für alles Soldatische war hell entfacht.

Vierzig Jahre später, im Jahre 1981, war ich in Namibia, einst Deutsch-Südwestafrika. Der Landespropst der Lutherischen Kirche deutscher Sprache, Pastor Karl Sundermeier, hatte mich zu Vorträgen eingeladen. Einige deutschstämmige Farmer – weit draußen im Lande – hatten vom Ende des Dritten Reiches zwar in der Zeitung gelesen, aber wer glaubt schon, was in der Zeitung steht.

In Windhoek, der Hauptstadt, bin ich zuerst. Dann draußen im Lande. Im Zimmer, das mir die Farmersleute geben, stehen in einem Bücherregal Bücher aus dem Dritten Reich – wie Soldaten in Reih und Glied, und erst gedruckt in den Siebzigerjahren! »Führerworte« heißt das Buch, das ich in Händen halte. Hier schreibt der Führer über sich selbst und über die deutsche Jugend. Eine saubere Jugend will er, voller Ideale und Liebe zum Vaterland. Treue fordert er ein und starken Glauben an das deutsche Volk. Edelmut und Kraft! Ehrlichkeit und Respekt! Und immer wieder die Treue! – Treue? Zu wem?

Meine Gedanken wandern Jahrzehnte zurück. Ich versuche zu fühlen, was ich wohl empfunden hätte, wenn ich damals – vielleicht mit siebzehn – so etwas gelesen hätte. Hätte sich nicht auch mein Herz weit aufgetan? Hier erklang so viel Gutes, so viel Schönes! Wie ich wohl gedacht hätte? Musste all das Edle nicht Junge wie Alte tief berühren?

Wenn er einmal nicht mehr wäre, lässt Adolf Hitler wissen, wolle er kein Denkmal. Keinen Pomp, keinen Titel. Nur ein schlichter Stein soll es sein. Den würde er sich wünschen. Mit seinem Namen drauf. Mehr nicht. Bei so viel Bescheidenheit und Edelmut werden selbst Hartgesottene weich. Da will man dazugehören, unbedingt! Wie er möchte man einmal werden, so edel und so gut.

Mussten nicht alle anständigen deutschen Siebzehnjährigen um 1933 tief berührt gewesen sein? Das Gute und die Führerherrlichkeit … Die jungen Seelen werden geöffnet, aufgebrochen wie gepflügter Ackerboden im März. Da hinein sät er seine Saat. Als sie aufgeht, sterben sechs Millionen jüdische Menschen. Aber es klang doch so gut. Der guten Saat war, geschickt portioniert, Böses beigemischt.

Nach all dem Guten, das ich in den Führerworten zu lesen bekam, folgte das erregende Aber. Ich kann hier nur aus dem Gedächtnis zitieren, was der Führer behauptet und fordert: Das Gute und Edle! Es könne längst Wirklichkeit sein – aber, die Juden! Das Schöne, das Saubere – aber, die Juden! Deutschland erwache! Das internationale Judentum bringe alles, was uns heilig ist, zur Strecke! Wir dürften das nicht zulassen. Das Erblühen der Deutschen dürfe nicht scheitern. Weg damit, weg mit den Juden!

Die jungen Herzen – erst aufgebrochen, nun sind sie aufgebracht! Hass senkt sich in die Ackerkrume der mit so viel Gutem geöffneten Seelen. Die Juden! Wäre ich als Siebzehnjähriger dabei gewesen, hätte ich mich schützen können? Ich lege das Buch aus der Hand. Mir graut. Verführung ist schlimmer als Vergewaltigung. Wer vergewaltigt wurde, kann sich davon innerlich distanzieren. Der Verführte aber ist dem Verführer verfallen. Hätte ich mit siebzehn das satanische Spiel durchschaut? Selten habe ich mich so sehr mit dem abgrundtief Bösen konfrontiert gesehen wie beim Lesen der »Führerworte«. Tarnung gehört zum Wesen des Dämonischen. Der Wolf hatte Kreide gefressen. Die deutsch-österreichischen Geißlein haben ihm die Tür weit aufgetan. Der Verführer: Mit Gutem öffnet er die Herzen, dann gibt er das Gift hinein. Das sogenannte Gute. Dämonie tobt im Volk der Dichter und Denker. Das sogenannte Gute, es ist das gut getarnte Böse.

Ich stolpere zum Farmer. Unser Gespräch ist quälend. Es zieht sich mühsam durch die Nacht – Dämonen sind zäh.

Führerjubel und Weltuntergang

Sein Bild hing damals bei uns im Zimmer. Unser Führer! Dieser Blick! Dieses Angesicht! Welch ein Mann! An seinem Geburtstag wurde das Foto geschmückt. Am 20. April.

Und dann der unvergessliche Tag: Parade in der Reichshauptstadt im Jahr 1942. Der Führer wäre zu sehen, hatte es geheißen. Mutter nimmt unsere Stehleiter mit. Etwa sieben Sprossen, oben ein breites Brett für den sicheren Stand. Die Leiter erhebt mich über die Menschenmenge. Nun kann ich, der ich auch ein deutscher Soldat werden will, über alle hinwegschauen, zu meinem Führer.

Ob er mich sieht? Zunächst fährt eine Vorhut in offenen Wagen langsam vorbei. Dann wird Jubel laut, kommt näher. An den Rufen der Begeisterten lässt sich ausmachen, wo der Führer gerade ist. Dann sehe ich ihn, leibhaftig, ein paar Sekunden lang.

»Heil!«, rufe ich inbrünstig. »Heil!« Hat er mich nicht gehört? Er hätte doch herschauen müssen. Im Wagen dahinter der Reichsfeldmarschall, Hermann Göring. Helle Uniform, den Stab in der Hand. Wieder rufe ich: »Heil!«

Viele Jahre später würde ich in dieser Stadt Ähnliches erleben. Dann würden die neuen Heilsbringer durch Ostberlin fahren: Nikita Sergejewitsch Chruschtschow, Walter Ulbricht, Otto Grotewohl. Noch gab es die Mauer, die die Stadt zerteilte, nicht.

Jetzt aber zählte nur eines: Ich hatte den Führer gesehen! Das konnte mir niemand mehr nehmen. Groß, erhaben, heilig! So fühle ich mich jetzt auch. Wer hatte das schon aufzuweisen unter meinen Volksgenossen im Kinderhort, in dem ich mich bald nach der erhebenden Begegnung wieder einzufinden hatte?

Petzen verboten

Er hieß Alexander und hatte Marianne geschubst. Karoline, die Kindertante, verpasste dem Übeltäter eine Ohrfeige. Er musste in der Ecke stehen. Beim Mittagessen saß er allein am bösen Tisch. Alle konnten ihn begaffen und sich an ihm ergötzen. Da geschah etwas, das mich, den auf Korrektheit Gedrillten, in Empörung versetzte. Von allen zu verstehen sagte Alexander: »Tante Karoline ist doof!« Ich fand das ungeheuerlich und konnte nicht glauben, er hätte wirklich gesagt, was meine Ohren gehört hatten. Noch nie war ich so entsetzt, so aus der Bahn geworfen. Der Drill in den Kinderheimen zeigte Wirkung. Das darf ein deutscher Junge über seine Kindertante nicht sagen – das war sicher. So lief ich aufgebracht zu ihr, sagte empört und überlaut, gewissermaßen im Namen des Deutschen Volkes: »Tante Karoline, der Alexander, der hat gesagt, du bist doof!«

Aufrecht stand ich da, bereit, Anerkennung für meine kämpferische Wahrheitsliebe entgegenzunehmen, von der Tante, vom Kinderhort, vom Deutschen Volk, vom Führer. Mutig hatte ich mich gegen das Böse gestemmt und der Gerechtigkeit den Weg bereitet. Mochte sie nun ihren Lauf nehmen, bis ihr Genüge getan wäre. Jedoch schien sich hier zu bewahrheiten, was Friedrich Schiller einmal dichtete: »Es liebt die Welt, das Strahlende zu schwärzen und das Erhabne in den Staub zu ziehen.«

»Das ist nicht schön von Alexander. Aber was du hier tust, ist scheußlich! Ein deutscher Junge verpetzt seinen Kameraden nicht!« So antwortete Tante Karoline. Ich weiß nicht, ob du, werter Leser, schon einmal aus einem fliegenden Flugzeug gestoßen worden bist – ohne Fallschirm. Ich stürzte ins Bodenlose, dabei hatte ich doch die Bosheit bekämpft, die Lüge verdammt, dem Guten zu seinem Recht verholfen. Und zum Lohn wurde ich dafür mit Schimpf und Schande in Abgründe gestürzt. Ohne Schirm, freier Fall! »Petzer!«, zischten die Jungen. »Petzer!«, gifteten die Mädchen. »Du doofe Sau!«, motzte Alexander mich an. »Petzer«, kannte ich nicht. »Doofe Sau« war mir geläufig.

Stunden noch musste ich unter denen verweilen, die mich nun verachteten. Dabei war ich doch so sehr auf der richtigen Seite! Mir blieb nichts, als sehnlichst auf den Abend zu warten. Da konnte ich der Mutter zu Hause erzählen, welch ein Unrecht ich erlitten hatte. Als alles herausgeschluchzt war, sagte meine Mutter: »Tante Karoline hat schon recht. Petzen tut man nicht. Du bist doch ein deutscher Junge!« Mir war, als ob die Welt unterginge. Sie stürzte über mir zusammen, alle Einzelteile, Berge und Täler, Ozeane und Wolkenkratzer prasselten mir auf den Kopf. »Nun bist du auch noch gegen mich!« Ich fühlte mich verlassen, geprügelt, missverstanden – dabei hatte ich es doch so gut gemeint. Das war die erste, tiefe Verletzung meines inneren Menschen, die mir bewusst ist.

Ja, ein deutscher Junge wollte ich sein. Wer zehn Jahre alt war, musste zur Hitlerjugend, bekam eine Uniform. Darin durfte man mit anderen strammstehen und anschließend Geländespiele machen. Die Mädchen durften mit zehn Jahren zum BDM, dem Bund Deutscher Mädchen. Eine Uniform bekamen auch sie. Für mich galt: Ab zehn bist du ein richtiger deutscher Junge! Aber ich war erst sieben. Wie sehr sehnte ich meinen zehnten Geburtstag herbei!

Als ich endlich den großen Geburtstag feierte, war der Krieg schon ein knappes Jahr vorbei. Keine Hitlerjugend, keine Uniform, kein Heldentum. Statt Geländespiele spielten wir Fußball in den Fichten der Oetkersiedlung im Landkreis Bielefeld. Manch ein heiß ersehnter Wunsch wird einem vom Leben nicht erfüllt. Glaub mir, das ist o.k.

Bleisoldaten für Volk und Vaterland

Bevor ich mich freiwillig zum Krieg melden konnte, übte ich schon mal mit meinen Bleisoldaten. Zu ihnen war ich durch besondere Umstände gekommen. Die Oma aus der Senne war zu Besuch. Weihnachten stand vor der Tür. Beim Gang durch die Stadt kamen wir an einem Geschäft mit Kinderspielsachen vorbei. In der Auslage war mit Bleisoldaten eine große Feldschlacht aufgebaut. Ich drückte mir die Nase platt, versank in der kriegerischen Szenerie. Das »Komm, Klaus!« meiner Großmutter überhörte ich bewusst, war ich doch ein Teil der siegenden Truppe, kämpfte für Volk und Vaterland. Da kann doch nicht einfach eine Oma kommen und rufen: »Komm Klaus!« Wie soll man denn da den Krieg gewinnen? Die Bleisoldaten hatten mich derart fasziniert, dass meine Großmutter mich nicht mehr vom Schaufenster wegbekam. Sie

Meine Großmutter Charlotte Eickhoff mit Klein-Kläuschen

schleifte mich schließlich fort. Doch ich schrie wie am Spieß und wollte zu den Soldaten zurück.

Etwas Gutes hatte das Ganze dann doch: Meine Mutter wusste nun, was sich ihr Kind zu Weihnachten wünschte. Der Riesenkarton lag tatsächlich unter dem Weihnachtsbaum.

Außerdem liebte ich Bauklötze! Mit ihnen ließ sich ein Bauernhof aufstellen. Es gab Kühe, Schafe, Pferde und Gänse aus Holz. Sogar einen hölzernen Hund hatte ich. Wie in ein wildes Kriegsgeschehen, so konnte ich mich auch in die Welt einer virtuellen Landwirtschaft versetzen. Ein Phantast war ich, ein kleiner Träumer in einer Welt voller Bleisoldaten und Holztiere für den Bauernhof.

Diese feinen Dinge gehörten zu meinem kleinen Kinderparadies wie die verlockend anzusehenden Bäume im Garten Eden. Seit Anfang der Welt aber scheint ein Paradies dazu da zu sein, dass man aus ihm vertrieben wird. Ich wusste bis auf den Diebstahl von fünf Groschen nichts von einem besonderen Sündenfall in meinem Leben. Trotzdem wurde ich jäh aus meinem Paradies vertrieben.

Morgen bin ich weg!

Die Bombenangriffe nahmen zu. Die Regierung des Tausendjährigen Reiches beschloss deshalb ein Programm, womit die Kinder raus aus Berlin und weit weg aufs Land kommen sollten; dorthin, wo keine Bomben fielen. Das Ganze nannte sich »Kinderlandverschickung«. Mit einem Köfferchen in der Hand und einem Schild mit Namen und Adresse um den Hals ging es auf einem Lastwagen voller Mütter und Kinder zum Bahnhof. Meine Mutter schleppte noch einen größeren Koffer mit meinen Hemden und Hosen und den säuberlich gestopften Socken. Was da sonst noch drin war, habe ich in der Aufregung vergessen. Auf dem Bahnhof wimmelte es von Kindern. Viel mehr als bei meiner Einschulung.

Mein Zug fuhr nach Westpreußen. Im Abteil waren wir zu fünft. Mir gegenüber saßen drei ziemlich alte Mädchen, etwa neun bis elf Jahre alt. Neben mir saß eine, die war acht. Ich, ein deutscher Junge, saß also unter lauter Mädchen. Erst ärgerte ich mich. Andererseits tröstete ich mich wohl damit, dass ja sonst niemand da war, der das beobachten und mich später hänseln konnte. Also machte ich gute Miene zum bösen Spiel. Das wurde belohnt. Auf dieser Fahrt habe ich das erste Mal in meinem Leben gemerkt, dass Mädchen etwas anderes als Jungen sind. Etwas viel Besseres! Die vier in meinem Abteil waren – obwohl älter als ich – noch ziemlich gut erhalten. Dazu waren sie auch noch nett zu mir. Eine schenkte mir sogar einen Apfel. Das werde ich ihr immer danken, wenn ich nur noch wüsste, wie sie hieß und wo sie wohnte. Dann rückte die etwas Jüngere neben mir recht nahe an mich heran. Ich fühlte mich aufgewertet. Dann tat sie etwas, was mich so sehr beeindruckte, dass ich es nie vergessen habe: Sie hielt mir ihre Fingernägel hin und ließ sie mich betrachten! Die waren ja so etwas von schön – das kann sich keiner vorstellen! Sie wären mit einer Nagelfeile gefeilt, gestand sie mir. So waren sie denn auch von einem ovalen Schwung, von dem ich, was meine Nägel betraf, nicht einmal träumen konnte. Meine Fingernägel waren im Ansatz sicher auch nicht schlecht. Doch abgekaut. Ich hatte nichts Gleichwertiges vorzuweisen und sagte: »Ich habe Bleisoldaten.« »Na und? Wat haste davon?« Das hat mich schrecklich irritiert. Da begriff ich, dass Mädchen, wie besonders sie sonst auch sein mögen, zum Endsieg nicht viel taugen. Mit solchen Geschöpfen lässt sich kein Krieg gewinnen. Das habe ich in meiner Knabenseele irgendwie gespürt.

Nach langer Fahrt erreichten wir die Kreisstadt Kulm bei Thorn in Westpreußen. Dort wurden wir gesichtet und in Gruppen aufgeteilt. Ein Lastwagen brachte meine Gruppe in eine Schule. Ich sehe mich in einem Klassenraum. Wir sind etwa zwanzig Kinder. Vorn stehen Bauersleute, wie ich an der

Bekleidung erkenne. Sie wollen sich ihren Berliner Knaben oder ihr Mädchen abholen. Ob sie sich uns aussuchen können, bleibt mir verborgen.

Der Großvater mit dem Schnurrbart und den gütigen Augen war mir aufgefallen. Zu dem würde ich wohl gerne gehen, denke ich. Keine fünfzehn Minuten später sitze ich tatsächlich mit ihm, dem lieben Herrn Bandel, auf dem Bock seiner Pferdekutsche. Träume ich? So etwas hatte ich schon mal im Kino gesehen, aber selbst erlebt? Glücksgefühle durchströmen Leib und Seele. Der Fahrtwind umspielt die kleine Stupsnase, frische Landluft und Pferdegeruch! Dafür, dass ich hier jenseits von Eden weile, fühle ich mich verdächtig wohl. »Willste?«, fragt Herr Bandel nun auch noch. Er drückt mir die Zügel in die Hand. Der liebe Bauersmann nutzt die Gelegenheit und zündet sich sein Pfeifchen an. Nun bekommt alles eine zusätzliche Duftnote. Herrlich! Wo bin ich nur gelandet! »Hüh, Brauner, hüh!«

Er habe zwölf Kinder, erzählt Herr Bandel. Alle groß. Vier Töchter seien noch auf dem Hof. Ich würde sie gleich sehen. Zum Spielen wäre für mich nichts dabei. Aber der Nachbar Goerke, der hätte Kinder. Ziemliche Strolche! Wir fahren durch Dörfer. Dann wieder Landstraßen. Wieder Dörfer. »Gleich sind wir da«, sagt Herr Bandel. Die Kutsche biegt in ein kleines Anwesen ein, ich sehe Ställe, einen Teich, Gänse und einen Hund. Jetzt steigen wir ab. Die Bäuerin, Frau Bandel, erscheint; sie hat ebenfalls gütige Augen. »Nun erst mal in die Küche und frühstücken«, sagt ihr Mann. Ich darf mich an den mächtigen Tisch setzen, auf dem ein Frühstück angerichtet ist. Drei von den vier Töchtern sind ebenfalls in der Küche. Die schauen mich an, als hätten sie noch nie einen Berliner Jungen gesehen. Besonders sticht Trude hervor. Sie hat ein schief gewachsenes Kinn. Mit den Augen steht es auch nicht zum Besten. Sie schielt. Die Zeiten sind schlecht und nicht jeder, der Sehprobleme hat, kann sich eine Brille leisten. Trude, wie ich später erfahre, ist kurzsichtig. Das wirkt sich dahingehend aus, dass sie mir mit ihrem Kopf extrem nahe kommt. Sie will mein Gesicht gern sehen. Damals lebte man lebte in Westpreußen eher ärmlich, aber gesund. Knoblauch galt dort als Spezialität, ein Geruch, mit dem Trude mich nun umhüllt.

Dann ist der Bauer weg und ich fühle mich zum ersten Mal verlassen. Meine salzigen Tränen tropfen in die süße Milch. Also beende ich mein Frühstück ziemlich abrupt, gehe an mein Köfferchen und hole meinen Briefblock und den von meiner Mutter in Berlin angespitzten Bleistift heraus. Nach genau sechs Monaten Schule schreibe ich den ersten Liebesbrief meines Lebens. Ich schenke meiner lieben Mutter in Berlin reinen Wein ein – ungesüßt, ein herber Tropfen! Heraus kommt ein langer, schwerer Brief: »Hier ist es nicht schön. Die gucken immer so. Besonders die eine. Bitte, liebe Mutti! Hol mich wieder nach Hause.« So ungefähr hat er geklungen. Mehrere Küsschen male ich noch, lauter runde Kringel, und drücke meine Lippen darauf. In Berlin würde meine Mutter ihre Lippen dagegendrücken. So war es ausgemacht. Fernküsschen nennen wir das. Dann rein mit dem Lagebericht in einen der mitgebrachten Briefumschläge mit Adresse und Briefmarken drauf und hastig zugeklebt. Eines steht für mich fest: Morgen bin ich hier weg!

Dann darf ich auf den Hof. Nanu, wo sind die Kindertanten, die mir sagen, was ich alles nicht darf? Wo immer ich vorher war, ob im Waisenhaus oder Hort, überall waren Kindertanten. Eine Welt ohne Kindertanten hatte ich nicht für möglich gehalten. In Westpreußen gibt es keine, wenigstens nicht auf unserem Bauernhof. Kein Mensch passt auf mich auf. So beginnt die wildeste Zeit meines siebenjährigen Daseins.

Maßnahme gegen das Heimweh

In Berlin fühlte ich mich eingeengt. Meine Erinnerung setzt spät ein, mit fünf oder sechs Jahren. Wie schon gesagt, eines hatte sich tief eingeprägt, das Gefühl der Fremdheit. Fremdling zu sein, das war mein bisheriges Leben. Fremde Augen, die mich anstarrten, fremde Menschen, die freundlich taten oder mich schalten. Dieses Gefühl machte – wie gesagt – leider auch vor meiner Mutter nicht halt, hatte ich sie doch schon als Baby und Kleinkind wenig gesehen. Sie hat mich geliebt, hat gegeben, was sie konnte, und doch war irgendwie immer die Fremdheit da.

Heute würde man meine Kindheitserfahrung als fortschrittlich bezeichnen, denn die Kinder sollen ja schnell wegdürfen, weg von der Mutter und ab in die Kinderkrippe oder die Kindertagesstätte. Was für die Not eine hilfreiche Einrichtung ist, hat einen Beigeschmack. Ich hätte mir gewünscht, dass meine Mutter wirklich da gewesen wäre für ihr Kind. Ich fand es nicht gut, dass ich so früh aus dem elterlichen Nest geworfen wurde und in irgendwelchen Heimen landete.

Kläuschen, das fröhliche Heimkind

Mein bisheriges Heimdasein war für mich wie ein Stall, in dem ich an der Kette lag. Ich durfte nichts. Ich durfte mich nicht schmutzig machen, durfte nicht aus Leibeskräften schreien, durfte nicht in der Nase bohren. Schlimm, wenn ein kleiner Junge das alles nicht darf. Zu Hause bei meinen Spielsachen hatte ich seit dem Tag der Einschulung meine Nische gefunden. Aber ich war, von den Wochenenden abgesehen, kaum dort. Vormittags Schule, danach Kinderhort. Am Abend erst durfte ich zu meinen Bleisoldaten und dem geliebten Bauernhof aus Holzklötzen.

Nun hatten mich die Ereignisse auf einen echten Bauernhof nach Westpreußen gespült. Niemand passte auf mich auf. Ich durfte mich schmutzig machen und – weil niemand danach sah – mit ungewaschenen Füßen ins Bett. Ich durfte in der Nase bohren bis ins Gehirn und keiner fiel in Ohnmacht. Wie schön, wenn ein kleiner Junge so etwas alles darf.

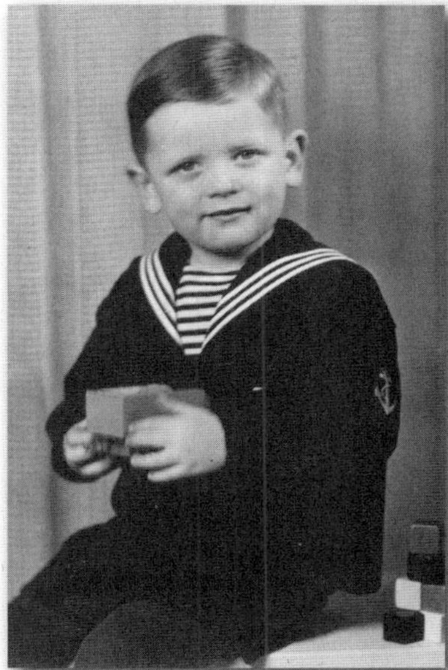
Ein kleiner Matrose

Die acht Wochen in Westpreußen haben mir gutgetan – abgesehen vom schrecklichen Heimweh. Dem Siebenjährigen war nun alles erlaubt, was ihm vorher verwehrt worden war. Was sich im Heimkind an Aggressionen aufgestaut hatte, konnte heraus. Verknotungen der Seele fingen an sich zu lösen. Unterdrückte Antriebe brachen vulkanartig auf und drangen an die Oberfläche, was für meine Umwelt nicht nur vergnüglich war.

Am Tage war ich von glucksender Lebensfreude erfüllt. Doch legte sich die Dämmerung über das Land, verließ mich die ungestüme Fröhlichkeit. Das Herz wurde mir schwer und Heimweh über Heimweh setzte mir zu. Weinend habe ich Briefe geschrieben, mit immer mehr Kringeln. Kam ein Brief von der Mutter, hoffte ich, dass sie mir darin versprach, mich abzuholen. Später sah ich, dass sie meine heißen Brieflein gesammelt hatte, lauter Hilferufe, die nicht erhört worden waren. Aber dann, in unseren letzten gemeinsamen Tagen, hat sie alle verbrannt.

Warum, Mutter? Nach etwa vierzehn Tagen Westpreußen erhielt ich den Brief mit jenem Bescheid, den ich niemals für möglich gehalten hätte. Mutter schrieb, sie würde kommen und den Stock mitbringen, wenn ich nicht sofort aufhören würde, solche Briefe zu schreiben. Der Soldatenkönig aus Preußen ließ grüßen! Ich war vor den Kopf gestoßen und antwortete postwendend, mir gehe es jetzt besser, das Heimweh wäre weg, sie brauche nicht zu kommen. Kringel kriegte sie jedoch keine mehr. So hart der Brief für mich auch war, er hatte die von meiner Mutter erhoffte Wirkung. Das Heimweh plagte mich tatsächlich weniger als zuvor. Dadurch konnte ich mich nun noch ungebremster meiner neuen Umwelt zuwenden. Was an Energie in mir steckte, konnte sich jetzt noch ungehinderter entfalten.

Außer Rand und Band

Ich gebe reumütig zu, die Sympathie, die man mir anfangs entgegengebracht hatte, habe ich verspielt. Vor allem Therese, eine der Töchter des Hauses Bandel, mochte mich, je länger je mehr, nicht leiden. Von allen Kinderheimfesseln befreit, war ich ein bisschen außer Rand und Band geraten. Wie konnte ich ahnen, dass Therese so wenig Humor besaß? Das Mittagsmahl am Sonntag war eingenommen und der Abwasch bereits erledigt. Da Therese eine schwere Woche hinter sich hatte, waren ihr Ruhe und Muße zu gönnen. Sie beschloss, sich im Badeanzug in die Sonne zu legen. Dazu war der Garten gut geeignet. Die zwei Hälften, in die er eingeteilt war, hatte man durch einen Zaun aus Maschendraht gegen die Hühner, Enten und Gänse, die frei herumliefen, sichern müssen. Die Hälften des Gartens waren so angelegt, dass sich durch ihre Einzäunung ein drei Meter breiter Hohlweg ergab.

So lag Therese nun da und sonnte sich. Jetzt hatten wir aber eine Gänseherde, die ich jeden Abend mittels eines längeren Stockes in ihren Stall dirigieren durfte. Darin also bestens geübt, holte ich die Herde herbei und steuerte sie in Richtung der ihre Ruhe pflegenden Dorfschönheit. Natürlich schnatterten die Gänse, wie sie immer schnatterten. Ihre Hälse wurden länger und länger, ihre Augen groß. Therese war eingeschlummert. Mir gelang das Meisterstück, das Federvieh in geschlossener Formation an den Garten heran und dann durch den Hohlweg zu jagen. Die Langhälse hatten keine Wahl. Sie mussten ihren Weg über Therese nehmen. Gänsegeschrei, Flügelschlag, stiebende Federn und was Gänse sonst noch so gerne einmal fallen lassen, wenn sie in Panik geraten, ging auf der Tochter des Hauses nieder. Das war dieser – zu meiner Verwunderung – nicht recht. Bitterböse sprang sie auf, jagte hinter mir her, der ich bereits mit einem Affenzahn Reißaus genommen hatte. Gegen Therese war ich chancenlos. So bezog ich eine gehörige Tracht Prügel. In den mir verbleibenden Wochen hatte ich nie das Gefühl, dass sie mir vergeben hätte. Dummerweise habe ich sie auch nicht darum gebeten. Wenn es möglich wäre, würde ich das heute gerne noch nachholen.

Gott lässt seine Sonne aufgehen über Böse und Gute und lässt regnen über Gerechte und Ungerechte. Eines Tages schien die Sonne besonders heiß. Ich durfte im leeren Erntewagen mit der gesamten Belegschaft aufs Feld. Jakob, der alte Knecht, war auch dabei, der Einzige, der trotz (oder wegen?) meiner Streiche zu mir hielt. Die Großmutter blieb im Haus. Der Weg zu den Feldern war lang. Einiges Korn war bereits gemäht und stand in Garben gebündelt. Anderes musste noch gemäht und aufgestellt werden. Die Arbeit war hart, die Sonne brannte und der Durst wurde groß. Viel zu schnell war alles mitgebrachte Getränk durch die Kehlen gespült, alle Flaschen bis auf den letzten Tropfen leer.

Da kam jemand auf die Idee, auszuprobieren, ob die durchtriebene Berliner Göre wenigstens zu irgendetwas nützlich wäre. Sie drückten mir eine Zweiliterflasche in die Hand: »Lauf zum Hof. Bring Milchkaffee!«

Ich zuckelte los. Die Sonne war noch heißer geworden, die Füße schwer. Ich hatte eine Ewigkeit zu durchwandern.

Einmal aber ist jede Ewigkeit zu Ende. Die Großmutter füllte die Flasche. Ich machte mich erneut auf den Weg. Der erschien nun noch einmal um eine neue Ewigkeit verlängert. Unvermindert brannte mir die Sonne aufs Hirn. So stellte sich ein, was sich in solcher Lage auf der ganzen Welt nun einmal einstellt, ein brennender Durst. »Ein Schlückchen in Ehren«, so dachte ich wohl, »kann niemand verwehren«, setzte an und bekam die Flasche nicht so bald wie geplant wieder abgesetzt. Das passierte mir auf dem Weg mehrere Male. Als ich bei den fleißigen Arbeitern ankam, war die Freude zunächst groß. Dann aber sah ich mich einer Schimpfkanonade ausgesetzt. Das fand ich unfair, hatte ich ihnen doch mindestens ein Drittel vom Milchkaffee übrig gelassen. An diesem Tag begriff ich, wie recht meine Großmutter in der Senne hatte, wenn sie gelegentlich seufzte, Undank sei der Welten Lohn.

Irgendwann waren alle Arbeiten getan, die frischen Garben aufgestellt, die getrockneten auf den Leiterwagen geladen. Also ging es zurück zum Hof. Ich freute mich auf die Heimfahrt hoch oben auf dem duftenden Stroh. Womit ich nicht gerechnet hatte, war die schäbige Rache der westpreußischen Landbevölkerung. Aus Strafe dafür, dass ich meinen Durst nicht beherrscht hatte, durfte ich nicht mitfahren. Ich sollte den Weg noch einmal auf Schusters Rappen zurücklegen. Das war die größte Sauerei aller Zeiten! Aber was sollte ich machen? So fuhren die Herrschaften los und ich trabte erbittert hinterher. Glücklicherweise fährt ein Erntewagen von Pferden gezogen nicht Galopp.

Ich weiß nicht mehr, was ich mir nun meinerseits für drakonische Strafen meinen Hausgenossen gegenüber ausgedacht habe. Es muss schrecklich gewesen sein. Da erblickte ich eine Hand, einen kräftigen Männerarm. Beides gehörte zu Jakob, dem lieben, alten Knecht. Mit ihm hatten weder meine Peiniger noch ich gerechnet. Jakob hatte sich hinten auf dem Erntewagen platziert. Er beugte sich tief herunter, ergriff meine voll Verlangen ausgestreckte Hand und zog mich zu sich herauf. Meine Rachepläne ließ ich fallen. So fand das Ganze für mich ein versöhnliches Ende. Meine Beliebtheit aber war bei der Gastfamilie durch das Vorkommnis dieses Tages nicht gerade gestiegen.

Auf unserem Bauernhof war ein Brunnen, der einzige in der Nachbarschaft. Täglich kamen Leute und schöpften Trinkwasser. Sie hatten ein Tragegestell, das sie sich auf die Schulter legten. Rechts und links hing je ein Eimer. Damit zuckelten sie, wenn sie geschöpft hatten, schwer beladen wieder heim.

Nun verband mich eine gewisse Nähe mit den Kindern des Nachbarn Goerke. Sie waren bis auf die kleine Marie alle älter als ich. Eines Tages spielten wir wieder in unserem Hof. Eine Bäuerin aus der Nachbarschaft war gekommen, Wasser zu holen. Werner war der Älteste von vieren und elf Jahre alt. Er erklärte mir, was man mit den Wasserträgern allerlei Schönes anstellen könne, was dann auch immer allen riesigen Spaß bereite. Für Scherze hatte ich etwas übrig. Jetzt war nur wichtig, dass ich Werners Anweisungen genau folgte.

Die gute Frau hing den ersten Eimer an die Kette, welche um eine Winde gewickelt war. Sie ließ das leere Gefäß in die Tiefen des Brunnens hinunter, hantierte herum und drehte den gefüllten Eimer mühselig wieder herauf. Dasselbe geschah auch mit dem zweiten Eimer. Die Wasserträgerin, wenn sie das alles erledigt haben würde, wird ihr Tragegestell nehmen, mit den Eimern voll vom köstlichen Nass. Ein wenig zittrig wird sie, sich ausbalancierend, den beschwerlichen Heimweg antreten. Das wusste ich. Neu hingegen war mir, was Werner mir nun zu tun einflüsterte. Genau das sei der Moment für den riesigen Spaß. Ich solle mich von hinten anschleichen und in die Eimer je ein schönes dreckiges Stück Holz oder einfach nur je eine Handvoll westpreußischer Heimaterde werfen. Das wäre lustig! Ehe ein Wasserträger sein Gestell abgesetzt haben würde, würde ich über alle Berge sein. Ich hielt mich ganz genau an Werners Vorgaben. Die Ohrfeigen, die ich bezog, waren gesalzen. Ich staunte einmal mehr, wie schnell gestandene westpreußische Bäuerinnen laufen können.

Waren meine Untaten bisher in den Grenzen des eigenen Hofes und seiner Bewohner geblieben, so machte das Gerücht über das »kleine Ungeheuer aus Berlin« im Dorf zunehmend die Runde. Wohin ich auch kam, stellte ich fest: Man kannte mich.

Acht Wochen bin ich in Westpreußen gewesen, dann war ich wirklich weg.

3.

Senne 1 – mein Wurzelboden

Heinz und die westfälischen Maikäfer

In Senne 1, im Landkreis der ostwestfälischen Leineweberstadt Bielefeld, schmiegte sich verträumt an die Südseite des Teutoburger Waldes die Oetkersiedlung. Die kleinen weißen Häuschen mit den roten Ziegeldächern hatten etwas Puppenstubenmäßiges. Hier kannte jeder jeden. Hier wussten alle alles über alle, der eine etwas mehr als der andere. »Haste schon gehört?« »Nee, was?« »Na, das mit dem und dem und das und das!« »Nee, gibt's doch nicht!« »Wer hätte das gedacht.« »Ich hab's ja immer schon gewusst!« »Warum haste nix gesacht?«

Dahin ist meine Mutter mit mir im Spätsommer 1943 umgezogen, um uns vor den Bomben der Alliierten auf Berlin zu schützen. Vom 27. September 1943 bis zum 1. Juni 1960 war ich mit erstem Wohnsitz in der Senne 1 gemeldet, Oetkersiedlung 658, später Oetkerstraße 23. Die Senne – hier sollte ich endlich, endlich Wurzeln schlagen.

War Berlin – durch die vielen Heime – für mich so etwas wie ein Gefängnis gewesen, in dem ich an der Kette lag, sollte die Senne, vor allem die Oetkersiedlung, die große Freiheit für mich werden. Was habe ich mich hier austoben können mit den Freunden und Spielkameraden! Das hat gutgetan und sicher Weiteres von den Berliner Verkrampfungen in mir gelöst. Einen Vorgeschmack von Freiheit hatte ich ja schon in Westpreußen genossen. Nun aber galt es, ein Senner Sandhase zu werden. Wir kletterten auf Buchen, haben uns in ihren Wipfeln hin und her gewogen. Geschrien habe ich vor Glück. Tarzan im Urwald. Später haben wir »in den Fichten« Fußball gespielt, oft bis es dunkel wurde und wir den Ball nicht mehr sehen konnten. Meine Mutter war während dieser Zeit arbeiten und ich ihrer strengen Kontrolle entzogen.

In der Oetkersiedlung hatten Onkel Heini und Onkel Ewald ein Siedlungshäuschen gebaut. Ein Doppelhaus. In »unserer Hälfte« wohnte Onkel Ewald, der 1910 geborene jüngere Bruder meiner Mutter mit seiner Frau Auguste, genannt Gustel. Sie waren kinderlos. In zwei kleinen Dachkammern war meine damals schon 74 Jahre alte Großmutter untergebracht, die Mutter meiner Mutter. Als wir kamen, gab Oma uns ein Kämmerlein ab. Nebenan, in der anderen Doppelhaushälfte, lebte die Familie des 1899 geborenen älteren Bruders meiner Mutter, Onkel Heinrich, genannt Heini. Mit Anni, seiner Frau, hatte er zwei Kinder, Inge und Heinz. Inge war sieben Jahre älter als ich, Heinz war mir um zwei Jahre voraus.

Besuchsweise war ich schon in der Oetkersiedlung gewesen. Heinz und ich hatten sofort Freundschaft geschlossen. Mein Vetter hat mich in alle Gepflogenheiten der neuen Welt eingeführt. Seine Streiche lehrten mich, mich auf meinem Lebensweg mit Wachsamkeit zu bewegen. An einem der ersten Erlebnisse lässt es sich am besten erklären:

Es war im Jahr 1941. Meine Mutter und ich waren zu Besuch gewesen, im Monat der krabbelnden Maikäfer. Diese zu fangen, war unter Kindern groß angesagt. Auch die Erwachsenen, die Hühner hatten, sammelten eifrig Maikäfer. Die sind für das Federvieh eine Delikatesse, weil Maikäfer den Bauch voller Eiweiß haben – und die Hühner wissen das. In meinem Berliner Bilderbuch gab es neben Bildern von Hitlerjungen auch welche von Maikäfern mit ihren braunen Flügeln, den blattförmig verbreiterten Lamellen. Ich hatte mir ihre Gestalt gut eingeprägt. Als ich loszog, sie zu fangen, hat mich der achtjährige Heinz, hilfreich, wie er war, gleich dorthin geleitet, wo es von ihnen nur so wimmeln würde, nämlich im Vorgarten. Auf Blumen seien Maikäfer schrecklich wild. Und ich war wild auf Maikäfer. Das passte zusammen! Von der Oma hatte ich mir einen Schuhkarton mit Deckel besorgt. Dieser wurde mit Birkenlaub vollgestopft. Dann kamen noch Luftlöcher rein, wegen der Atmung. So lotste mich Heinz in das Paradies der Maikäfer. Als ich Zweifel anmeldete, weil die in meinem Bilderbuch aber anders ausgesehen hätten, wusste Heinz zu besänftigen: »Bei uns sehen Maikäfer eben so aus. Nun fang mal tüchtig.«

Mit meinen zarten Großstadtkinderhänden ging es auf die für mich etwas entstellt wirkenden Käfer los. Da hatte ich schon einen und noch einen. »Aaauu!«, schrie ich auf. Brüllend rannte ich ins Haus.

Da war meine Oma. »Wat hasse denn? Wat schreiste so?«

»Die Maikäfer haben mich gestochen!« Verzweifelt hielt ich ihr meine Hände hin, riss sie wieder weg, wusste mit meinem Schmerz nicht wohin. Man sieht sich in solchen Situationen nicht selbst, aber ich kann mir lebhaft vorstellen, wie ich ausgesehen haben muss: Tränchen rennen mir übers Gesicht, meine zerstochenen Händchen nun zwischen die Beine klemmend und einen wilden Indianertanz aufführend.

»Maikäfer stechen nicht«, wandte Oma ein.

»Dohoch«, wimmerte ich. Ein deutscher Junge weint eigentlich nicht. Aber wenn einen die Maikäfer stechen, vergisst man schon mal, dass man ein deutscher Junge ist. Da kam Heinz. Er grinste.

»Du Aas!«, schrie Oma ihn an. Sie wusste gleich Bescheid.

»Du Aas« war eine häufig gebrauchte Redewendung im westfälischen Plattdeutsch jener Tage. In Plattdeutsch verstand sich meine Großmutter gut auszudrücken, sodass auch ich mich rühmen darf, diese wundersame Sprache ein wenig zu sprechen und zu verstehen. Also mit »Du Aas!« hatte die Oma den Maikäferverbrecher und Bienenattentäter angeschrien. In diesem Falle hatte sie recht. Sonst aber war Heinz ein guter Kerl. Wir mochten uns und gingen zusammen durch dick und dünn.

Zwei Jahre später nun, im Sommer 1943, war ich hier richtig zu Hause. Das Großstadtleben gehörte der Vergangenheit an, ich lebte auf dem Land. Danach lechzte mein innerer Mensch, der in Westpreußen bereits auf den Geschmack gekommen war. Den auf dem Bauernhof erworbenen Freiheitsdrang brachte ich in die Senne mit. Onkel Ewald und Tante Gustel bekamen meine ungebremste Wildheit zu spüren. Nichts ahnend hatten sie es auf sich genommen, mich mehrere Monate bei sich zu haben. Sie kannten ja den in Kinderheimen zu gutem Benehmen gedrillten Knaben. Dass in acht Wochen Westpreußen ein nicht zu bändigendes Temperament in mir erwacht war, konnten sie nicht ahnen.

Meine Mutter war aus beruflichen Gründen noch in Berlin geblieben. Sie bekleidete eine Stelle beim Senat. Wieder war ich von ihr getrennt. Manchmal bekam ich Pakete mit Lebensmitteln. Vieles, was ihr aufgrund der damaligen Lebensmittelkarten zustand – ihren Anteil an guter Butter zum Beispiel – sparte sie sich vom Munde ab und ließ es mir zukommen. Ihrer eigenen Gesundheit hat das sicher nicht gutgetan.

Klimmzüge gegen das Fahnenhissen

Als ich im Herbst 1943 die Klashofschule der Gemeinde Senne 1 bei Bielefeld betrat, blickte ich auf ein sechs Monate langes schulfreies Dasein zurück. Nach den acht Wochen in Westpreußen wurde ich erst einmal gründlich krank. Dann kamen Ferien, überdies fiel bei uns wochenlang die Schule aus. Kein Wunder also, dass ich bildungsmäßig aus dem Tritt geraten war. Die ersten Briefe, die zu meiner Mutter von Westpreußen aus nach Berlin geflattert waren, blieben bekanntlich ohne die erhoffte Wirkung, sodass ich die Korrespondenz und damit alle förderlichen Schreibübungen eingestellt hatte. Mit anderen Worten, als ich in die Klasse von Lehrer Twele kam, war mir die hohe Kunst des Lesens und Schreibens nicht mehr so geläufig, wie es hätte sein sollen. Dennoch, ohne jemals das Klassenziel eines ersten Schuljahrs erreicht zu haben, ohne ordnungsgemäß versetzt worden zu sein, war ich in die zweite Klasse befördert worden.

Ich hatte es bald heraus: Durch gute schulische Leistungen kannst du hier nicht auf dich aufmerksam machen. Für findige Jungen aber gibt es da Ausweichmöglichkeiten. Wir lebten in der Zeit der Hakenkreuzfahnen. Auf dem Schulhof stand eine Fahnenstange. Gleich in den ersten Tagen habe ich mich daran gemacht, sie zu erklimmen. Sie war mit kleinen Rollen versehen, mit Schlaufen, spiralförmig gedrehtem Draht, der bis an die Spitze reichte, über eine Rolle lief und wieder herunter führte. Ich begann die Fahnenstange hochzuklettern. Meine Klassenkameraden starrten nach oben: »Der traut sich was!« Klimmzug für Klimmzug ging es himmelwärts. Ich sah das kleine Volk unter mir. Seine Bewunderung vermittelte mir genau den Kick, den ich brauchte. Ich hatte es weit nach oben gebracht. Beim Runterrutschen ist es dann passiert. Ich blieb hängen und irgendwas zerriss. Ungeplant landete ich vor den Füßen von Lehrer Twele, der auf der Bildfläche erschienen war.

In meinem Herzen hege ich bis heute den Verdacht, dass unserem Lehrer alles, was mit Hakenkreuzfahnen zu tun hatte, hoch und heilig war. Jedenfalls gebärdete er sich so, als hätte ich mich einer unverzeihlichen Wehrkraftzersetzung schuldig gemacht, wodurch der damals noch auf der Agenda stehende Endsieg gefährdet wurde.

Dann war da Herr Emil Kleine, einer der Lehrer, dem es ein besonderes Vergnügen bereitete, Kinder zu schlagen, wie ich mehrfach am eigenen Leibe erfuhr. Er achtete scharf darauf, dass er mit »Heil Hitler, Herr Kleine!«, gegrüßt wurde, begleitet von strammem Armestrecken. Als ich ihn nach dem Krieg überlaut mit genau diesen Worten weiterhin grüßte, legte er den Finger flehentlich vor den Mund: »Junge! Nicht doch! Junge!«

Meinem Onkel wurde Meldung wegen der zerstörten Fahnenstange gemacht. Der hat dann ebenfalls mächtig geschimpft: »Bei den Tewle hasse verschissen! Dat is doch ma klar!« Wo Onkel Ewald recht hatte, hatte er recht.

In unserer Klasse gab es ein ausgeklügeltes pädagogisches System. Es offenbarte jedem Schüler, wo er sich leistungsmäßig befand. Auch jeder Besucher einer Klasse – alle Welt also – wusste sofort Bescheid, wer hier der Klügste und wer hier der Dümmste war: Wir Kinder waren nämlich, was die Sitzordnung betraf, unserer schulischen Leistung gemäß gereiht. Im Klassenraum vorn links saß der Schlechteste, hinten rechts an der Hinterwand der Beste der Klasse. Beide waren durch geistige und räumliche Welten voneinander getrennt. Wenn jemand seine Hausaufgaben besonders gut gemacht hatte, kam er »einen rauf«. Der bis dahin über ihm Sitzende fiel dadurch eine Stufe runter. Unter normalen Umständen wäre ich das Schuljahr lang vorn links gesessen und zwar – damit wir uns recht verstehen – so sehr vorn links, dass es weiter vorne links nicht mehr gegangen wäre. Einen Platz über mir saß Karlheinz. Ich war sieben, Karlheinz dreizehn. Er war – wie ich heute urteilen würde – wahrscheinlich Autist. Niemand, so erzählte man, habe ihn je sprechen gehört, außer seiner Mutter, aber nur wenige Worte.

So begab es sich, dass manchmal die Seiten in seinem Schreibheft, die für die Hausaufgaben vorgesehen waren, am nächsten Morgen in völliger Unberührtheit erstrahlten. Ich hatte wenigstens die Wörter hingekritzelt, aus denen wir Sätze machen sollten. Zu den Sätzen selbst war es meistens nicht gekommen, da wir uns in der Oetkersiedlung angewöhnt hatten, bis zum Umfallen Fußball zu spielen. Wenn Karlheinz nun seine Hausaufgaben nicht gemacht hatte, kam er einen Platz runter! Dank dieser Automatik hieß es für mich: Schwuppdiwupp! Einen rauf!

Jeder spricht gern über seine Erfolge. So habe ich denn auch zu Hause mit meinem Fortschritt nicht hinter dem Berge gehalten. Onkel Ewald zeigte sich erfreut und schenkte mir einen Groschen und sicherte mir zu, immer wenn ich einen

Platz raufkäme, würde ich von nun an mit einem weiteren Groschen belohnt.

Dennoch passierte es mehrfach, dass ich alle Hausaufgaben vergessen oder alle falsch gemacht hatte. Die Folge war: Ich rauschte wieder einen Platz runter! Niemand erzählt gern von seinen Misserfolgen. So verschwieg ich zu Hause meine Abstürze. Gern dagegen verkündete ich »meine« Siege, sobald ich – meistens wegen Karlheinz – einen Platz nach oben gerückt war. In schöner Regelmäßigkeit ging es mit mir rauf und runter. Onkel Ewald wurde nur über meine Aufstiege ins Bild gesetzt. Nach einiger Zeit meinte er, ich müsse wohl im Mittelfeld meiner Klasse angekommen sein. Das ließ ich unkommentiert, wollte ich doch mein regelmäßiges Einkommen nicht gefährden.

Diese Einkünfte zerflossen mir wie Wasser zwischen den Fingern. Der Laden von August Helling, oben an der Straße, war nahe. Ein gelber Kasten, angefüllt mit Eis am Stiel, rechts von der Eingangstür platziert, sah mich verführerisch an, wenn ich dort vorbeikam. Ich kam oft vorbei. Der Kasten ähnelte farblich dem Vanilleeis, das in ihm lagerte. Meine Groschen und Hellings Eis wechselten regelmäßig den Besitzer. Während die Groschen ihren neuen Eigentümer immer wohlhabender machten, schmolz mir das Eis im Munde und mit ihm mein auf nicht legale Weise eingestrichenes Kapital. Auch wenn ich in der Schule ab und zu aus eigener Kraft einen Platz aufgerückt war, so hatte ich die meisten meiner Groschen Karlheinz zu verdanken. Wäre mein christlich-soziales Gewissen damals schon erwacht gewesen, hätte ich ihn – so hoffe ich doch – an meinem Gewinn beteiligt. So aber ging Karlheinz leer aus.

Zu meiner Ehrenrettung aber darf ich sagen, dass wir beide so etwas wie eine Freundschaft ohne viele Worte eingegangen waren. Diese ging dann immerhin so weit, dass ich aus seinem Munde eines Tages ein echtes Wort zu hören bekam, was mich mit Freude erfüllte und bis heute erfüllt. Das war so:

Karlheinz wurde von den Klassenkameraden viel gehänselt. Kinder sind grausam. Vielleicht hatten einige schon gehört, dass es so etwas wie unwertes Leben gäbe. Wo es ging, habe ich versucht, Karlheinz vor den Widerwärtigkeiten, die andere ihm zufügen wollten, zu schützen. Er war mir innerlich nahe gekommen. In einer der großen Pausen umringte ihn wieder einmal die Meute. Die Jungs zogen von allen Seiten an seiner Jacke. Er drehte sich dabei um, wollte die bösen Hände abwehren. Sie johlten, ließen ihn regelrecht um sich selber tanzen. Da geschah etwas so Hässliches, dass ich dem physischen Himmel heute noch böse bin, denn der war an der Sache beteiligt. Vögel zogen über uns ihre Bahn. Einer versah in luftiger Höhe seine Notdurft, die genau auf der Jacke von Karlheinz landete. Die ihn umringende Meute geriet außer Rand und Band. Schrille, tobende Häme! Karlheinz tat mir sehr, sehr leid. Ich ergriff seine Hand und zog ihn mit mir. Die geifernde Schar folgte uns. Ich versuchte, mit Karlheinz hinter das Schulgebäude zu gelangen. Da ließen sie von uns ab. Mit Blättern, die ich von einem Gebüsch riss, habe ich ihm die Jacke gesäubert. Es gelang einigermaßen. »Alles ist wieder gut, Karlheinz!«, sagte ich. Da ertönte ein tiefes, dumpfes »Ja!«. Das einzige Wort, das ich je von ihm gehört habe, und doch so viel mehr, als allen anderen von Karlheinz zu Ohren gekommen ist. Für mich war das wunderschön, ein mein Herz berührendes Geschenk.

So gingen wir durch Höhen und Tiefen. Dass der Onkel von meinen schulischen Leistungen enttäuscht war, verstehe ich. Dass er sich nicht anders zu helfen wusste, als mich häufig durchzuprügeln, muss dem damaligen pädagogischen Erkenntnisstand zugutegehalten werden. Die schwarze Pädagogik beherrschte das Erziehungswesen. In der Schule wurden wir Kinder ja auch geschlagen. Heute nennt man das Ohrfeigen von Kindern Kindesmissbrauch. Mein lieber Mann, dann bin ich aber oft missbraucht worden! Onkel Ewald war als Klempner in einer Blech verarbeitenden Firma tätig.

Dort hantierte er den lieben langen Tag mit der Blechschere. Dadurch hatte sich eine kräftige Pranke entwickelt. Die landete nicht selten ungebremst in meinem Gesicht, sodass ich mir hinterher manchmal selber versuchte, das Kinn wieder einzurenken.

Wie erfolgreich Verdrängungsmechanismen auf unser Gedächtnis einwirken, darüber habe ich 50 Jahre später staunen dürfen. Onkel Ewald und ich unterhielten uns über die vergangene Zeit. Da ließ sich der ergraute Onkel zu einem überraschenden Eingeständnis hinreißen: »Ich glaube, ich habe dir damals sogar einmal einen kleinen Klaps gegeben.« Mir verschlug es die Sprache, ich brachte keinen Ton heraus. Ich denke, es war das Beste so.

Normalverbraucher

Im August 1939, drei Tage vor Ausbruch des Zweiten Weltkriegs, waren in Deutschland Lebensmittelkarten eingeführt worden. Die Bevölkerung bekam Fleisch, Fett, Kaffee-Ersatz und Zucker nur noch gegen Marken. Bald darauf wurden auch Brot und Eier eingeteilt. Für Schwangere, stillende Mütter und Kinder waren besondere Rationen bereitgestellt. Kartoffeln und Gemüse gab es weiterhin im freien Handel. Die Regierung fürchtete wohl eine Hungersnot wie im Ersten Weltkrieg. Damals hatte die ausgehungerte Bevölkerung der Regierung den Laufpass gegeben. Deshalb begann die amtierende Regierung frühzeitig, Lebensmittel zu rationieren. Dazu wurden die Menschen eingeteilt in Normalverbraucher, Schwerarbeiter und Schwerstarbeiter. Als Normalverbraucher erhielt man wöchentlich 2400 Gramm Brot, 500 Gramm Fleisch und 270 Gramm Fett. Als die Deutschen Polen besiegt hatten, wurde die dortige Bevölkerung hemmungslos beraubt. Ihre Lebensmittel wurden nach Deutschland geschafft. Das traf vor allem die Polen und die Ukrainer hart. Noch schlimmer war die Situation für die KZ-Häftlinge; sie wurden bei vollkommen unzureichender Ernährung zu Tode geschunden.

Von alledem bekamen wir Kinder nichts mit. Allerdings zeigten sich in unseren Straßen manchmal Menschen in dicken Russenjacken, wie wir sagten. Es waren Zwangsarbeiter, sowjetische und polnische Kriegsgefangene. Sie mussten für Deutschland schwer arbeiten, wurden aber nur mangelhaft ernährt. Manchmal bettelten sie, um etwas zu essen zu bekommen, und wagten sich dabei sogar an unsere Haustüren. Hunger tut weh. Wir waren Normalverbraucher, Leute ohne Vergünstigungen. Wir dachten dauernd ans Essen. Vielleicht überkommen mich darum heute Glücksgefühle, wenn ich einen Supermarkt sehe oder an einer Tankstelle problemlos tanken kann. In einem großen Warenhaus allerdings freue ich mich zu sehen, was es alles gibt, das ich nicht brauche!

Von Frau Pepper, die uns gegenüber wohnte, bekamen bettelnde Zwangsarbeiter jedes Mal ein Stück Brot mit etwas drauf oder ein Glas Milch oder eine Tasse warmen Kaffee. Sie war eine barmherzige Frau, vor der ich große Achtung empfand. Peppers Dackel, er hieß Fips, hat mich mit seinem Bellen allerdings ziemlich genervt. Neben Peppers wohnten Vollmers. Herr Vollmer war Polizist. Nichts ahnend klingelten einmal zwei Zwangsarbeiter an seiner Tür. Ich habe die Katastrophe kommen gesehen, wusste ich doch, wie Herr Vollmer dem Herrenmenschentum zugeneigt war. Er öffnete die Haustür und schlug den armen Mann ins Gesicht.

Die Qualität von Brot und Wurst nahm gegen Ende des Krieges im Mai 1945 dramatisch ab. Brot bekam eine gelbe Farbe, weil es aus Maismehl bestand. Zuletzt gab es eine Leberwurst, die phantastisch roch und verlockend anzusehen war. Sie schmeckte scheußlich, war sie doch mit Sägespänen gestreckt. Was sollten die Leute tun? Sie fingen an zu »organisieren«, eine freundliche Umschreibung für das Entwenden von Dingen, für die sich Essbares eintauschen ließ. Viele machten sich auf die Socken und zogen über die Dörfer, um zu »hamstern«. Wer hamsterte, bettelte nicht. Er hatte etwas zu bieten. Onkel Ewald konnte in seiner Firma Blech »organisieren«, das er zu Wassereimern verarbeitete. Das war wie ein Sechser im Lotto. Seine Hamsterergebnisse waren traumhaft. Meine Mutter kaufte Hefe, wo immer es welche gab. Die wurde von den Bäuerinnen, die zu backen hatten, gern genommen. So landete auch manche Speckschwarte oder ein schönes Stück gute Wurst auf unserem Küchentisch.

Mehrmals nahm mich meine Mutter zu den Hamstertouren mit. An eine erinnere ich mich besonders. Mutter wollte mir anscheinend unangenehme Begegnungen mit abweisenden Bauern ersparen. Einen anderen Grund für ihre Maßnahme kann ich mir jedenfalls nicht vorstellen. Sie ließ mich also am Eingang eines Dorfes in der Nähe des ersten Hauses allein zurück. Ich solle auf sie warten, bis sie wiederkäme. Dann machte sie sich zu den Bauern auf den Weg und entschwand meinen Blicken. Allein zu warten ist für ein Kind qualvoll. Bald war ich nicht mehr allein. Eine Horde Dorfburschen hatte mich entdeckt und umringte mich. Sie begannen, an mir herumzuzerren, mich zu verhöhnen und zu foppen. Ich hatte Angst und muss das alles, total eingeschüchtert, stumm über mich ergehen lassen haben, denn einer fragte mich plötzlich: »Kannst du auch reden?« Da habe ich ängstlich und beklommen »ja« gepiepst. Sie verfielen in lautes Gejohle und trieben weiter ihre Willkür mit mir.

Das Lob einer Lehrerin

Lehrer Twele hatte keine Freude an mir und ich nicht an ihm. Nun kam es, dass in der Klashofschule Lebensmittelmarken an die Bevölkerung ausgegeben wurden. Da trat auch Herr Twele in Aktion. Es gab mehrere Warteschlangen. Wie das Leben spielt, stand Tante Gustel in der Twele-Reihe. Unbedarft fragte sie: »Wie macht sich denn unser Klaus?« »Der? Schrecklich! Was haben Sie sich denn da geangelt? Faul ist er! Frech ist er! Macht Fahnenstangen kaputt! Für den sehe ich schwarz!«

»Ich hab mich vielleicht geschämt! Vor alle Leute! Vor alle Leute!«

Bis in mein Erwachsenenalter hat Tante Gustel diese Geschichte immer mit den gleichen Worten erzählt. Darum kann ich sie authentisch bis in den Tonfall wiedergeben. Bei dieser Gelegenheit kam heraus, dass ich, obwohl öfter einen Platz nach oben gerückt, ebenso oft aber auch wieder nach unten gerutscht war. Es war klar, dass ich das Klassenziel nicht erreichen würde, außerdem hatte ich ja auch »bei den Twele verschissen«. Als jedoch das zweite Schuljahr zu Ende war, hatte ich im wahrsten Sinne des Wortes »Bombenglück«. Oft waren wir nämlich wegen der häufigen Bombenangriffe vom Unterricht befreit gewesen. Die Engländer und Amerikaner hatten die Dreistigkeit, ihre Angriffe auch am Tage zu fliegen. Es wurde deshalb beschlossen, diesmal jeden Schüler zu versetzen, da es ja schließlich kein reguläres Schuljahr gewesen wäre. So fand ich mich in der dritten Klasse wieder und – war doch so schlecht.

Nun war Dora Frische unsere Lehrerin. Ihre Knotenfrisur verlieh ihr einen Hauch von Strenge. Sie reihte uns nicht nach Gut und Böse ein, auch nicht nach Besser oder Schlechter. Das war schön. Ich saß neben Dieter Ungruhe, irgendwo in der Mitte der Klasse. Auch wenn Dora Frische sich als streng erwies, war ich für sie doch ein unbeschriebenes Blatt. Sie ließ uns Jungen, die wir gern ungewaschen zum Unterricht kamen, ab und zu die Fingernägel vorzeigen. Dabei hielt sie ein Lineal in der Hand, das sie, sobald der Anlass gegeben war, blitzschnell zu führen verstand. Keiner, der Schmutz unter den Nägeln hatte, konnte ihrem gezielten Hieb entgehen.

Bei mir hatte sich inzwischen eine Lust am Lesen eingestellt. Fernsehen gab es nicht und das Radio wurde nur angemacht, wenn die Nachrichten kamen. Ich hatte sowieso keine Erlaubnis, es einzuschalten. In Ermangelung von kindergerechten Büchern, nahm ich mir abends unser Lesebuch vor und las die Geschichten wieder und wieder. So konnte ich das Lesebuch bald fast auswendig. Wenn nun im Deutschunterricht bei Dora Frische etwas aus dem Buch besprochen wurde, fand ich mich spielend zurecht. Viel Lesen verhilft in der Regel auch zur passablen Rechtschreibung und beim Verfassen von Schulaufsätzen.

Eines Tages, während des laufenden Unterrichts, kommt Schulleiter Twele in die Klasse. Er will mit seiner Kollegin etwas besprechen. Als er mich entdeckt, verfinstert sich sein Gesicht. Zur Klassenlehrerin gewandt zischt er: »Wie ist der denn?« Der Ton ist bedrohlich. Ich zucke zusammen und denke: Jetzt wirst du vor allen anderen wieder niedergemacht. Das kenne ich.

»Klaus? Der macht sich gut«, höre ich Dora Frische sagen. Träume ich? Kann das sein? Ich habe mal wieder meine Vernichtung erwartet. Stattdessen erlebe ich Balsam für meine kleine Seele. Nie war mir in meiner bisherigen Schulzeit etwas so Schönes zuteilgeworden. Fünf kleine Worte: »Klaus? Der macht sich gut!« Dora Frisches Worte waren für mich von nachhaltiger Kraft. Immer wieder vernahm ich im Geist dieses Lob. Ich habe es bis heute nicht vergessen. Es wertete mich auf und machte mich glücklich. Als wäre die Sonne über mir aufgegangen, so war mir ums Herz. In der Schule wurde ich besser und strengte mich zunehmend an, alles für Dora Frische!

Möglicherweise übertreibe ich, wenn ich sage: Ihr Lob brachte mir ein Stück vom verlorenen Kinderparadies zurück. So jedenfalls kommt es mir heute vor. Fräulein Frische lebt nicht mehr. Mir aber ist sie durch ihr gutes Wort lebendig geblieben. Seltsam, dass ein echtes Lob so sehr in die Tiefe der menschlichen Seele dringt, als käme es aus einer schöneren Welt.

Schulverbot für ein Kaninchen

Heinz, mein Vetter, war mathematisch begabt. Darin war er besser als ich. Ebenso war er praktisch und technisch topfit. Er hatte jedoch wohl eine Schreib- und Leseschwäche, die ihm ungerechterweise als Dummheit ausgelegt wurde. Heinz war nicht dumm, im Gegenteil. Seine mathematische und sonstige Begabung wurde einfach nicht genügend gewürdigt und berücksichtigt. So geschah es ein Jahr später, dass er das Schuljahr wiederholen musste, was seinerzeit als Unglück angesehen wurde. Von der dritten Klasse wurde ich problemlos in die vierte versetzt. Wohl wegen kriegsbedingten Lehrermangels wurden in diesem Jahr die vierte und fünfte Klasse zusammengelegt. Heinz und ich fanden uns plötzlich in ein und demselben Unterricht wieder.

Heinz besaß ein Kaninchen. Onkel Ewald und Onkel Heini mussten sehen, dass ihre Familien über die Runden kamen. Obwohl das Doppelhäuschen klein war, hatten wir Hühner und Kaninchen. Das Kleinvieh lieferte zu Feiertagen einen herrlichen Braten. Einmal hatte eines von Onkel Ewalds Kaninchen Junge bekommen. Ein echtes Ereignis! Wie schön! In mir regte sich ein gewisser Forscherdrang. So habe ich Tante Gustel, die mir die klitzekleinen Wesen vorsichtig zeigte, in kindlicher Unschuld gefragt: »Wo kommen die eigentlich her?« Sie rang nach Worten und es dauerte etwas lange, bis sie welche fand: »Die waren einfach da«, versicherte die Verunsicherte. »Die müssen doch irgendwo herkommen«, versuchte ich die Sache doch noch etwas genauer zu ergründen. Soweit ich das Gesicht meiner Tante in Erinnerung habe, stürzte sie meine Frage in die Krise. Meine Neugier hatte sie platt gemacht, sprachlos, entnervt. So blieb sie vorsichtshalber stur bei der Behauptung, die Jungen wären einfach da gewesen. Mehr wisse sie auch nicht. Nie hab ich aus dem Munde der Großen auch nur die kleinste Kleinigkeit über dieses schöne, für die damalige erwachsene Welt so peinliche Thema erfahren, abgesehen von der Klapperstorch-Geschichte.

Dass Kinder im Bauch der Mutter heranwachsen, hatten wir Jungen mitgekriegt, aber wie sie da reinkamen? Ein Lausebengel von der Straße hatte es dann gewusst und uns mitgeteilt. Das war natürlich die Sensation! Aber wie die Kinder da nun herauskommen, blieb wiederum lange ein Rätsel. Hätte Siegfried Heine, der Nachbarssohn, es nicht schließlich von Waltraud, seiner großen Schwester erfahren, wüssten wir Freunde von der Oetkersiedlung es möglicherweise bis heute noch nicht.

Heinz besaß also nun ein Kaninchen. Mein einfallsreicher Cousin hatte ihm regelrechte Kunststücke beigebracht. Er nahm es auf den Arm, warf es hoch und fing es wieder auf. Beide hatten sich so aufeinander eingespielt, dass es eine Freude war, ihnen zuzusehen. Die Attraktion war der Todessprung. Heinz nahm das Kaninchen aus dem erhöht gelegenen Stall und behielt es auf dem Arm. Die kleine Tür blieb geöffnet. In etwa einem halben Meter Entfernung nahm Heinz Aufstellung und machte dem Tier mit kleinen Schubsern klar, in seinen Stall zu springen. Als es sich weigerte, ging er etwas näher zur geöffneten Tür. Schwuppdiwupp! Geschafft. Nun machte Heinz wieder einen kleinen Schritt zurück. Sprung! Klappte auch. Der Dompteur vergrößerte die Distanz mehr und mehr, bis das immer kühnere Tier schon einen Meter schaffte. Dann eineinhalb. Bei zwei Metern scheiterte das Experiment. Das Kaninchen knallte mit dem Kopf gegen ein Querbrett, stürzte ab. Aus etwas näherer Entfernung gelang es dann doch wieder.

Heinz und sein Kaninchen waren ein unzertrennliches Team. Wenn wir durch die nahen Wälder streiften, war Bruder Langohr dabei. Unter der Jacke seines Beschützers schien er sich – davon gingen wir einfach aus – sicher zu fühlen. Durch das tägliche Training erlangte das Tier eine überdurchschnittliche Gewandtheit, auch Schnelligkeit.

Irgendwann kam Heinz auf die Idee, sein Kaninchen mit in die Schule zu nehmen. Er schleuste es in den Unterricht und verbarg es fest unter seiner Jacke. Zwischen der ersten und zweiten Stunde lag eine kurze Pause, die wir im Klassenzimmer verbrachten. Die Lehrerin ließ uns einen Augenblick allein. Heinz kramte eine Mohrrübe hervor und begann, sein Tier zu füttern. Das jedoch fand die neue Umgebung derart befremdlich, dass es sich mit einem mächtigen Satz in die Freiheit begab. Die Jungen und Mädchen waren begeistert! Endlich mal was los! Sie jagten das Tier und fingen es wieder ein. Als Dora Frische kam, saßen wir alle da, als wäre nichts gewesen.

Nach zwei weiteren Stunden war die große Pause. Da mussten wir ab in den Schulhof. Wir durften Packen spielen und dergleichen. Heinz erschien mit seinem Kaninchen auf der Szene. Da wurde es dem bis dahin folgsamen Geschöpf zu bunt. Mit einem gewaltigen Satz – worin es ja geübt war – sprang das Tier in die Freiheit. Heinz jagte hinterher. Nun zeigte sich, dass das Kleinvieh inzwischen flinker war als sein Besitzer. Mit einem Affenzahn raste es im Zickzack umher. Glücklicherweise war der Zaun um den Schulhof in gutem, lückenlosem Zustand. Alle Kinder auf dem Schulhof rannten quiekend, johlend, schreiend, lachend hinter dem Ausreißer her. Wie Heinz es geschafft hat, seinen Freund doch wieder in seine Arme zu schließen, habe ich in dem Getümmel nicht mitbekommen.

Natürlich hatten die Lehrer alles mit angesehen, mit dem Ergebnis: Das Kaninchen von Heinz Eickhoff bekam Schulverbot.

Wenn ich groß bin, bringe ich dich um!

Meine Mutter war im Jahre 1943 in die Senne nachgekommen. Wir wohnten jetzt zusammen in »meinem« Zimmer, der Dachkammer mit der großen Schräge. Die Oma hatte es mir ja großzügig überlassen gehabt. Sie lebte in der Kammer gleicher Größe mit uns Wand an Wand. Unten waren weiterhin Onkel Ewald und Tante Gustel. Der winzige Raum, der nun Mutters und meine Unterkunft sein sollte, diente als Wohnzimmer, Küche, Bad und Schlafzimmer. Geheizt haben wir mit einem kleinen Kohleherd, auf dem auch gekocht wurde.

Wenn so viele Menschen auf engem Raum zusammenleben, müssen sie Engel sein, soll es friedlich unter ihnen zugehen. Wir waren keine Engel. Ich erinnere mich an viel Streit. Tante Gustel – wohl ein bisschen abergläubisch – meinte einmal, auf dem Haus läge ein Fluch. In diesen Jahren habe ich immer wieder aufflammendes Keifen erlebt. Oft waren die Anlässe so lächerlich, dass man den Eindruck bekam, sie suchten geradezu die Gelegenheit zu neuem Streit. Die Einzigen, die sich in diesem Kleinkrieg verstanden, waren Heinz und ich. Nicht, dass wir uns nicht auch zankten. Das alles aber ging nicht tief und war schnell vergessen. »Pack schlägt sich, Pack verträgt sich.«

Es gab Szenen, die mir Heinz lieb und wert machten. Wenn mir etwas Besonderes gelang, konnte er sich neidlos freuen. Einmal im Winter waren wir mit einem großen Pulk von Nachbarskindern im nahe gelegenen Wald zum Schlitten- und Skifahren. Ich hatte irgendwoher ein paar alte Skibretter ohne Bindung bekommen. Auf die Bretter nagelte ich Lederriemen, an denen die Schuhe befestigt wurden. Es gab eine steile, baumlose Bahn. Alle waren den Abhang mit Schlitten oder Skiern schon runtergefahren, und nun kam ich, ohne zu stürzen, auf meinen Skiern angerast. Da hörte ich Heinz begeistert rufen: »Guckt mal, unser Klaus! Guckt mal, unser Klaus!« Das »unser Klaus« tat mir gut. Ich habe es nicht vergessen.

Im Sommer wollten wir eine Bude bauen und hoben dazu eine Grube aus. Diese sollte dann wie ein kleines Wohnzimmer eingerichtet werden, mit Bank und Tisch. Beim Ausgraben nun standen Heinz und ich eng in dem entstehenden »Wohnzimmer«. Plötzlich kam mein Cousin mit seinem Spatenblatt gegen meine Stirn. Schauspielerisch nicht unbegabt, stieß ich einen röchelnden Schrei aus, verdrehte die Augen, fiel um und war erst einmal ein bisschen tot. Heinz durchschaute die Angelegenheit nicht gleich. Er warf sich über mich und rief verzweifelt: »Klaus, das wollt ich nicht! Klaus! Klaus!« Ich war gerührt und machte ihm schnell klar, dass ich gedachte, noch einige Zeit weiter zu leben.

Heinz hatte mir auf seine Weise gezeigt, dass wir Freunde waren. Die Erwachsenen in der Familie waren zwar verwandt, aber keine Freunde. Sie stritten und stritten. Der Höhepunkt der quälenden Auseinandersetzungen war an einem Abend erreicht. Ich lag bereits im Bett. Onkel Ewald hatte sich zu uns raufgemacht. Er und meine Mutter beschimpften sich. Plötzlich schlug er ihr mitten ins Gesicht. Als sie sich wegdrehte, ging es weiter auf den Kopf. Sie blutete. Das geschah zwei Meter von mir entfernt. Ich lag da, in ohnmächtiger Wut auf diesen Onkel. Zitternd habe ich unter der Bettdecke drei Finger gehoben und geschworen: Wenn ich groß bin, bringe ich dich um! Seitdem war das Verhältnis zwischen ihm und uns erst einmal zerstört. Wir sprachen nicht mehr miteinander. Es war Krieg, im Großen, aber auch im Kleinen.

Onkel Heini, der Vater von Inge und Heinz, war ein hochgeschossener Mann. Er war drei Jahre älter als meine Mutter. Seinem Bruder, Ewald, war er um zehn Jahre voraus. Als Ältester von allen hatte er die Rolle des Leitwolfes innerhalb der Verwandtschaft inne. Seine Leidenschaft war das Schachspiel. Er war im Schachverein. Wenn er abends von der Arbeit kam, stellte er seinen Henkelmann, das Gefäß, in dem der Schlosser sein Mittagessen zur Arbeit in die Ankerwerke in Bielefeld nahm – auf den Küchentisch. Dann ging er ins Wohnzimmer und holte sein Schachbrett heraus. Er spielte gegen sich selbst. In ihm lagen zwei Persönlichkeiten im Streit. Klugheit und Dummheit gaben sich in seiner Seele die Hand.

Der Umgang mit seinen Kindern, insbesondere der mit Heinz, spottete jeder Beschreibung. Er ließ in Erziehungsdingen so gut wie keinen Fehler aus. Anstatt sich für sein Kind Zeit zu nehmen, es zu fördern und sich seinem aufgeweckten Sohn liebevoll zuzuwenden, schimpfte er mit ihm herum. Wenn ein Diktat von Heinz zu viele Fehler aufwies, drosch er auf ihn ein. Das geschah oft. Der Vater wollte Schach spielen und fühlte sich von seinem liebesbedürftigen Sohn gestört. Ich bin davon überzeugt: Hätte er Heinz ab und zu ein gutes Wort gegönnt, wäre dieser vor Glück nur so dahingeschmolzen.

Gebrauchsanweisung für eine Handgranate

Der große Krieg rückte nun immer mehr auch in unsere Nähe. Mutter war mit mir in die Senne bei Bielefeld gezogen, um den Fliegerangriffen auf Berlin zu entgehen. Nun aber war Bielefeld selber Ziel der Angriffe, wodurch auch der Landkreis mit der Senne gefährdet war. Es kam 1942 zu ersten Kinderlandverschickungen aus Bielefeld nach Ungarn, Bayern und Salzburg. Die Angriffe auf die Stadt gipfelten am 30. September 1944 im schwersten Luftangriff. Fast die gesamte Innenstadt wurde zerstört, an die 650 Menschen fielen den Bomben zum Opfer. Viele von ihnen kamen auf den in unserer Nähe gelegenen Sennefriedhof.

Wir Kinder hatten mit den deutschen Landsern engen Kontakt. Sie mussten Schützengräben ausheben und sollten von diesen aus die nahenden amerikanischen Bodentruppen unter Beschuss nehmen. Die Versorgung der deutschen Truppen war schlecht. Wir Kinder wurden von den Soldaten gebeten, ihnen Butterbrote zu beschaffen. Mein Freund Walter Möller brachte einmal eine Scheibe, von seiner Mutter zubereitet. Die gute Frau hatte sechs Personen satt zu machen. Die Brotscheibe war daher etwas dünn ausgefallen. Der Soldat kommentierte: »Danke! Wie auf eine Zeitung gemalt.« Sein Kamerad hatte mehr Glück. Meine Mutter war arbeiten. So habe ich zu Hause eigenhändig eine Scheibe abgesäbelt. Darin war ich nicht geübt. Die Brotscheibe war so dick, dass der Soldat hoch erfreut, meine Mutter später aber verärgert war.

Natürlich interessierten uns die Waffen unserer Helden. Sie erklärten uns die Knarren, wie sie ihre Gewehre nannten. Da gab es normale Patronen und Leuchtspurgeschosse. Die Maschinengewehre erregten unser Interesse – und die Handgranaten. Einmal durfte ich eine in die Hand nehmen. Der Landesverteidiger führte mich in die Geheimnisse der Stielhandgranate ein. Am oberen Ende war ein eiserner Becher, in dem sich der Sprengsatz befand. Unten war ein Schraubverschluss. Ich durfte ihn abschrauben. Ein schwerer weißer Porzellanring fiel heraus, eine Kordel nach sich ziehend.

»Wenn man hier zieht«, erklärte der Soldat, »geht das Ding los. Aber erst nach einigen Sekunden. Wenn ich die Handgranate gleich nach dem Abzug wegschleudere, hat der Gegner die Möglichkeit, sie zurückzuwerfen und die vernichtende Wirkung trifft mich selbst. Also, was mache ich? Ich zünde sie, behalte sie in der Hand und zähle: einundzwanzig; zweiundzwanzig; dreiundzwanzig. Dann weg damit in die feindliche Stellung! Das ist die sichere Methode: Wenn die Granate beim Feind niedergeht, explodiert sie sofort.«

Ich staunte Bauklötze! Bevor unsere Soldaten dann einige Zeit später in der Senne vor dem übermächtigen Feind das Weite gesucht hatten, entledigten sie sich ihrer Waffen samt Munition. So machte ich mich auf, im dichten nahe gelegenen Wald Patronen zu suchen. Dort hatten die Truppen sich aufgehalten. Wenn man mit einer Kneifzange die Spitze einer Patrone entfernte, kam schwarzes Pulver heraus. Das ließ sich toll entzünden. Patronen fand ich und eine Handgranate. Ich überlegte nicht lange. Die musste gezündet werden! Ich begab mich hinter eine dicke Kiefer.

Den Vorgang der Zündung hatte ich mir wohl ein bisschen zu genau gemerkt und doch eine Kleinigkeit vergessen. Als ich den Schraubverschluss öffnete, kam mir der weiße Porzellanring samt Kordel entgegen. Ich zog, so kräftig ich konnte. Es zischte, doch darauf war ich nicht gefasst. Das Ungeheuer fest im Griff zählte ich laut und deutlich: »Einundzwanzig; zweiundzwanzig; dreiundzwanzig!« Mit Todesverachtung warf ich die Handgranate weg und sprang zurück hinter meine Kiefer. In der Aufregung aber hatte ich das Ding gegen den nächsten Baum geworfen. Hinter meinem Baumstamm konnte ich gerade noch rechtzeitig in Deckung gehen. Die Explosion übertraf an Lautstärke und Gewalt alle meine Vorstellungen. Meine Ohren klingelten noch lange. Als ich vom Berg zurückkam, standen Frauen vor August Hellings Laden. Sie merkten, dass ich aus dem Walde kam. »Wo warst du?«, rief eine aufgeregt. Eine andere sagte: »Sei bloß vorsichtig! Im Wald ist gerade ein Blindgänger losgegangen!«

Besondere Bekanntschaft haben wir Kinder mit Brandbomben gemacht. Es waren kleine Stabbrandbomben von mehreren Kilogramm Gewicht und voll von Brandmitteln. Bei einem Fliegerangriff auf Bielefeld hatten unzählige von ihnen das Ziel verfehlt und waren auf den weichen Waldboden des Togdrangs, der zwischen der Stadt und unserer Senne liegt, gefallen. Brandbomben entzünden sich, wenn sie auf Häuser oder gepflasterte bzw. geteerte Straßen schlagen. Sie fangen dann an zu brennen und können nicht gelöscht werden. Der weiche Waldboden verhinderte jedoch, dass die Bomben zündeten. So fanden wir Kinder diese gefährlichen Dinger massenweise und unversehrt in den Spiegelsbergen. Wir wussten längst, wie man eine Brandbombe zum Zünden bringen konnte. Man musste sie mit dem Zünder von einer gewissen Höhe auf einen dicken Stein fallen lassen. Alsbald öffneten sie sich und die brennbare Phosphormischung geriet in Brand. Dabei war es nicht schwierig, das Feuer zu kontrollieren, weil wir sie ja immer nur einzeln zur Zündung brachten. Das alles taten wir mit großer Lust.

Nun hatte das Ganze allerdings einen Haken, von dem wir zunächst nichts wussten. Etwa jede zehnte dieser Stabbrandbomben war mit einem Sprengsatz versehen, der sie explodieren ließ. Diese Stücke waren, wie wir bald erfuhren, auf der Unterseite mit einem roten Farbfleck gekennzeichnet. Ahnungslos nahm ich eines dieser kleinen Monster und ließ es in unserem Steinbruch, den ich etwa 2 bis 3 Meter hoch erklommen hatte, mit der Spitze nach unten auf einen Felsbrocken fallen. Ich sehe die vielen Funken, die zur Seite spritzten noch vor mir. Das alles waren kleine Splitter, die durch die Gegend flogen. Dass mich nur ein einziger in den Oberschenkel traf und in ihn eindrang, betrachte ich heute als ein Wunder. Als hätte jemand seine schützende Hand über mich gehalten, so ist mir, wenn ich daran denke.

Der Führer ist tot – wir sitzen im Dunkeln

Wie es um die Weltlage bestellt war, konnte man nur erahnen. In jedem Haushalt gab es ein kleines schwarzes Radio, den Volksempfänger. Wer nur den deutschen Sender hörte, musste bis zuletzt glauben, dass der Endsieg trotz aller Schwierigkeiten nicht aufzuhalten war. Die Front rückte zwar immer näher, aber unsere tapferen Truppen konnten dem Feind stets große Verluste zufügen. Dann war von der Wunderwaffe die Rede. Bald würde der Feind sich wundern. Meine Mutter schien dem Glauben zu schenken. So hatte sie auch nichts dagegen, wenn ich mit Baldur Kleine loszog und Soldat spielte.

Baldur war der Sohn unseres Lehrers Emil Kleine. Man hatte ihn nach dem Reichsjugendführer Baldur von Schirach genannt. An unserem Baldur war ein General verloren gegangen. Ihm gelang es, uns zu einer schlagkräftigen Bodentruppe zu versammeln. Wir übten, uns an feindliche Stellungen heranzuschleichen und den virtuellen Feind zu überfallen. Im Winter verwandelten sich unsere Schlitten in Panzer. Wir wurden vorwärtsgetrieben, dass es dem Führer in Berlin eine Freude gewesen wäre! Wenn wir nun so richtig nach vorne stürmten, ertönte Baldurs Kommando: »Panzer von hinten!«

Da warfen wir die halbe Einheit herum und kämpften einen Zweifrontenkrieg.

Als der Krieg vorbei war, ist Baldur von allen im Stich gelassen worden, nur nicht von mir. Selbst im Winter 1946, sieben Monate nach der bedingungslosen Kapitulation, haben wir zwei noch gegen den Feind gekämpft. Baldur war der General und ich seine Kompanie.

Meine Mutter glaubte bis zuletzt an den Führer. Eines Abends, am 30. April 1945, die Sonne war untergegangen, kam durch unseren Volksempfänger anstelle der gewohnten Nachrichten Trauermusik. Ein Sprecher meldete, der Führer des Deutschen Reiches sei in den Kämpfen um Berlin mit dem Gewehr in der Hand für Volk und Vaterland gefallen. Mutter stand auf und löschte das Licht. Wir saßen im Dunkeln.

Kinder im Kugelhagel

Ich liege in unserer Dachkammer auf dem Bauch und spiele. Da zerreißt eine mächtige Explosion die Luft. Das war angsterregend nah. Ich schaue hinaus. Hinter den Fichten quillt es hervor, immer dicker werdend, höher, dunkel und schwer, ein Ungeheuer. Schwarzer Rauch steigt unaufhaltsam in den Himmel. Ein gespenstischer Anblick, lockend, unwiderstehlich.

Da ist der Neunjährige nicht mehr zu halten. Die Mutter, die mich hätte stoppen können, ist wieder nicht da. Ich renne aus dem Haus. Heinz stürzt aus seiner Pforte. »Da müssen wir hin!« Ihn hat das gleiche Fieber gepackt. »Hin, nichts wie hin!«

Der Krieg war für uns Kinder furchterregend und abenteuerlich zugleich. Die Angst der Erwachsenen ließ uns zwar gruseln, doch die Gespräche mit unseren Soldaten oben an der Straße waren spannend gewesen! Wir hatten Kriegsgeschichten über Kriegsgeschichten mitbekommen! Die Platzpatronen, die wir auf dem Truppenübungsplatz sammelten, das Hantieren mit den Brandbomben, die auf den weichen Boden des Waldes gefallen waren, ohne zu explodieren – all das hatten wir erlebt wie einen erregenden Film, und wir waren mittendrin dabei.

Das aber jetzt, das ist das Höchste. Heinz und ich rennen durch die Fichten auf die Hauptstraße, die sich durch die Senne nach Paderborn schlängelt. Reste einer Panzersperre liegen herum. Wir hatten zugeschaut, als sie von alten Männern erst errichtet und dann wieder abgerissen worden war. Dann geht es vorbei an den oberen Häusern der Siedlung »Sennehof«. Weit kann es nicht mehr sein. Da ist Café Busch.

Uns bietet sich ein erregendes Bild: Drei gigantische Lastwagen. Sie schmoren in kleinen Flämmchen. Der weiße Stern im Kreis auf der Kühlerhaube verrät es uns: Amerikanische Militärfahrzeuge! Der Rauch, der so schnell und gewaltig aufgestiegen war, ist verschwunden. Jetzt glimmt es nur noch. Ich rieche verbranntes Gummi.

Unsere Soldaten, so erfahren wir später, hatten sich in ihren Schützengräben verschanzt und den Konvoi aus Richtung Paderborn erwartet. Als er die leichte Steigung vor Café Busch nehmen wollte, haben unsere Helden mit ihren Panzerfäusten draufgehalten. Da ist der erste Wagen, voll von Benzinkanistern, explodiert. Glühende Kanister seien durch die Luft geflogen, erzählte man. Die anderen Wagen waren ebenfalls zusammengeschossen worden, aber noch in Form. Die Ladung scheint unversehrt. Jugendliche vom Sennehof machen sich an ihr zu schaffen. Sie reißen Kartons auf. Päckchen, groß wie Ziegelsteine kramen sie hervor: Proviantpakete! Juchhu! Tagesrationen für die US-Soldaten.

Heinz klettert auf einen Wagen. Ich hinterher. Die Soldaten verharren – in Richtung Brackwede geschaut – auf der linken Straßenseite in ihren Schützengräben. Wir sollen verschwinden, rufen sie, die Amerikaner kämen. »Gleich wird scharf geschossen!« »Ha, die wollen alles für sich alleine«, ruft einer vom Sennehof. Wir bleiben. Wäre doch gelacht! Ich ziehe meine Jacke aus und wickle diverse Proviantpäckchen darin ein. Und plötzlich knallts. Die Amerikaner eröffnen das Feuer auf die Deutschen. Die schießen zurück, blindlings in den Wald. Wir Kinder sind zwischen den Fronten.

Manche Geschosse kann ich mit den Augen verfolgen. Ich weiß Bescheid, es ist Leuchtspurmunition. Notgedrungen springe ich vom Wagen, da verliere ich schon ein paar Pakete. Wo ist Heinz? Er ist nicht mehr zu sehen. Vaterlandsverräter! Ich robbe, wie ich es in Soldatenfilmen gesehen hatte, auf dem Bauch raus aus dem Schussfeld. Dabei verliere ich wieder ein paar Pakete, dann noch eins und noch eins. Mich überkommt das heulende Elend: die schönen Pakete. Endlich bin ich aus dem Schussfeld und haste in Richtung Oetkersiedlung.

Oberhalb vom Sennehof an der Straßenecke schaue ich zurück. Drei deutsche Soldaten schleifen etwas Schweres in einer grünen Zeltplane. Ich sehe Beine in braunen Schnürstiefeln. Ausgerechnet auf mich halten die Landser zu, um direkt neben mir zu verschnaufen. Auf der Plane liegt ein amerikanischer Soldat mit dunkler Haut. Die Augen sind geschlossen. Er keucht, keucht, keucht. Der Mund ist geöffnet. Ich sehe Goldzähne. Dann entdecke ich die Einschüsse an seinem Leib, in der Bauchgegend und im Oberschenkel – überall Blut. Das ist er nun, der Feind. Armer Feind. Wenn das seine Mutter wüsste! Später höre ich, dass noch mehr Amis gefallen waren. Die deutschen Landser ergreifen die Zeltplane an ihren drei Enden und tragen ihre traurige Last davon, wohl in das nächste Haus. Ich laufe weiter.

Dort, wo die Panzersperre war, springe ich in ein Schützenloch. Da hockt Maria, ein Mädchen aus unserer Nachbarschaft. Sie zittert. Maria ist ein Jahr älter als ich; wohl darum hält sich mein Beschützerinstinkt in Grenzen. Ich will nur noch weg, klettere aus dem Loch, nehme den Weg, quer durch die Fichten, wo wir sonst Fußball spielen. Die Kugeln pfeifen. Leuchtspurgeschosse. Die wären nicht gefährlich, hatte ich gehört, »die kann man ja sehen«. Als eine vor mir einen Baum zerfetzt, weiß ich Bescheid. Wieder robbe ich, durchs Gras und über braune, stechende Kiefernnadeln. Ein deutscher Soldat liegt auf dem Bauch, ballert mit seinem Maschinengewehr über die Straße hinweg blindlings in den Wald, wo er die Amis vermutet. Ich lege mich neben ihn. Ungebrauchte Geschosse, die aus dem Patronengurt heraus fallen, soll ich wieder hineinbefördern. Da berühre ich den Lauf des Maschinengewehrs, verbrenne mir die Hand. Mir reichts! Ich habe vom deutschen Heldentum »die Schnauze voll«. Dann bin ich endlich zu Hause. Ein einziges Proviantpäckchen habe ich noch.

Wie sehr unser Leben in Gefahr gewesen, und wie jeder von uns wohl durch ein Heer von Schutzengeln behütet worden ist, habe ich erst später geahnt.

Was aber ist mit den Schutzengeln derer, die damals gefallen sind? Ich weiß es nicht. Einige Mütter in Amerika haben furchtbar geweint. Ihre Söhne haben in der Senne bei Bielefeld, einer deutschen Stadt, ihr Leben verloren.

Fasziniert von Pulverstangen

Nach diesen Ereignissen trat eine kurze Zeit Ruhe ein. Die deutschen Soldaten waren wie vom Erdboden verschluckt. Die Amerikaner ließen sich nur zögernd blicken. Uns Kindern war bekannt, dass wir Deutschen mit den Italienern verbündet waren. Ich hoffte darauf, dass sie bald kommen und die Amis verjagen würden. Ein Gerücht ging um: die Versorgungs- und Munitionsbunker vom nahen Truppenübungsplatz stehen offen. Das konnte nicht sein! Sie waren immer scharf bewacht.

Wir, Heinz, Walter und ich überzeugten uns selbst. In der Tat, es verhielt sich so. Die Bunker waren von unseren Soldaten verlassen worden – unverschlossen. Die Versorgungsbaracken boten eine Menge Brauchbares. Ich erinnere mich an Uniformen, also Textilien, die für Erwachsene eine Kostbarkeit gewesen wären, konnte man daraus doch Kleidung herstellen. All das ließen wir unbeachtet. Uns interessierte die Munition, die in den Bunkern lag. Ein Trommelrevolver, den ich fand, verschwand in meiner Hosentasche. Den gedachte ich von nun an bei mir zu tragen. Vor einem Munitionsbunker sahen wir einen Jugendlichen mit einer großen Kartusche hantieren. Eine Unmenge davon befand sich in Holzkisten, die gestapelt in den Bunkern lagen. Wie eine riesige Patrone sieht so eine Granate aus. Ihre Spitze schlug der dumme Kerl gerade gegen einen dicken Stein. Sie lockerte sich, dann zog er sie aus ihrer Hülse. Ein Bündel mit Pulverstangen in verschiedenen Farben kam zum Vorschein. Sie ähnelten Makkaronis. Der junge Mann rief uns herbei: »Guckt mal!« Er zündete eine Stange an. Sie schmorte und zischte. Nun steckte er das angezündete Ende in die Erde. Ein starker Druck entwickelte sich und die Stange jagte wie eine Minirakete in die Höhe, eine lange Rauchfahne hinter sich herziehend. In der Luft beschrieb die Stange eine kurvenreiche Bahn, bis sie ausgebrannt war und nur ein kleines Überbleibsel von ihr zu Boden fiel. Wir waren fasziniert. Natürlich haben wir uns da reichlich bedient. Zu Hause habe ich sie unter meinem Bett versteckt, schlief also etliche Tage regelrecht auf einem Pulverfass.

Diese Pulverstangen waren die Sensation unter den Kindern und Jugendlichen in unserer Region. Für eine Handvoll von ihnen habe ich ein Paar Schlittschuhe eingetauscht. Wo aber waren die Amerikaner? Ich hoffte immer noch auf die verbündeten Italiener. Sie würden uns ganz bestimmt zu Hilfe kommen. An einem Nachmittag schien mein Wunsch in Erfüllung zu gehen. Ich stand oben an der Straße. Da näherte sich eine langsam fahrende Wagenkolonne. Vorweg ein Motorrad mit Beiwagen, auf dem ein Maschinengewehr mittels eines Stativs errichtet war. Dahinter hatte ein Soldat Stellung bezogen. Er spähte in die Runde. Mir war klar: Das waren die Italiener. Also griff ich in die Hosentasche, zog meinen Trommelrevolver hervor und winkte damit den Freunden zu, als wollte ich sagen: »Mit meiner Hilfe könnt ihr rechnen!« Dann sah ich auf den Jeeps und Lastwagen den weißen Stern. Mist, Amerikaner! Mein Revolver versank in der Hosentasche. Langsam begriff ich, dass der Krieg wohl nicht mehr zu gewinnen war. Am 3. April 1945 fiel der Truppenübungsplatz in die Hände der US-amerikanischen Armee. Damit fand unser Treiben in den Munitionsbunkern ein Ende. Wie gut!

Das gewaltsame Öffnen der Granaten war lebensgefährlich. Jede hätte explodieren können. Einem Jungen ist ein Geschoss in der Hand explodiert. Der Vater habe die Leichenteile seines Kindes mit einem Bollerwagen weggeschafft, so wurde gesagt.

Amis riechen nach Pfefferminz

Nun sah man die Amis überall. Bevor sie Häuser für sich vorübergehend beschlagnahmten, zogen sie an unserer Siedlung vorbei in Richtung Bielefeld. Einmal haben sie in den Fichten, wo wir sonst Fußball spielten, ihr Camp aufgeschlagen. Wir lungerten um das Lager herum. Das war also der Feind, den wir beim Soldatenspielen jedes Mal besiegt hatten. Aufgrund ihrer Freundlichkeit verließ uns bald die Scheu. Sie gaben uns Schokolade und Kaugummis. Amis riechen nach Pfefferminz. »Juh häff tschokkelett?«, waren unsere ersten englischen Worte, die wir bei jeder Gelegenheit an den amerikanischen Mann brachten, oft mit Erfolg. Im Camp waren auch wieder Schwarze. Langsam wurde es dunkel. Im hohen Gras machten sie ein Lagerfeuer. Jemand brachte einen Arm voll Konserven und stellte sie zum Wärmen nah an den Rand der Glut. »Daraus werden sie gleich essen«, dachte ich und spürte meinen Magen.

Woher nahm ich bloß den Mut? Ich setzte mich mitten unter die fremden Männern ans Feuer. Niemand jagte mich fort. Funken sprühten, als ich mit meinen langen Stock im

Feuer zu spielen begann. Nach einer Weile fiel eine Konserve wie zufällig um und rollte – von den Soldaten unbemerkt – durchs hohe Gras ein wenig auf mich zu. Etliche Male führte ich meinen Stock ins Feuer und zog ihn spielerisch wieder zurück. Bald spürte ich das Objekt meiner Begierde zwischen meinen Füßen und zog die Beine an, stand auf und machte mich davon.

Am nächsten Tag – das Camp war verschwunden – erzählten meine Freunde, die Amis hätten gestern noch getobt. Eine Konserve hätte gefehlt. »Hat bestimmt einer geklaut.« »Na, so was.«

Junge Frauen ließen sich gar zu bald auf die Besatzungssoldaten ein, was die sonstige Bevölkerung mit gemischten Gefühlen quittierte. Ein übler Reim machte die Runde: »Deutsche Männer, deutsche Treue – deutsche Frauen, deutsche Säue.« Als ich ein solches Pärchen sah, hielt ich es für meine Pflicht, tätig zu werden. Ich rief laut den bösen Spruch und machte mich davon. Plötzlich griff mir eine starke Hand in den Nacken und schüttelte mich durch. Der braune Mann sah furchterregend aus, schrie mich an, ließ mich dann aber laufen.

Wir haben damals gehungert. Die Wurst mit Sägemehlgeschmack war scheußlich, das gelbe Maisbrot machte nicht satt. Mütter begannen zu stehlen, um ihre Kinder satt zu kriegen. Väter betrogen, tätigten dunkle Geschäfte. Wir Kinder eiferten dem nach. Wir wollten leben, und das bedeutete damals satt zu werden. Jetzt, wo wir in Hülle und Fülle leben, frage ich mich: Kann man eigentlich auch an Sattheit sterben?

Als am 1. August 1945 die britische Besatzungsmacht nachgerückt und wir britische Besatzungszone waren, entspannte sich unsere Lage ein wenig. Meine Mutter hatte in der Küche einer britischen Kaserne in Brackwede Arbeit gefunden, vielleicht weil sie Englisch konnte, (vor dem Krieg war sie längere Zeit auf der britischen Insel gewesen). Oft kam sie abends mit Resten von weißen Sandwiches, Ananasstückchen, gelegentlich auch mit einer vollen Konservenbüchse nach Hause. So gingen die nächsten Jahre ins Land.

Auf Zehenspitzen vor der Kinokasse

Meine engsten Freunde, mein Vetter Heinz Eickhoff und Walter Möller, waren zwei Jahre älter als ich. Es schien mein Schicksal zu sein, dass ich dauernd der Jüngste war. Umso angestrengter mühte ich mich, bei unseren diversen Streichen besonders erfolgreich zu sein. Auf dem Senner Sand wächst Heide. Wenn sie blüht, sieht man Leute an der Straße stehen. Sie verkaufen geflochtene Körbchen oder Hufeisen aus Heidesträuchern. Heinz meinte, wir könnten in dieses Geschäft einsteigen. Also pflückten wir die roten Büschel und machten uns an die Arbeit. Heinz, in allem der Geschickteste, hatte die schönsten und besten. Dann wurden die Schätze auf der Straße wirkungsvoll aufgebaut und angeboten. Natürlich klopften unsere Herzen. Ob die Sache funktioniert?

Und ob sie funktionierte! Käufer fanden sich genug. Eine Mark nach der anderen wechselte den Besitzer. Schneller als gedacht waren wir unsere Schätze los und um etliche Reichsmark reicher. Irgendwann aber war die Heidezeit vorbei und wir mussten uns nach einer anderen Einnahmequelle umsehen.

Im November, rund um den Totensonntag, verkaufte die Friedhofsgärtnerei vor dem Eingangstor des Sennefriedhofs fein gebundene Buketts aus Tannenzweigen. Die Straßenbahn der Linie 1 hielt vor dem Friedhofstor. So liefen die Leute, die der Bahn entstiegen, um die Gräber ihrer Lieben aufzusuchen, direkt auf die Sträuße zu. Sie kauften und kauften. Wir witterten unser Geschäft. In den Bergen des Herrn Baron von Spiegel gab es Tannen, die ganz bestimmt nur zu dem Zweck angepflanzt waren, um uns ihre Zweige zu liefern. Wir banden schöne Sträuße. Unsere finanzielle Lage verbesserte sich rasant.

Wohin aber mit all dem Geld, wenn es nichts zu kaufen gibt? Das Problem wurde fantasievoll gelöst. In Brackwede gab es die Lichtburg und die Schauburg, zwei mit der Straßenbahn gut erreichbare Kinos. Dahin schleppten wir unsere Barschaft. Ich erinnere mich an einen US-Film mit James Mason und Steward Granger: Der Mann in Grau. Die Filme waren meisten frei ab vierzehn Jahre. Ich aber war erst elf. Heinz wusste Rat: »Wenn du die Karte an der Kasse kaufst, stell dich auf deine Zehenspitzen und sprich schön tief.« Das hat auch irgendwie geklappt. Ob es gut für mich war? Ich erinnere mich, bei einigen Filmen vor Angst geschwitzt zu haben.

Wieder stehen wir vor dem Sennefriedhof und bieten Tannensträuße feil. Ein Herr im Lodenmantel steigt aus der Straßenbahn, kauft ein Exemplar, stellt ein paar Fragen. Er sei an weiteren Sträußen interessiert und wo wir denn wohnen würden. Eilfertig nannten wir ihm unsere Adressen: »Oetkersiedlung 658 und 659.« Noch am selben Tage besucht er uns: Kriminalpolizei! Zu Hause gab es gewaltigen Krach. Was sonst? Heinz, Walter und andere Freunde werden verhört. Mir kommt zugute, dass ich der Jüngste der Gangsterbande bin. Die Älteren haben eine Verwarnung der hohen Gerichtsbarkeit bekommen. An weitere Folgen kann ich mich nicht erinnern.

Von anderem Kaliber waren die Untaten, die wir uns mit der Straßenbahn geleistet haben. Bei uns »oben an der Straße« endete die Straßenbahn Linie 1, von Schildesche kommend. Sie beschrieb ein großes Rund und nahm die Richtung nach Bielefeld wieder auf. Da wir in der Zeit des Umbruchs über Munition verfügten, hatten wir uns den Spaß erlaubt, Patronen in Abstand von einem halben Meter auf die Gleise zu legen. Wenn die Bahn die Geschosse überrollte, knallte es wie ein munteres Maschinengewehr: Peng! Peng! Peng! Wir lagen in den Büschen und harrten der Dinge, die da evtl. kommen würden. Der Höhepunkt jedoch stellte folgende Maßnahme dar: Einer von uns hatte eine Stahlschraube, dick wie ein

Kinderarm, aufgetrieben. Was aus der wohl würde, wenn man sie auf die Schienen legt? Das war für uns von höchstem Interesse. Als die Bahn entgleiste und aus den Schienen sprang, war uns dann doch etwas mulmig zumute. Wie unschuldige kleine Jungs standen wir später dabei, als man sich mühte, die Bahn wieder aufs Gleis zu hieven.

Mutter flieht in eine andere Welt

Während der große Krieg längst zu Ende war, hörte der kleine Krieg in unserem Hause nicht auf. Sie schimpften sich aus, schwiegen sich an, schimpften erneut. Warum sie heute geschimpft hatten, so kam mir vor, wussten sie am nächsten Morgen nicht mehr. So nichtig war alles. Wenn der alte Anlass vergessen war, wurde ein neuer gefunden. So vergingen Wochen, Monate, Jahre. Sie hätten sich Gutes tun können, Freundlichkeiten sagen und Liebe schenken. Aber sie nutzen ihre Tage nicht, sich am inneren und äußeren Menschen gegenseitig zu stärken, sich untereinander aufzubauen. Sie machten sich runter, fügten einander Leid zu mit bösen Worten aus bitteren Gedanken, die sie einer gegen den anderen im Herzen hegten und wie giftige Pfeile abschossen mit spitzer Zunge. Dabei hätte es so schön sein können, das Haus mit Frohsinn und gegenseitiger Achtung zu erfüllen. Sie aber haben ihre kostbare Zeit unwiederbringlich vertan.

Die Seele meiner Mutter hat die Lasten ihres Lebens nicht ausgehalten. Zuerst die Enttäuschung über den Mann, der mein Vater war, aber nicht sein wollte. Dann bedrückten sie die Sorgen um ihr Kind, wohl auch die Not, es oft in fremde Hände gegeben zu haben. Dann war da der Krieg mit allen Ängsten, die sie allein durchzustehen hatte. Damals war es schwer, ledige Mutter zu sein. Sie fühlte sich sicher oftmals dadurch gebrandmarkt. »Fräulein Eickhoff« nannte man sie, und ich war dabei. Schließlich zerrte an ihr der zermürbende

Streit mit denen, die ihre Nächsten hätten sein sollen, ihr nun aber so feindlich gesonnen waren. Auch Mutter hatte wohl nicht gelernt, Frieden zu stiften.

So hat sich Mutters Seele eine eigene Welt geschaffen, in die sie mehr und mehr hinüberglitt, bis sie darin lebte. Gelegentlich hat sie es mir erzählt: Es gäbe eine Gruppe von Menschen, gut und gebildet, die durch zarte Gedanken und leise Stimmen im Geheimen miteinander Umgang pflegen. Sie, meine Mutter, würde nun auch zu ihnen gehören. Sie höre beständig Stimmen. Das freute sie. Da spräche man gut miteinander, gebildet und voller Respekt. Sie nannte mir auch Bekannte, die zu den Auserwählten gehörten. Im Alltag des Lebens ließe man sich nichts anmerken. Aber besonders wenn der Abend kommt, kommen sie mit ihren Stimmen, ihren Freundlichkeiten und ihrem Respekt.

In den Nächten habe ich meine Mutter oft reden gehört, ohne etwas zu verstehen. Manchmal, um besser schlafen zu können, rief ich: »Wie bitte, was hast du gesagt?« »Ach, nichts, schlaf!« Manchmal rief Onkel Ewald herauf: »Ruhe, da oben!«

Mutter war sehr, sehr krank geworden und niemand hatte es gemerkt. Eines Nachts flüsterten ihr die Stimmen, die sonst so freundlich schienen, sie solle jetzt aus dem Leben gehen und ihr Kind am besten gleich mitnehmen. Da hat sie sich in der Dunkelheit über mich hergemacht: »Komm, Klaus, komm, wir wollen sterben!« Sie greift mir ins Gesicht, an die Kehle. Es ist wohl die Angst. Ich bin sofort wach. Springe auf. Verzweifeltes Ringen. Ein Kind von elf Jahren kämpft um sein Leben gegen die eigene Mutter. Wieder und wieder sagt sie die unheimlichen Worte: »Komm doch, komm doch. Wir wollen sterben!«

Ich reiße mich los, stürze die Treppe hinunter auf die Straße. Sie hetzt hinter mir her, kommt näher. Ich höre ihren Atem, renne, was ich kann. Schließlich gibt sie auf. Ich haste weiter. Als ich mir sicher bin, halte ich inne. Lange bleibe ich wie angewurzelt stehen. Dann schleiche ich vorsichtig zurück. Sie kann hinter jeder Hecke wieder auftauchen. Ich erreiche unser Haus. Oben brennt Licht. Die Haustür steht offen. Ich höre hinein, vernehme ihr Klagen: »Ich bin eine schlechte Mutter!« Und immer wieder: »Ich bin eine schlechte Mutter!« »Du bist eine gute Mutter!«, rufe ich ängstlich hinauf. Sie hört es nicht.

Schließlich kauere ich mich in einem Garten der Nachbarschaft in die äußerste Ecke. Der Schlaf übermannt mich. Es ist eine warme Sommernacht. Am Morgen schleiche ich nach Hause. Mutter ist nicht da. Dann kommt sie mit zerzaustem Haar, zerrissenem Nachtgewand und totem Blick die Treppe herauf. Onkel und Tante, die wegen unserer Familienfehde nichts unternommen hatten, schalten sich endlich ein. Mutter kommt für zwei Wochen nach Bethel bei Bielefeld.

»Hat sie dich verhauen?«, will Onkel Ewald wissen, der mein Schreien in der Nacht mitbekommen hatte. »Hast du was ausgefressen?« Ich nicke, will meine Mutter nicht verraten. Aus der Anstalt wird sie gar zu bald entlassen. Wir sind wieder zusammen, am Tag und in der Nacht. Was sie kocht, mag ich nicht essen: Ob es vergiftet ist? Abends habe ich Angst vor dem Einschlafen. Zwei Nächte ist es ruhig. Dann geht es wieder los: »Komm, Klaus …« Ich schreie. Nun sind die Verwandten gleich zur Stelle.

Wieder ist Mutter verschwunden, irrt in der Nacht umher. In der Frühe steht sie plötzlich da. Ihr leerer Blick schaut durch mich hindurch. Sie kleidet sich an und legt sich aufs Bett. Ein Krankenwagen kommt. Sie bringen meine Mutter nach unten. Ich folge ihnen. Mutti steigt hinten in den Wagen, setzt sich, schaut zu mir, lächelt traurig. Ihre Augen sagen: »Ich kann nichts dafür!« Es ist das letzte Mal in dieser Welt, dass wir uns sehen. Der Wagen fährt davon. Ich schaue ihm nach, bis er bei Heywinkel, unserem Lebensmittelladen, um die Ecke fährt.

Sie haben Mutter nach Gütersloh gebracht in eine Klinik für Psychiatrie des Landschaftsverbands Westfalen-Lippe. Onkel Ewald hat sie dort besucht. Sie sprachen wieder miteinander. Eines Tages hat sie ihm gesagt: »Ich höre Stimmen.«

Wo ist man, wenn man gestorben ist?

Monate waren vergangen. Als ich von der Schule nach Hause komme, höre ich meinen Namen rufen: »Klaus!« Omas Stimme zittert. Und wieder ruft sie: »Klaus!« Sie hätte es nicht sagen müssen. Ich ahne es: »Mutter ist tot.« Oma schluchzt. Ich sitze am Küchentisch und vergrabe das Gesicht in den Händen. Ich habe meine Mutter lieb gehabt, und doch – meine Seele atmet auf: Nie mehr diese Angst!

Am 15. Februar 1948 ist meine Mutter gestorben. Sie ist knapp 45 Jahre alt geworden. »Du weinst nicht mal«, klagt Oma, die über den Tod ihrer Tochter traurig ist. Mir bleibt nichts erspart. Ich »spiele« das weinende Kind. Onkel Ewald riet mir, den Leichnam meiner Mutter nicht zu sehen, wofür ich bis heute dankbar bin. An einem kalten Februartag im Jahre 1948 haben sie meine Mutter ins Grab gelegt. Von der Beisetzung ist mir das Lied in Erinnerung geblieben. »Wer weiß, wie nahe mir mein Ende, hin geht die Zeit, her kommt der Tod …« Und dann der Refrain: »Mein Gott, mein Gott, ich bitt durch Christi Blut: Machs nur mit meinem Ende gut!«

Da brach sie auf, die große Frage: Wo ist sie jetzt? Sie kann doch nicht einfach weg sein! Wohin geht eine Mutter, wenn sie gestorben ist? Als Elfjähriger ging ich fest davon aus, dass ein Mensch, wenn er seinen letzten Gang angetreten hat, nicht wie eine Flamme ausgelöscht ist. Der geliebte Mensch muss noch sein. Er muss irgendwo sein. Er ist doch mehr als eine verlöschende Flamme. Wo ist man, wenn man gestorben ist? Später las ich: Kinder spüren Wirklichkeit und Wahrheit oft besser als Erwachsene.

Meine Nerven waren dünn geworden. Abends, wenn ich im Bett lag, hörte ich den Atem meiner Mutter, laut und deutlich; ich stand auf, schaute unter das Bett, in den Schrank. Sobald ich mich legte, hörte ich wieder den lauten Atem. Ich weiß nicht wie oft und wie lange.

Was sollte nun werden? Komme ich ins Heim? Onkel Ewald sagte: »Du kannst bei uns bleiben.« Danke, danke, danke! So bezog ich nun das Zimmer, das vorher meine Großmutter bewohnt hatte. Sie wechselte in unsere Kammer, weil dort eine Kochgelegenheit war. Ein weiteres Kinderheim blieb mir also erspart. Das habe ich Onkel Ewald und Tante Gustel zu verdanken. Da wir mit ihnen zerstritten waren, fiel es mir anfangs jedoch nicht leicht, nun zu ihnen zu gehören. Die Erinnerung an die Schläge, die der Onkel meiner Mutter verabreicht hatte, nagte noch. Er wurde mein Vormund, bis ich einundzwanzig war.

Onkel Ewald hatte ein steifes Bein. Im Russlandfeldzug war er verwundet worden und seitdem nicht mehr »kriegsverwendungsfähig«, wie man das bei den Nazis nannte. Er war davon überzeugt, dass er dieser Verwundung sein Leben zu verdanken hatte und sprach vom »Heimatschuss«. Die Brüder von Tante Gustel, Onkel Wilhelm und Onkel Fritz, waren unverwundet geblieben – und aus dem Krieg nicht zurückgekehrt. Tante Engel Bargheer blieb mit Gisela, ihrem Töchterlein, allein, ebenso Tante Emmi mit der kleinen, lebhaften Karin.

Vom Glauben wussten Onkel und Tante damals wohl nur so viel, dass sie damit nichts zu tun haben wollten. Auch ihre Herzensbildung war noch nicht sehr ausgeprägt. So musste ich mir, kaum war meine Mutter begraben, in der Küche Gespräche darüber anhören, wie schlimm sie nach ihrer Meinung gewesen wäre. War das unbewusste Vergeltung gegenüber ihrem Sohn? Ich konnte nicht einfach verschwinden. Die Küche, in der wir saßen, war extrem eng. Tante Gustel, die immer kalte Füße hatte, pflegte diese im Backofen zu wärmen. Wollte ich den Raum verlassen, musste ich über sie hinwegsteigen. Da nahm ich mir lieber schnell die Zeitung, hielt sie vor mein Gesicht. Sie sollten die Tränen nicht sehen.

Da stand ich mit gerade zwölf Lenzen. Mein Vater wäre ein schwarzes Schaf gewesen und die Mutter war nach dem Urteil von Onkel und Tante auch nicht besser. Das tat weh, machte mich wütend, nagte am Selbstwertgefühl. Obwohl von beiden angenommen, fühlte ich mich verlassen. Und dann die Scham. Alle in der Siedlung wussten von den Begebenheiten. Und die, die es wussten, sah ich jeden Tag. Anfangs war ich unfähig, mich herauszuziehen aus dem Sumpf von Trauer und Wut, Scham und Selbstmitleid. In dieser Zeit bin ich zum Nagelbeißer geworden. Manchmal kam Blut. Plötzlich nagt man an sich selbst. Psychologen sagen: Nagelbeißen ist ein Hilfeschrei der Seele. Bluten die Fingernägel, dann blutet meistens auch der innere Mensch.

»Wat aus den wohl noch wird?«

Selber kinderlos geblieben, hatten Tante und Onkel es nicht leicht, nun für einen heranwachsenden Jungen Verantwortung zu tragen. Von ihnen zu verlangen, einfühlsamer zu sein, hätte sie überfordert. Zudem war es die Zeit, in der die schwarze Pädagogik in Haus und Schule herrschte, eine Pädagogik, die rigoros mit Kindern umzugehen pflegte, ohne sich in sie hineinzufühlen. So wurden denn Kleinigkeiten zu schrecklichen Verfehlungen aufgebauscht. Wenn ich etwas angestellt hatte – und war es nur, dass ich mit einem Loch im Strumpf nach Hause kam –, bekam ich zu hören, was zur Begleitmusik der nächsten Jahre werden sollte: »Wat aus den wohl noch wird? Wat aus den wohl noch wird?«

Meine Großmutter ließ mich bei aller Strenge, zu der auch sie fähig war, ihre Liebe spüren. Oft steckte sie mir ein kleines Taschengeld zu. Fast täglich waren wir Jungen in den Fichten und spielten Fußball. Bälle gab es keine. Wir machten uns welche aus Lumpen, die mit Papierbindfäden zusammengeschnürt waren. Regelmäßig erschien Oma, die Hände unter der Schürze. Dann unterbrach ich mein Spiel und lief zu ihr. Sie reichte mir ein Butterbrot, das ich mit Riesenappetit verschlang. Blieb meine Großmutter etwas länger am Spiel-

Onkel Ewald und Tante Gustel haben mich 1948 nach dem Tod meiner Mutter aufgenommen.

feldrand, war das nicht etwa ihrer Fußballbegeisterung zuzuschreiben. Ich wusste das zu deuten, lief erneut zu ihr und bettelte: »Omma, tu mich nochn Butter!« Sie griff erneut unter die Schürze. Hm, das war toll! »Danke, Oma!«

Nach Mutters Beerdigung haben wir von der Kirche lange nichts mehr gehört. Heute weiß ich, Pastor Gronau hatte einen riesigen Bezirk und war allein dadurch zeit- und kräftemäßig total überfordert. Er konnte mit seinem alten Fahrrad unmöglich alle Gemeindemitglieder besuchen. Dann war Omas 80. Geburtstag. Wir saßen zusammen und hatten uns an Kaffee und Kuchen gütlich getan. Der Tisch war abgedeckt. Kuchen gab es damals wieder reichlich, besonders den schönen Platenkuchen von Café Busch. Echter Bohnenkaffee aber war noch eine Rarität. Woher auch immer, wir hatten welchen. Da klingelte es: Pastor Gronau stand in der Tür. Er wollte das Geburtstagskind besuchen. Nun wurde auch ihm ein Teller mit Kuchen hingestellt und eine Tasse Bohnenkaffee. Wir saßen um den Pastor herum und schauten zu, wie er sich unseren Kuchen in den Mund schob und unseren Kaffee genoss. Bevor er ging, hat er ein Blättchen dagelassen. Nach guten Wünschen für die Oma und »weiterhin alles Gute« hat er sich verabschiedet und ist mit seinem Fahrrad abgedüst. Dann aber, mein lieber Mann! Jetzt legte die Familie los, und frag nicht wie. Während Oma sich geehrt fühlte, hatten die anderen die Angelegenheit klar durchschaut. Onkel

Ewald machte seinem Inneren Luft: »Der Kerl ist doch nur angerückt, um uns den Kaffee wegzusaufen!« Darauf muss man erst einmal kommen.

In unserem Hause herrschte, was die Kirche betrifft, eine seltsame Zwiespältigkeit. Auf die »Pfaffen« wurde von Herzen geschimpft. Kirche? Das war was für Schwächlinge und alte Betschwestern. Beides wollte man nicht sein. Und doch entrichteten sie brav ihre Kirchensteuer.

Viele Jahre später, als ich selber Pfarrer war, war das Geschimpfe auf die Kirche nicht etwa verstummt. Im Gegenteil, es ging munter fort. Daraufhin habe ich Onkel Ewald einmal arglos gefragt: »Warum trittst du nicht einfach aus? Du bist ein freier Mensch.« Zu meiner Überraschung wies er das von sich: »Also, so weit sind wir ja nun doch nicht.«

Meine Großmutter fing damals an, im Buch der Bücher zu lesen. Ihre Bibel hatte sie aus der Jugendzeit bis ins hohe Alter hinübergerettet. Wahrscheinlich ist sie der einzige Mensch gewesen, der für uns gebetet hat, für Inge und Heinz, auch für mich und für die ganze Familie. Wie es dazu gekommen war, dass sie den Glauben auf einmal ernst nahm, kann ich nicht sagen. Vielleicht hatte sie als Kind einen guten Konfirmandenunterricht, von dem nun wieder einiges in ihr erwacht war. Einmal saß sie mit der Bibel auf dem Schoß bei uns im Hof. Onkel Ewald war in der Nähe. Onkel Heini kam hinzu. Der konnte es sich nicht verkneifen, gegen seine Mutter wegen ihrer Bibelleserei, dumme Bemerkungen zu machen; sie hätte das doch früher nicht getan. Da reckte sich die gebeugte Frau in ihrem Stuhl auf und sagte mit fester Stimme: »Man kann sich ja wohl bekehren!«

»Bekehren« – woher sie dieses Wort kannte, weiß ich nicht. Ich hörte es an diesem Tag, soweit mir bewusst ist, das erste Mal. Eine kleine Vermutung hege ich doch: In den Jahren 1838 bis 1869 hatte Johann Heinrich Volkening als Pfarrer in Jöllenbeck gewirkt, heute ein Stadtbezirk von Bielefeld. Volkening war ein bekannter Erweckungsprediger, dessen Ausstrahlung weit über seinen Ort und seine Zeit hinausging. Und Jöllenbeck ist keine zwanzig Kilometer von Steinhagen entfernt, wo meine Großmutter gelebt hatte. Möglicherweise hatte sie in ihrer Konfirmandenzeit um 1885 oder bei einer anderen Gelegenheit noch etwas von alledem mitbekommen. Wie sonst ist sie im hohen Alter dazu gekommen, in der Bibel zu lesen?

Zufall oder Regie?

Eines Tages fragte mich Horst Reinkensmeier, mein Schulkamerad: »Klaus, warum kommst du nicht zum Konfer?« Für meinen Jahrgang hatte der Konfirmandenunterricht begonnen. Ich war zwar in der Senne kirchlich nicht erfasst, wollte aber natürlich dabei sein, weil alle dabei waren. Einen Taufschein, der zum Konfirmandenunterricht berechtigte, hatte ich nicht. Das Tagebuch meiner Mutter aber begann ja mit dem Satz: »Kläuschen ist dann gleich in der Klinik getauft worden …« Das hat Pastor Gronau anerkannt. Am nächsten Donnerstag war ich dabei. Viel habe ich im Unterricht nicht mitgekriegt. Die Lieder, die wir gelernt haben, sitzen aber noch. Ein Grundeindruck blieb: Unserem Pastor ist es ernst mit dem Glauben. Ich denke heute, dass das für meinen späteren Weg wichtig war. Vom Tag der Konfirmation, dem 2. April 1950, ist mir nur wenig in Erinnerung: Dass ich zu etwas »Ja« sagen sollte, was mir nicht recht klar geworden war, war mir nicht bewusst.

Als ich nach Hause kam, saß Oma in ihrem Sessel und sagte: »Klaus, vergiss nicht, dass du heute was versprochen hast!« Der Ernst in ihrer Stimme hat mich innerlich erreicht; ich hab es nicht vergessen. Doch was hatte ich eigentlich versprochen?

Horst Reinkensmeier, durch den ich überhaupt erst in den Konfirmandenunterricht gekommen war, bin ich vierzig Jahre später wieder begegnet. Bei Vorträgen, die ich im

Schwabenland hielt, über Gott und die Welt, über das Leben und über die Ewigkeit. Nach einem der Vorträge, die meisten Leute waren schon gegangen, schaue ich in ein altbekanntes Gesicht: »Mensch, Horst!« – »Mensch, Klaus!« Dass einer aus meiner Klasse Christ geworden war, nicht mehr nur auf dem Papier, sondern »mit Herzen, Mund und Händen«, hat mich echt bewegt. Und gerade er. Sein Anstoß führte dazu, dass ich kirchlich erfasst wurde und mein Name auf einer Liste der ehemaligen Konfirmanden stand. Und nur deshalb haben mich später zwei junge Männer in den Jugendkreis unserer evangelischen Friedenskirche eingeladen, was für mein weiteres Leben entscheidend war. Als hätte einer Regie geführt, Regie von langer Hand.

Doch jetzt war der Tag der Konfirmation. Nachmittags kam mein Mitschüler Hans Flöttmann mit einer Topfblume und gratulierte im Namen seiner Familie. Hans war ein äußerst angenehmer Zeitgenosse, ruhig, unaufdringlich und konnte gut zeichnen. Seine Mutter war immer sehr freundlich zu mir. Doch bei aller Liebe: einmal hat Hans mir gehörig eine verpasst. Wir hatten Sport in der Hermann-Windel-Halle, die den Schulen für ihren Sportunterricht offen stand. Eines Tages war Boxen angesagt. Ich sollte gegen Hans antreten. Mir war klar: Kein leichter Fight. Aber ich würde es schaffen. Wir boxten wie die Weltmeister. Da erwischte mich ein Aufwärtshaken, der mich echt ins Wanken brachte. Ich hoffte, dass es niemand gemerkt hat. Auf die Bretter ging ich natürlich nicht, dank meines ungeheuren Stehvermögens.

Viele Jahre später traf ich Hans wieder und wir kamen auf die Schule zu sprechen. Plötzlich erwähnte Hans den Boxkampf mit mir. Er bekannte, dass er sich bei einem besonders kräftigen Schlag gegen mich seinen Daumen verrenkt habe. Lange noch wären die Schmerzen zu spüren gewesen. Ich wette, das war der Hieb, der mich fast ins Land der Träume geschickt hätte. So haben wir beide ein schönes Andenken, an uns, an die Schule und an unsere Boxweltmeisterschaft.

Du gehst auf Bude?

Das Leben in unserer Schule ging weiter. Nach Lehrer Twele erschien ein Männlein. Es schielte und erschien oft unrasiert: Unser neuer Schulleiter, Herr Kulikowski, genannt Kuli. Weil er oft nicht vorbereitet war, ließ er uns Diktate schreiben. Da war dann schon einmal eine Stunde um. Er dachte nicht daran, die Diktathefte zu Hause zu korrigieren. Das ließ er an Ort und Stelle vornehmen. Die Platznachbarn tauschten die Hefte. An einen Fehler von Wolfgang Bahre, meinem Sitznachbar, erinnere ich mich noch. Er schrieb statt Radio »Radigo«.

Otto Waßer, mächtig von Gestalt, war aus dem Krieg heimgekehrt und nun ebenfalls Lehrer an der Klashofschule. Er wohnte in der Oetkersiedlung, sodass wir uns oft begegneten. Dass er mit Kulikowski auf Kriegsfuß stand, ließ er mich, den Dreizehnjährigen, in rührender Vertrautheit wissen. Ich kam mir wie Otto Waßers Seelsorger oder Freund vor, dem er allen Ärger mit dem Kollegen anvertraute. Ich sehe sein begeistertes Gesicht noch vor mir, als er mir eines Tages mitteilte: »Klaus, Kuli geht! Kuli geht!«

In der Schule war ich inzwischen gut drauf, sodass es wohl auch zur Realschule oder mehr gereicht hätte. Das aber war nicht im Horizont unserer Familie. Normalerweise waren acht Volksschuljahre vorgesehen. Wir aber bekamen ein Jahr zusätzlich zugedacht. Wegen Kulikowski meldete ich mich im letzten Jahr in die 1. Gemeindeschule um, zum Lehrer Emil Niedermowe. Dahin waren einige meiner Schulkameraden aus der Klashofschule wegen einer neuen Raumordnung bereits umgeschult worden.

Bald galt es, sich um einen Beruf zu kümmern. Die Möglichkeiten waren dünn gesät. Ein Bekannter meines Onkels war Meister in einem Schriftsetzerbetrieb. Da wäre eine Lehrstelle zu haben. Schriftsetzer zu werden gefiel mir. Die Lehrstelle wurde mir zugesagt. Als ich Wochen vor Antritt der Lehre den Meister aufsuchte, um Weiteres zu besprechen, zeigte sich, dass er inzwischen gefeuert war; somit stand mir die Lehrstelle nicht mehr zur Verfügung.

Nun stand ich da. Alle hatten ihre Lehrstelle, Nur ich nicht. Da habe ich mich mit dem Fahrrad aufgemacht und diverse Firmen abgeklappert – aber nichts zu machen. Schließlich landete ich vor den Toren der Firma »Graphia, Hans Gundlach« in Brackwede. Die hatten noch eine Lehrstelle für den Beruf des Formers zu vergeben. Nun war aber mein Großvater, Heinrich Eickhoff, schon vor meiner Geburt an einer Lungenkrankheit gestorben, die man in der Familie auf seinen ungesunden Beruf zurückgeführt hatte. Er war Former gewesen. Verloren stand ich vor den Toren der großen Firma und weinte. Onkel Ewald gelang ein Wunder. vierzehn Tage vor Schulschluss ergatterte er für mich doch noch eine Lehrstelle, und zwar als Graveur bei der Graphischen Kunstanstalt Emil Giesow in Bielefeld. So erlernte ich einen Beruf, von dem ich vierzehn Tage vorher nicht einmal wusste, dass es ihn gab. So waren die Zeiten.

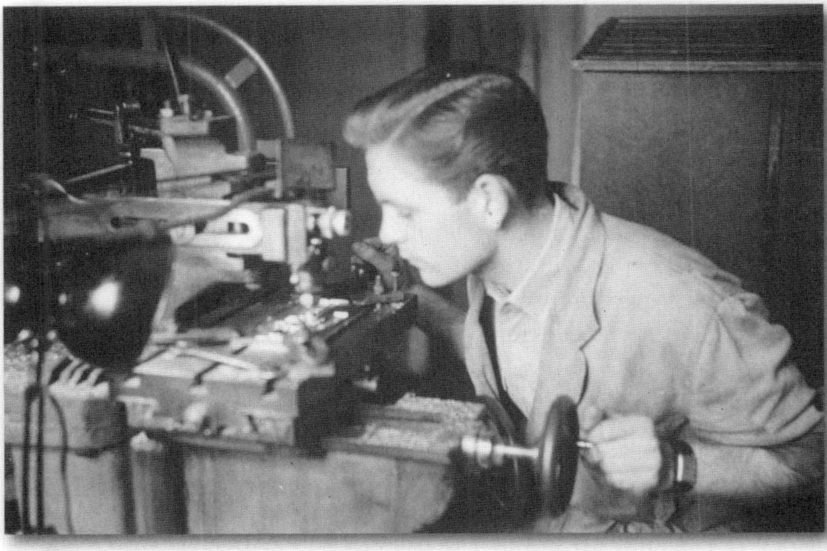

Der junge Graveur

Irgendwie hatte ich in diesen Tagen das Gefühl, dass mit meiner Laufbahn etwas schiefgegangen war. Schulkameraden fragten: »Wat? Du gehst auf Bude?« »Bude« nannte man alle Sorten von Fabriken, in denen sich die Arbeiter ihren Lebensunterhalt verdienten. Die Kameraden hatten wohl den Eindruck, dass bei mir »mehr« drin gewesen wäre. Nur ich selber und die liebe Verwandtschaft hatten das verpennt. Oma war mit einem kräftigen Trost zur Stelle: »Arbeit schändet nicht.«

Arbeiten wollte ich ja auch, aber hatte etwas zu spät gemerkt, dass es verschiedene Weisen des Arbeitens gibt. So wurde ich Graveur.

Ein Stift muckt auf

Der Graveurberuf bedeutete in unserer Familie gehobene Mittelklasse. Ich trug dort einen Kittel und nicht den Blaumann – jenen Arbeitsanzug, den fast alle trugen. Die Lehrzeit sollte dreieinhalb Jahre dauern. Mein Meister war Hugo Mateyka, ein etwas charakterschwacher Zeitgenosse, der es liebte, mir, dem Lehrling, das Leben schwer zu machen. Ich freue mich heute noch über meinen Mut: Als er mich ein »Miststück« nannte, habe ich ihm ins Angesicht widerstanden: »Ich bin kein Miststück. Ich bin ein Mensch.« Wie er es trieb, war eines Ausbilders von Lehrlingen unwürdig. Über einen Aufsatz, den ich fürs Berichtsheft schreiben musste, ärgere ich mich noch heute: »Die Pflichten des Lehrlings.« Darüber habe ich brav einiges zu Papier gebracht, ohne auf den Gedankens zu kommen, dass ein Lehrling auch Rechte hat.

Emil Giesow, den Seniorchef, habe ich nie lachen gesehen. Griesgrämig stapfte er durch die Firma. In meinen gesamten Lehrzeit hat er mich nicht ein einziges Mal mit meinem Namen angeredet. Er sagte immer nur »Junge«, eine menschenverachtende Weise, mit jungen Leuten umzugehen. Die Alten waren halt Kinder ihrer Zeit.

An drei Kollegen erinnere ich mich gerne, besonders an den jungen Graveur Wolfgang Metz. Wolfgang war hilfsbereit und fair. Ohne ihn wäre die Lehre für mich schwerer geworden, als sie war. Dann waren da Udo Filges, auch Graveur, und der Fräser Hubert Kater, der Mann mit den wenigsten Haaren und dem freundlichsten Gesicht.

Meine Arbeit bestand hauptsächlich darin, große und kleine Schilder anzufertigen. Daran war für die Firma gut zu verdienen. Ich wusste aber, dass die Anforderungen zum Bestehen der Gesellenprüfung andere waren. Da war das Gravieren von Golddruckstempeln gefragt. Mit ihnen wurden Buchrücken geprägt. Immer wieder bat ich darum, auch mit diesen Arbeiten betraut zu werden. Vergeblich. So nahm ich mir auf Anraten von Wolfgang Metz Übungsstücke mit nach Hause und arbeitete dort daran. Eines Tages aber sagte ich: »Nein, die Schilder mache ich nicht. Ich will Golddruckstempel gravieren.« Hach, was war die gekünstelte Aufregung groß. »Arbeitsverweigerung!«, schrie Hugo Mateyka. Onkel Ewald musste kommen. Dem gaben sie es: »Er führt ja nicht einmal sein Berichtsheft«, trumpfte der Meister auf. Er war angehalten, jede Woche nach dem Berichtsheft zu fragen und den Bericht zu unterschreiben. Darum hatte er sich aber nie gekümmert. Ich war dennoch gut auf dem Laufenden. Onkel Ewald hatte die Hefte dabei und brachte den Tobenden zum Schweigen. Von nun durfte ich die Arbeiten tun, die in der Prüfung verlangt wurden. Vor der Bielefelder Handwerkskammer bestand ich – welch Glück – mit »sehr gut«.

Plötzlich waren Chef und Meister die Freundlichkeit selber. Zu Hause zeigte man sich ebenfalls überrascht. Hier stand man besonders dann im Ansehen, wenn man gut arbeiten konnte. »Der kann arbeiten!« Das war unter uns Sozialdemokraten höchste Wertschätzung und galt eigentlich mehr als ein guter Charakter. Anpacken, praktisch arbeiten, das war so etwas wie der Sinn des Lebens. Wenn jemand als guter

Arbeiter galt, hatte er den Gipfel der Sinnerfüllung erreicht. Ich war jemand, den man da nicht so richtig einordnen konnte. Beim Umgraben unseres Gartens war ich Durchschnitt. Beim Jaucheaustragen gab es auch keine besonderen Entfaltungsmöglichkeiten. Unter meiner Arbeit mit Kittel hatten manche sich auch nicht so richtig etwas vorstellen können. Als ich dem Vater von Heinz auf seine Frage hin sagte, ich hätte mit sehr gut bestanden, wirkte er irritiert. Er war doch auch einer von denen, die mich gern mit dem »Wat aus den wohl noch wird?« bedachten. Und nun das.

Viel später ist es mir erst gekommen: Ist der Sinn des menschlichen Lebens erfüllt, wenn man gut arbeiten kann? Macht praktische Arbeit den Wert eines Menschen aus? Dann wären die arm dran, die eher theoretisch begabt sind als praktisch. Arbeiten zu können ist eine tolle Sache und erfüllt einen wichtigen Zweck. Dennoch meine ich inzwischen, dass man Zweck und Sinn unterscheiden sollte. Sie dürfen nicht gleichgestellt werden. Sonst wäre der Mensch im Prinzip nicht mehr als eine Kneifzange, die ihren Wert ja auch allein dadurch bekommt, dass sie einen Zweck erfüllt. Sinn ist mehr als Zweck. Das aber wusste ich damals noch nicht. Ein guter Arbeiter zu sein, war darum auch für mich das höchste der Gefühle.

In Brackwede gab es die Gravieranstalt Theo Zimmermann. Herr Zimmermann hatte sich vorgenommen, nur solche Graveure anzustellen, die ihre Gesellenprüfung mit sehr gut abgelegt hatten. So war er auch in diesem Jahr bei der Handwerkskammer vorstellig geworden und hatte sich erkundigt. Bald nach meiner bestandenen Gesellenprüfung hielt vor unserem Siedlungshäuschen ein breiter Wagen. »Klaus, ein Graveurmeister, Herr Zimmermann, will dich sprechen.« Als Tante Gustel das sagte, fielen ihr fast die Augen aus dem Gesicht. Der Meister und ich waren uns bald handelseinig. Ich nahm sein Angebot an, bekam dreißig Pfennig mehr in der Stunde und hatte einen kürzeren Weg zur neuen Arbeitstelle.

Wenn wir Sozis unter uns waren, wurde an Arbeitgebern selten ein gutes Haar gelassen. Nun aber hatte einer aus dieser beargwöhnten Zunft unser Haus betreten. Das war nun doch etwas Besonderes. Das schlug ein, als habe uns der Herr Bundeskanzler persönlich besucht.

Freitags bekamen wir unser Geld in der Lohntüte. Von nun an musste ich zu Hause Kostgeld bezahlen. Das war nicht mehr als recht. Unfein hingegen war, dass mich Tante Gustel penetrant jeden Freitag, kaum war ich in der Tür, mit einer eindeutigen Fingerbewegung im singenden Ton empfing: »Abdrücken, abdrücken!«

Der Stift steht vor dem Spiegel

Unser Haus war klein, die Räume eng. Wenn ich aus meiner schrägen Dachkammer kam, sah ich mich im mannshohen Spiegel, der im Flur direkt gegenüber meiner Türe hing. Den hatten wir aus Berlin mitgebracht. Der prächtige Spiegel war in einen breiten, dunkelbraunen Holzrahmen eingefasst, oben schön geschwungen. Von meinem siebten Lebensjahr an habe ich dort in der Senne gewohnt und mich als Erstes jeden Morgen im Spiegel gesehen, aber nicht wahrgenommen; gesehen und doch nicht gesehen. Erstaunlich, dass es das gibt. Ich muss fünfzehn gewesen sein, schon in der Lehre. Da bin ich – ich weiß nicht warum – plötzlich stehen geblieben und habe mein Spiegelbild angesehen, stand lange vor mir selber, ungewöhnlich lange. Da kroch es in mir hoch, ein Gefühl äußerster Entfremdung, dass mir schwindelig wurde; nicht körperlich, aber tief in der Seele. Ich sah einen, den ich nicht kannte; der da im Spiegel war unendlich weit weg. Wer bin ich? Bin da, weiß nicht woher, auch nicht wohin? Von einem Wozu gar nicht zu reden. Ich habe Onkel Ewald mal gefragt: »Was meinst du: Wo kommen wir her?« »Mach keinen Ärger! Darüber denkste am besten gar nicht nach. Kommt nix bei raus, macht dich nur verrückt. Da musste einfach abschalten.«

Ich armes Würstchen – ich konnte nicht abschalten. Leise gingen die Fragen mit. Hier hatten die großen Lebensfragen einen Teenager angestupst, erfasst, gerüttelt, geschüttelt, getroffen. Drauf zu stoßen, dass man sich selber nicht kennt, fühlt sich komisch an. Ich war mir ein Rätsel geworden; klitzeklein und zugleich weites, unentdecktes Land.

Von nun an war etwas anders in mir. Ich war nicht mehr ganz der, der ich vorher war. Diese Fremdheit, die Wucht der Frage, die den Heranwachsenden wie eine Harpune aus dem Hinterhalt getroffen hatte, gehörte nun zu meinem jungen Leben. Ich hatte das Gefühl, dass da etwas ist, etwas Unsagbares, das aber selber leise spricht; so leise, dass man es nicht hört, nur spürt. Rätseln, Verwunderung, Fragen und Staunen köchelten tief innen. Und zwischendurch kam mir immer wieder die Frage in den Sinn, wo Mutti jetzt wohl ist. Sie kann nicht einfach weg sein.

Onkel Ewald machte sich Gedanken, weil ich anders geworden war, in mich gekehrt, was bedenklich erschien. Heinz und Walter Möller fingen an, in Kneipen zu gehen, sie spielten Skat, was meine Sache nicht so war. Dass ich den Anschluss zu ihnen verlor, war meinem Onkel nicht recht. Würde ich etwa ein Sonderling?

Als sie siebzehn waren, wollten Heinz und Walter Boogie-Woogie lernen und meldeten sich bei einer Tanzschule an. Ich hatte keine Lust. Da schaltete sich Onkel Ewald ein: »Los, mach mit. Tanzen musste können, sonst kannste bei die Frauen nix werden. Wennste nich mitmachst, lernste dat nie und krichst keine ab.« Onkel Ewald meinte es gut. Ich machte mit und war wieder mit Walter und Heinz zusammen. Doch ich fühlte mich unter Druck und stolperte frustriert über das Tanzparkett. Oft war meine Partnerin ein Kaliber von 25 und ich war schüchterne fünfzehn.

Heinz Rühmann und Montgomery Clift

Eine Zeit lang ging ich mit Heinz Brüggehofe dauernd ins Kino. Ich glaube, wir haben keinen Film ausgelassen. Es gab auch eine Menge Edelkitsch: »Heideröslein«, »Das alte Försterhaus« und ähnliche Schmachtfetzen. Wir waren sechzehn oder siebzehn. Es war total unter unserem Niveau, uns solch einen Unsinn zuzumuten. Bei Charakterfilmen war das natürlich was anderes. Wir sahen uns den Kitsch darum auch nur studienhalber an, wollten sehen, welche Typen da reingehen und wie sie sich bei dem Zeug verhielten. Was wir dann erlebten, war auch wirklich unter aller Kritik. Nein, wir standen weit über den Dingen mit unserem feinen Modus: Wir gingen zwar hin, aber gehörten – Gott bewahre – nicht zu denen, die da hingingen.

Dann kam »Verdammt in alle Ewigkeit« mit Montgomery Clift. Das war das wirkliche Leben, und wir waren irgendwie ein Teil davon. Wir sind zwei- bis dreimal drin gewesen.

Eines Tages hatte Heinz etwas Erhebendes herausgefunden. Die Liste stand in einer Illustrierten: Mit Coolness ließ er mich wissen: Montgomery Clift und er hätten das gleiche Sternzeichen. Wow! Unversehens umgab Heinz ein Hauch von jugendlichem Held und Liebhaber. Mir blieb nichts anderes übrig, als ihn zu bewundern und ein bisschen neidisch zu sein. »Wer hat mit mir wohl dasselbe Sternzeichen? Kannst ja mal gucken.« »O.k.«, sagte Heinz, »ich guck mal.« Wegen der Seelenverwandtschaft tippte ich auf Gary Cooper. Als wir uns wieder trafen, hatte Heinz in der Liste nachgeguckt. Er lächelte. Ich nahm schon mal die coole Gangart von Gary Cooper an. Der Freund ließ mich raten. Es gibt schicksalhafte Zusammenhänge, für die niemand etwas kann. Das muss man hinnehmen. Aber das süffisante Lächeln von Heinz wäre nicht nötig gewesen. Mit sanftem Triumph kicherte er: »Heinz Rühmann.« Der war für mich ein etwas zu klein geratener Komiker.

Es hatte geklingelt

Als ich siebzehn war, klingelte es öfter an unserer Haustür. Da standen sie, die Jungs aus der Siedlung: »Klaus, kommste zum Fußball spielen?« Weit und breit war ich der Einzige, der einen richtigen Fußball besaß. Wo Onkel Ewald den ergattert hatte, weiß ich nicht. Das runde Leder war damals eine Sensation. Und wieder klingelt es. Vor mir stehen Werner Wehmeier und Wilfried Rixe. Sie sind älter als ich. Ich kenne sie vom Sehen. Wilfried wohnt in der Oetkersiedlung. »Klaus, wir möchten dich gern sprechen. Kannste mal rauskommen?«

»Mit dem Fußball?«

Sieh da, sie meinen nicht den Fußball, sondern mich. In der Friedenskirche träfe sich ein Kreis junger Männer, ob ich nicht Lust hätte, auch zu kommen. Sie hatten meinen Namen auf der Liste der ehemaligen Konfirmanden gefunden. Inzwischen gab es in unserer Nähe ein neues Kirchlein, die Friedenskirche, zu der wir nun gehörten, was wir gar nicht wussten.

Ich bin dann mal hin zu ihrem Kreis, und dann wieder nicht. Wenn ich morgens mit dem Fahrrad zur Arbeit fuhr, überholte ich in der Regel den gehbehinderten Werner Wehmeier, der ebenfalls auf einem rostigen Drahtesel zur Arbeit keuchte. Jeden Donnerstag rief er beim Überholvorgang: »Kommste heute Abend?«

»Jau!« Wenn ich »Jau« gesagt hatte, fiel es mir schwer, nicht hinzugehen. Die jungen Männer in der Kirche taten neben manch Normalem wie Tischtennis und Fußball auch etwas Außergewöhnliches. Sie lasen in der Bibel. Dabei fragten sie sich, was das für sie und die Welt zu bedeuten hätte. Dumm waren die Jungs nicht, das war klar. Dass ausgerechnet sie die Bibel lasen, machte mich nachdenklich. Ich erinnere mich, dass ich auch manchmal einen Gedanken zum Gespräch hätte beisteuern können, brachte aber keinen Satz heraus. Mit der Zeit setzte zwar noch nicht ganz richtig, aber doch irgendwie schon der Glaube ein. Man kann zwar nicht ein bisschen schwanger sein, aber doch wohl anfänglich fragend, auch zweifelnd – glauben.

Erst später begriff ich, dass die Ereignisse mit der Krankheit meiner Mutter in meinem Inneren Wunden geschlagen hatten. Durch den wachsenden Glauben wurden zwar nicht auf einen Schlag die Verletzungen meiner Seele geheilt, aber ich war in die Nähe des großen Arztes gekommen! Die Wunden kamen ans Licht, an die Sonne des Auferstandenen, den die Christen den Heiland und Heiler nennen. Mit sechzehn hatte ich das erste Mal jemandem von der Sache mit meiner Mutter etwas gesagt. Dabei war mir die Kontrolle über meine Glieder verloren gegangen, ich hatte am ganzen Leib gezittert. Es hat seine Zeit gebraucht, bis sich das legte. Ich war lange der große Schweiger, doch wer Verletzungen der Seele herumträgt, aus eigener oder anderer Leute Schuld, tut sich selber etwas Gutes, wenn er Licht daran lässt, es ausspricht, Seelsorge in Anspruch nimmt. Heute kann ich bezeugen: Der Auferstandene bringt uns in den Himmel, heilt aber auch irdische Gebrechen. Vielleicht nicht immer und nicht immer im Nu; manchmal ist es ein Prozess.

Auf jeden Fall fing ich an, über das Leben nachzudenken. Die Begegnung mit den jungen Christen hatte etwas angestoßen. Dazu kam die seltsame Sache mit Onkel Heini. Der ältere Bruder meiner Mutter hatte von einem Kollegen erzählt, den er als krassen Gottesleugner schilderte. Dieser läge im Krankenhaus schwer danieder. »Stellt euch vor, eine evangelische Gemeindeschwester hat ihn besucht und mit ihm gebetet. Dann hat sie ›Amen‹ gesagt und dieser Schlappschwanz hat eingestimmt. Sagt er doch ›Amen!‹« Onkel Heini zeigte sich bitter: »Hätte nie gedacht, dass der mal einknicken würde.« Dann hatte mein Onkel mitgekriegt, dass ausgerechnet ich, der Sohn seiner Schwester, einen CVJM besuchte. Er konnte es nicht fassen: »Ach! Du gehst nach Zuckerwasser?« Der CVJM galt in Onkel Heinis Jugend als ein abstinenter Verein, in dem die Leute Limonade tranken – Zuckerwasser. Lupenreine Sozialdemokraten standen auf Bier. Dass der Neffe nun ausgerechnet »nach Zuckerwasser« ging, war für ihn schwer zu ertragen.

Bald darauf erkrankte Onkel Heini an Darmkrebs. Er wusste, dass es zu Ende ging. In seinen letzten Tagen sagte er, eigentlich sei er immer religiös gewesen. Die Hindus z.B. habe er geschätzt. Die töten keine Tiere. Ich traute meinen Ohren nicht. Es war, als suche er nach einem religiösen Strohhalm, an den er sich klammern könnte. Als Heinz und ich an seinem Bett standen, brachte der Sterbende zum Ausdruck, dass er manches in seinem Leben anders machen würde, könne er noch einmal am Anfang stehen, wie wir. Wir wollten wissen, was er denn anders machen würde? »Ja, das mit Gott.« Er wäre doch sonst immer so nüchtern gewesen, sagte die Mutter von Heinz. So nüchtern wie jetzt wäre er noch nie gewesen, entgegnete er leise.

Das ging mir ans Herz! Warum finden Menschen beim Sterben zu einer vorher nicht gekannten Nüchternheit, die sogar angeblich Gottlose nach Gott fragen lässt? Hätte sich der Onkel dieser Nüchternheit früher geöffnet, wie anders wäre wohl sein Leben verlaufen? Ich vermute, geborgener und darum gütiger, auch zu seinen Kindern.

Hätte ich mehr darüber gewusst, hätte ich meinem Onkel von der Liebe Gottes und der Vergebung erzählt. Wenn er sich dem dann geöffnet hätte, wäre er wenigstens in Frieden gestorben, wenn er schon nicht in diesem Frieden gelebt hatte. Onkel Heinrich hatte auf mich vorwiegend unzufrieden gewirkt. Er hat einen Hunger gehabt, der nie gesättigt, eine Sehnsucht, die nie erfüllt worden ist. Da ist eben doch eine Frage, die in allen Dingen brennt, die beantwortet sein muss. Diese Frage abzuwürgen, so zu tun, als gäbe es sie nicht, kommt einer seelischen Selbstverstümmelung gleich.

Als wir ihn begraben hatten, habe ich Onkel Ewald berichtet, dass sein Bruder zuletzt von Gott gesprochen hatte. Mein Vormund, in solchen Dingen recht ahnungslos, konnte natürlich alles erklären: »Das ist die Angst der Kreatur!«

»Woher weißt du das? Wie oft hast du schon im Sterben gelegen?«

Ich glaube, dass es Gewaltigeres war als die Angst der Kreatur. Klopfzeichen von höchster Stelle. Damals wusste ich: Einmal werde auch ich ein alter Mann sein, dem Sterben nahe. Dann wollte ich nicht sagen müssen: Das mit Gott hätte ich lieber anders gemacht.

Mit 18 Jahren

Ich war jung und wollte mit wachen Sinnen dem gehören, den die Christen den Schöpfer des Himmels und der Erden nennen. Irgendwie habe ich damals schon geahnt: Ihn persönlich zu kennen, ist das Schönste in den Höhen und Tiefen des Daseins. Das war noch nicht der ganze Christusglaube. Aber so fing er bei mir an.

Es hatte jedenfalls geklingelt.

4.

Umbruch und Aufbruch

Tastende Schritte

Manchmal frage ich mich: »Wären die beiden, Werner Wehmeier und Wilfried Rixe, vom Jungmännerkreis nicht gekommen, hätte ich dann je zu Christus gefunden?« Mein Christwerden vollzog sich in kleinen Schritten. In der evangelischen Jugend der Friedenskirche ging wohl ein Pflänzlein auf, das möglicherweise lange vorher gesät worden war. Und das Fragen nach dem Woher und Wohin hatte wie ein Frühlingswind an dem, was noch verborgen war, gerüttelt. So kommt es mir heute vor.

Das Sterben von Onkel Heini spielte auch eine Rolle. Vielleicht hat der Religionsunterricht in der Schule seinen Beitrag geleistet und der Konfirmandenunterricht bei Pastor Gronau. Zudem besaß meine Mutter aus ihrer Schulzeit noch ihr Religionsbuch. Darin habe ich gern gelesen. Ob ein paar Samenkörner des Glaubens im Kinderheim gelegt worden waren? Ich war doch einmal in einem evangelisch-diakonischen Waisenhaus gelandet, dem Oberlinhaus in Babelsberg. Im Tagebuch meiner Mutter findet sich anlässlich einer Weihnachtsfeier immerhin der Satz: »Als ich hereinkam, ließ sich Kläuschen gerade von der Schwester das Krippenbildchen erklären, da hört er so andächtig zu.«

Dass ich meine Bibel aus der Konfirmandenzeit hervorgekramt habe, verdanke ich Rolf Bielke; er war Betheldiakon und der Jugendwart unseres Kirchenkreises. Gelegentlich besuchte er unsere Gruppe. Einmal hatte er ein besonderes Anliegen. Er leitete in unserer Gemeinde eine Jungschar, Jungen zwischen zehn und vierzehn Jahren. Dafür suchte Rolf einen ehrenamtlichen Leiter. Wir saßen in der Runde. Er fragte jeden Einzelnen im Kreis, beginnend mit meinem Nebenmann. Der lehnte dankend ab. Der Nächste hatte keine Zeit. Beim Übernächsten passte es im Moment auch nicht. Aus Taktgefühl, so denke ich, fragte er zuletzt auch mich. Ich hatte kaum einen Schimmer, was das bedeuten würde. Vielleicht tat Rolf mir leid, jedenfalls sagte ich: »Ich kann's ja mal versuchen.« So kam es zu einem ersten kirchlichen Dienst.

In seiner Wohnung in Brackwede erklärte mir Rolf Bielke, wie ein Jungscharnachmittag in etwa ablaufen könnte. Er sprach von Spielen und hatte dafür Material, auch spannende Geschichten konnte er empfehlen. Sport, wie Fußball oder Tischtennis, wäre auch nicht schlecht; mal eine Schnitzeljagd oder gemeinsames Basteln. »Und zum Schluss«, sagte der Kreisjugendwart, »machst du eine Andacht von etwa 10 Minuten.« »Ja, wie?« »Na, du suchst dir einen passenden Bibeltext, machst dir Gedanken dazu und trägst das dann vor. Wie ich das bei euch manchmal mache. Zum Schluss sprichst du ein Gebet. Dann singt ihr ein Jungscharlied. Danach sprecht ihr im Chor: ›Jungschar, Achtung! Mutig voran!‹« Im Übrigen würde mir Kurt Neumann zur Seite stehen.

Kurt, der vier Jahre älter war als ich, war der ehrenamtliche Leiter des Jungmännerkreises. Er besaß Autorität, ohne je autoritär zu sein. Von ihm ging eine Freundlichkeit aus, die es mir leicht machte, ihn oft aufzusuchen. Kurt war bescheiden, aber vielfältig begabt: Zeichnen konnte er und vom Notenblatt singen; dazu wusste er auch vieles, was mir bis dahin unbekannt war. Von ihm hörte ich das erste Mal die Namen der Theologen Karl Barth und Rudolf Bultmann. Kurt schenkte mir damals das Kostbarste, was er hatte: viel Zeit. Ungeplant wurde er für mich das, was man heute einen Mentor nennt. Dass er mir in den Jahren meiner ersten Glaubensschritte zur Seite stand, sehe ich als Glücksfall an. Kurt Neumann wurde mir Lehrer, Vorbild und guter Freund. Er, der kaufmännische Angestellte, ist dann auch ein richtiger Lehrer geworden und später Rektor an der Fröbelschule in Bielefeld. Kurt und seine Frau Dita, ebenfalls im Lehrberuf, haben sich auch außerhalb der Schule intensiv um Kinder aus anderen Ländern gekümmert. Dafür haben sie beide das deutsche Bundesverdienstkreuz bekommen. Da hat Kurt mich lachend gefragt: »Was ist nun mehr, mein Verdienstkreuz oder dein Doktorhut?«

Kurt Neumann, wichtiger Freund in entscheidender Zeit

Rolf Bielke führte mich in die Geheimnisse der Leitung einer Jungschargruppe ein. In der ersten Stunde war er noch dabei und stellte mich den Burschen als ihren neuen Jungscharleiter vor. Dann war ich auf mich allein gestellt. Als es ans Vorbereiten der Andachten ging, war »Holland in Not«. Was ist ein passender Bibeltext für Jungs zwischen zehn und vierzehn? Ich wusste es nicht. Abends im Bett fing ich an, in der Bibel zu suchen; ich las und las. Beim besten Willen, so dick das Buch auch ist, ein passender Text für heranwachsende

Jungs ließ sich nicht finden. Während ich nun so schmökerte, wunderte ich mich, was für Sachen da standen. Als Leseratte mochte ich gute Formulierungen. So erinnere ich mich, wie mein Auge an einem Satz aus dem Römerbrief hängen blieb: »Lass dich nicht vom Bösen überwinden, sondern überwinde das Böse mit dem Guten« (Römer 12,21). Das klang irgendwie gut. Da war Musik drin, Sprachmusik. Plötzlich merkte ich: Das klingt nicht nur gut, das ist gut! Hätte doch meine Familie davon ein klein bisschen gewusst! Sie hätten sich kaum so angiften können, wie sie es getan hatten. Wie schön wäre das Leben bei uns gewesen, unser Zuhause ein Ort der Geborgenheit, Liebe und Wertschätzung. Böses überwinden mit Gutem – nicht auszudenken. So aber haben die Armen sich selbst ihre kostbaren Tage verdorben, waren an Gott und aneinander schuldig geworden.

»Lass dich nicht vom Bösen überwinden, sondern überwinde das Böse mit dem Guten.« Das war dann auch der Text meiner ersten Andacht in der Jungschar.

Nach der Andacht ist vor der Andacht. Wieder liege ich im Bett und lese in der Bibel, wundere mich, staune, bin überrascht. So viel Gutes! Was es da zu entdecken gibt. Später habe ich gehört, da wäre einer, der einem das Wort Gottes öffnet und in alle Wahrheit leitet, der Heilige Geist. Ich glaube, der begann leise in meinem Leben zu wehen. Für die Jungs war diesmal nichts dabei.

So wählte ich verwegen 1. Korinther 8. Da geht es um Fleisch, das in heidnischen Tempeln den Götzen geweiht worden war. Danach wurde es auf den Märkten verkauft. Dürfen Christen das nun essen oder nicht? Paulus – frei von magischen Ängsten – war da locker vom Hocker. Er sah im Verzehr vom Götzenopferfleisch für die Christen kein Problem. Das muss ich wohl recht cool gefunden haben. Jedenfalls legte ich es den Jungscharlern warm ans Herz, sie könnten so etwas völlig ohne Bedenken …

Da unterbricht mich einer der Knirpse: »Aber Klaus, Götzenopferfleisch gibt es doch gar nicht mehr!« So weit war ich in meinen Überlegungen nicht gekommen.

»Stimmt, aber wenn es das doch wieder geben sollte, dann wisst ihr schon mal Bescheid.«

So hangelte ich mich von Jungscharstunde zu Jungscharstunde, und bekam langsam Gefallen daran. Irgendwann haben wir einen Elternabend gemacht, über den dann ein Bericht mit Foto in der Zeitung stand: Udo dirigierte die Entleinserenade.

Die haben ihn fertiggemacht!

Onkel Ewald, der mein Vormund war, hegte gute Gedanken im Blick auf meinen weiteren Weg. Als Graveur kann man sich gut selbstständig machen. Das wusste Onkel Ewald. Er sah mich wohl schon mit dem Meisterbrief in der Hand als Chef einer Gravieranstalt. Was eine spätere Verehelichung betraf, hatte er auch Wegweisendes zu sagen: »Denk dran, was du erheiratest, brauchst du nicht zu erarbeiten.«

Dadurch, dass mir der Glaube neue Horizonte aufgetan hatte, war ein starker Wissensdurst in mir aufgekommen. Gott und die Welt wollte ich kennen- und verstehen lernen. Erste Gedanken kamen auf, die mich an einer lebenslangen Berufung für das schöne Graveurhandwerk zweifeln ließ. Also suchte ich Rolf Bielke auf. Der war gleich begeistert, als ich ihm meine Gedanken mitteilte. Am besten, ich würde Betheldiakon, wie er. Dagegen hatte ich im Prinzip nichts einzuwenden. Als er durchblicken ließ, dass er dann seinem Mutterhaus sagen könne, ich sei aus seiner Jugendarbeit hervorgegangen, fühlte ich mich leicht instrumentalisiert.

In jenen Tagen lag bei Kurt ein Prospekt herum: Johanneum, Theologisches Seminar, Wuppertal Barmen. Die Studienfächer elektrisierten mich geradezu. Theologie des Alten Testaments und des Neuen Testaments, Dogmatik und Ethik (weiß der Geier, was das ist), Pädagogik, Psychologie und sonst noch was. Ich bekam das nicht mehr aus dem Kopf. Konnte ich es wagen, mich dort zu bewerben? Ob ich mal Rolf Bielke frage? Der riet ab: »Da wirst du mit Theologie vollgestopft und musst später dauernd Reden halten.« Aufgewühlt verließ ich seine Wohnung. Um den Weg zur Straßenbahn abzuschneiden, ging ich über einen Schulhof. Ziemlich genau in der Mitte überkam mich ein tiefes Glücksgefühl: »Ja, das will ich – vollgestopft werden mit Theologie!«

Bald berichtete ich zu Hause von meinen Plänen. Ich hätte es mir denken können, war dann aber doch überrascht. Onkel Ewald war wütend: »Wennste dat tust, brauchste mein Haus nicht mehr zu betreten!«

Tante Gustel wusste es ganz genau: »Ewald, die haben ihn fertiggemacht«, schrillte es durchs Gebäude. Sie waren bitterböse. Meine Pläne passten nicht ins Bild, waren außerhalb der Norm; wohl auch Verrat an der Sozialdemokratie, wie sie diese verstanden; Verrat an der Familientradition; an allem, was ihnen hoch und heilig war. Und was sollten die Nachbarn denken? Sie schämten sich. Ein zähes Ringen begann. Onkel Ewald hatte als mein Vormund einen Trumpf in der Hand: »Meine Erlaubnis krichste nie! Wennste einundzwanzig bist, kannste machen, wat de willst. Aber dann will ich mit dich nix mehr zu tun haben!« Peng – das war krass. Später zeigte sich, dass alles nicht so gemeint war, wie es klang. Sie dachten wohl, mich vor einem schweren Fehler bewahren zu müssen.

Nun hatte mein Onkel öfter gesagt, er wolle nicht, dass ich ihm später einmal Vorwürfe mache. Vorwürfe fürchtete er also wie die Krätze. Als er nun seine Trumpfkarte zog, konterte ich: »Wenn du mir die Erlaubnis nicht gibst, werde ich dir dein Leben lang Vorwürfe machen.« Er unterschrieb. Es dauerte, bis sie sich an das Neue gewöhnt hatten. Und die Freunde erzählten – wie ich hörte – den Freunden: »Haste schon gehört?«

»Nee, wat denn?«
»Klaus is heilig geworden!«
»Nä, sach bloß!«
»Jau.«
»Schade, is doch nen prima Kerl.«
»Hätt ich jetzt nich jedacht.«
»Kannste nix machen.«

Dann hatte sich Onkel Ewald etwas ausgedacht, womit er mich zum Einlenken bewegen wollte. Ich spürte seine Erregung, als wir uns am Wohnzimmertisch gegenübersaßen. In seinen Händen zitterte ein Blatt Papier. Er hatte ausgerechnet, wie viel Geld ich mit 65 Jahren einmal weniger besitzen würde, wenn ich – statt mich als Graveur selbständig zu machen – Prediger werden würde. Es waren wohl mehr als 200 000 DM! Wumm! Wie ein Skatspieler, der seinen besten Stich ausspielt, blickte er mich an: Das hat der junge Schnösel natürlich nicht bedacht. Jetzt weißte Bescheid. Mein guter Vormund war sich sicher.

Man muss es mir glauben: Ich habe meinen um mich kämpfenden Onkel nicht ausgelacht, aber die ganze Szene war so komisch, dass ich mich vor Lachen nicht halten konnte. Ich hatte Sehnsucht nach neuen Horizonten – kein Geld der Welt hätte mich zurückhalten können. Mein Onkel lehnte sich entnervt zurück. Er verstand die Welt nicht mehr. Gern hätte ich ihm jeden Wunsch erfüllt, aber diesen nicht.

Also bewarb ich mich im Johanneum. Meine Großmutter hat meine Entscheidung noch mitbekommen. Meine Pläne, in einen geistlichen Dienst zu gehen, haben sie eher sprachlos werden lassen. Sie schaute mich groß an, als sie das hörte, blieb aber stumm. Vielleicht war sie überfordert zu erahnen, was das für mich bedeuten würde. Ich war es übrigens auch. Bevor ich die Senne verließ, stürzte sie und zog sich einen Bruch am Oberschenkelhals zu. Von da an war sie bettlägerig. Zusehends wurde sie schwächer. Oma verstarb am 24. Januar 1956, im 87. Lebensjahr. Als wir nach der Beerdigung mit den

Verwandten zusammensaßen, hätte man vergessen können, dass wir jemanden aus der Familie zu Grabe getragen hatten. Sie plauderten und scherzten, tranken eins, noch eins und noch eins. Die Luft roch nach Schnaps. Mich hat das verletzt. Mit meinen neunzehn Jahren fing ich haltlos an zu weinen. Es kam einfach über mich. Oma hatte – so lange ich denken konnte – wie selbstverständlich zu meinem Leben gehört, sodass mich ihr Fortgehen mehr berührte als der Abschied von meiner Mutter. Mir wurde schmerzlich bewusst, dass ich einen Menschen verloren hatte, der mir sehr nahe stand. Oma war eine Frau, die mir auf ihre Weise oft Zeichen ihrer Zuneigung hatte zukommen lassen.

Kurt bringt mich zum Bahnhof

Im März 1956 brachte ich meine Bewerbung fürs Johanneum auf den Weg. An einem Wochenende im April musste ich mich dort vorstellen. Wir waren fünf Bewerber. Ich hörte, dass etwa sechzig um Aufnahme angesucht hätten, aber nur fünfzehn genommen würden. Mich mit den vier anderen vergleichend, die sich vorstellten, war mir klar: »Du hast keine Chance!« Mein lieber Scholli, das waren Persönlichkeiten! Einer leitete bereits einen CVJM. Die Hoffnung, hier anzukommen, schwand wie ein Wölkchen in der Sonne. Die drei Lehrer des Hauses führten mit jedem Einzelnen ein intensives Gespräch. So lernte ich Olav Hanssen kennen, den hageren, scharfzüngigen und doch so liebevollen theologischen Lehrer, der mir bald total das Herz abgewann. Jetzt interessierte ihn erst einmal, warum ich aufs Johanneum wolle. Ja, ich möchte Theologie studieren. »Warum?«, fragte er kurz. Ich wolle helfen, dass Menschen zu Gott kämen. Ob das denn so wichtig wäre? Was ich geantwortet habe, weiß ich nicht mehr.

Später erfuhr ich, dass jedem Bewerber vier Fragen gestellt würden, die alle mit einem klaren »Ja!« zu beantworten waren: Sind Sie *bekehrt, bewährt, begabt, berufen*? Die vier B. O Wunder aller Wunder: keiner der Lehrer hat mich bei meiner Vorstellung nach meiner Bekehrung gefragt. Ich hätte nicht gewusst, was antworten. So bin ich mirakulös durch die Maschen geschlüpft.

Zwei lange Monate musste ich auf Antwort warten. Von der Arbeit kommend, sah ich den Brief. Er lag auf dem Küchentisch.

Onkel Ewald und Tante Gustel ließen es sich nicht nehmen, mir über die Schulter zu schauen. »Hoffentlich nehmen sie ihn nicht an«, kam es tief aus der Seele meiner Tante. Dann las ich:

Wuppertal-Barmen, Bez. Carnap 88/91, den 21. Juni 1956

Lieber Bruder Eickhoff!

Nach eingehender Prüfung Ihrer Meldung hat der Johanneumsvorstand in seiner gestrigen Sitzung im Aufblick zu Gott beschlossen, Ihnen die nachgesuchte Aufnahme ins Johanneum als regelmäßiger Schüler zu genehmigen. Damit öffnet sich Ihnen der Weg zum hauptamtlichen Verkündigungsdienst, auf den Sie sich von Gott selbst berufen wissen.

Wir bitten Sie, sich nun auf die Zeit der Ausbildung mit ganzer Entschlossenheit und innerster Bereitschaft zu rüsten. Es gehört dazu vor allem die tiefe Dankbarkeit … und die heilige Einseitigkeit, die allem den Abschied gibt, was innerlich aufhält und beschwert, und die sich mit Fleiß und verantwortungsbewusster Bereitschaft allem zuwendet, was innerlich fördert und zum Dienst zubereitet.

Zur Vorbereitung auf Ihre Ausbildung erwarten wir von Ihnen vor allem ein ernstes Eindringen in die Bibel; hierauf sollten Sie täglich eine volle Stunde verwenden. Wir bitten Sie, die Geschichtsbücher des AT und NT sowie die paulinischen Briefe mehrfach durchzulesen …

Das erste Vierteljahr gilt sehr ernst als Probevierteljahr, das Ihre brüderliche Haltung, Ihre Unterordnung unter die Hausordnung und Ihre Fähigkeit zum Lernen unter Beweis stellen soll. Erst nach diesem Probevierteljahr entscheidet der Vorstand über Ihre endgültige Aufnahme.

Das Schuljahr beginnt am Dienstag, dem 18. September. Der Anreisetag ist Montag, der 17. September. Wir bitten Sie, im Laufe des Tages bis spätestens um 18.30 Uhr im Hause zu sein und uns mitzuteilen, zu welcher genauen Zeit und auf welchem Bahnhof Sie ankommen …

Mit herzlichem Gruß, auch von dem Vorsitzenden unseres Vorstandes, Herrn Professor D. Otto Schmitz, und unserem theologischen Lehrer, Herrn Dr. Olav Hanssen, bin ich

Ihr Haarbeck, Direktor des Johanneums

Solche religiöse Sprache war mir fremd. So redeten wir in unserem CVJM nicht. Der Brief bewirkte, dass ich mir erst jetzt richtig bewusst wurde, welch eine Zäsur das alles für mich darstellte. »Allem, was aufhält, den Abschied geben« – das war starker Tobak. Plötzlich war der Zoff zu Hause vorbei. Sie hatten eingesehen, dass nichts mehr zu machen war. Von jetzt an unterstützten sie mich, wofür ich ihnen sehr dankbar bin.

In unserer CVJM-Gruppe wurde ich im September 1956 verabschiedet. Am Sonntag drauf erwähnte es Pastor Horstmann im Gottesdienst. Daraufhin erhielt ich von meinem alten Lehrer, Emil Kleine, folgenden Brief, verfasst am 16. September 1956:

Lieber Klaus!

Zu Deinem Entschluss der weiteren Ausbildung im christl. Bekenntnis u. dem damit verbundenem Besuch des Johanneums spreche ich Dir meine herzl. Glück- und Segenswünsche aus. Ich habe mich riesig gefreut, als ich heute im Gottesdienst davon erfuhr. Es ist mir ein inneres Bedürfnis,

Dir auf diesem Wege meine Teilnahme zu Deinem Vorhaben auszudrücken. Möge aus Dir ein mutiger Streiter für göttliche Wahrheit u. christlichen Glauben werden. Als Lehrer der 5. Schule, Senne 1, bin ich besonders dankbar, dass ein früherer Schüler von uns das Fahnenträgeramt für Christus gewählt hat. Meine besten Wünsche u. Gebete begleiten Dich.

Es grüßt Dich herzl. Dein Lehrer E. Kleine

Mit Emil Kleine verband sich für mich die Erinnerung an einen prügelnden Lehrer – und nun so etwas. Die Sprache, die mir auch hier begegnete, irritierte mich.

Endlich war Abreisetag, Sonntag, der 16. September, 1956. Kurt Neumann brachte mich zum Bahnhof Bielefeld. Sein Anteil daran, dass sich mein Lebensweg so entwickelt hatte, ist beträchtlich, und dafür danke ich ihm. In ernster Aufbruchstimmung und gespannter Erwartung ging es ab in die Stadt mit der berühmten Schwebebahn.

Wuppertal – meine neue Welt

Als ich im Johanneum mit Sack und Pack anreiste, war keiner von denen, die sich zusammen mit mir vorgestellt hatten, zu sehen. Das verstand ich nicht. Im Jahr darauf kam dann doch Helmut Kümmel, der im zweiten Anlauf angenommen worden war. Helmut sollte später einen wichtigen Dienst unter Suchtkranken tun. Aufgrund der ernsten Töne in den Briefen und vorhergehenden Gesprächen war mir nun doch beklommen zumute. Ich kam mir vor wie ein Mönch, der ins Kloster geht.

Dann saßen wir mit Dr. Olav Hanssen, dem Theologischen Lehrer und Hausvater zusammen, der uns auf seine Art eine erste Einführung in grundsätzliche Fragen und das Tagesgeschäft gab: »Im Übrigen, wir stehen hier auf dem Boden des Pietismus. Wem das nicht gefällt, der geht am besten gleich wieder.«

Ich fragte Rainer Forberg, der neben mir saß: »Worauf stehen wir hier?«

»Auf dem Boden des Pietismus.«

»Was ist das?«

»Erkläre ich dir später.«

Schon in den ersten Tagen begriff ich, dass meine Kollegen sattsam christlich geprägt waren. Sie wussten weit mehr über kirchliche Dinge als ich. Aber ich war lernbereit. Ernst Misol hat in seinen privaten Erinnerungen über diese Zeit geschrieben:

> *Wir waren ein »bunter Haufen«, der sich aus ganz Deutschland im Johanneum traf. Für mich als Einzelgänger, ohne Geschwister aufgewachsen, war es ein völlig neues Lebensgefühl, plötzlich mit vierzehn anderen jungen Männern im Alter zwischen zwanzig und dreißig Jahren zusammenzuleben. Die unterschiedlichsten Charaktere, die verschiedenen geistlichen Prägungen und Frömmigkeitsstile – CVJM-er, EC-ler, Gemeindejugend, CP, kirchliche, von den Gemeinschaften herkommend – und alle möglichen beruflichen Typen – Kaufmann, Elektriker, Schmied, Landwirt, Mechaniker u.a. –, jeder mit einem anderen Bildungs- und Erkenntnisstand, sie alle trafen urplötzlich aufeinander, »beschnupperten sich«, lernten sich kennen und hatten auf engstem Raum drei Jahre lang zusammenzuleben. Eine große Herausforderung …*

Drei schöne Jahre warteten auf mich. Ich durfte studieren und war glücklich. Nun war ich zwar wieder irgendwie in einem Heim, aber hier stellten sich Heimatgefühle ein.

Pastor Dr. Olav Hanssen war der erste Mann in meinem Leben, der mich kraft seiner Persönlichkeit beeindruckte und mir viel bedeutete. Nach einem Jahr Unterricht bei ihm aber wechselte er zur Hermannsburger Mission. Ich hätte heulen können. An seine Stelle trat Dr. Joachim Bieneck, nur zehn Jahre älter als ich. Er wurde meine zweite »theologische Liebe«. Nach jedem Gespräch mit ihm fühlte ich mich etwas wertvoller, er hatte die Gabe der Wertschätzung. Ein wunderbarer Mann!

Plötzlich bekam alles einen Sinn

In einer Vorlesung von Dr. Bieneck kam es zu einem tieferen Verständnis des Glaubens. Wir lasen den Römerbrief und waren beim dritten Kapitel. Ich erinnerte mich: Als Fünfzehnjähriger hatte ich zu Hause vor meinem Spiegelbild gestanden, war mir fremd erschienen. »Wer bin ich bloß?« Das hatte sich festgekrallt. Jetzt lag Römer 3 im Urtext vor mir. Nun sah ich mich im Spiegel des biblischen Wortes. Das hatte auf meine Frage eine ernüchternde Antwort: »Denn es ist kein Unterschied, denn alle haben gesündigt und erlangen nicht die Herrlichkeit Gottes« (Römer 3,22b-23). Die Frage »Wer bin ich?« rührt an das Geheimnis unseres Daseins. Weder religiöse Romantik noch philosophische Gedankenspiele oder wissenschaftliche Erklärungen reichen aus, das zu ergründen. Das also war ich im Spiegel des Ewigen: ein Sünder, einer, der das Ziel nie erreicht. Längst hatte ich gemerkt, dass in der Bibel kein Süßholz geraspelt wird. Das hier aber war noch einmal etwas anderes. Das war mein Todesurteil.

In einem Missionsmuseum gibt es das Bild eines chinesischen Mandarins. In köstliche Seide gekleidet schaut der vornehme Herr in die aufgeschlagene Bibel wie in einen Spiegel und sieht sich darin – als heruntergekommenen Räuber und Bettler. Ähnlich ist es mir ergangen. Ich sah die bedrückende Wahrheit über mich selbst, war im Spiegel des Wortes Gottes nicht fotogen. Im Verlauf der Vorlesung zeigte sich aber, dass neben dieser Wahrheit auch eine andere gilt. Von denen, die die Herrlichkeit Gottes nicht erlangen, heißt es plötzlich: »… und werden umsonst gerechtfertigt durch seine Gnade, durch die Erlösung, die in Christus Jesus ist« (Römer 3,24). Freigesprochen! Geschenkweise! So steht es da. Ich kam mir regelrecht umarmt vor, wie damals, als meine Mutter mich wegen der geklauten fünfzig Pfennige nicht verprügelte, sondern mich Häuflein Elend an sich zog und feste drückte.

Heute weiß ich: Macht Gottes Gesetz aus dem Mandarin einen Räuber, so macht das Evangelium aus dem Räuber einen Mandarin! Das ist einfach toll! Einmal heißt es kurz und bündig: »Glaube an den Herrn Jesus, und du wirst gerettet werden, du und dein Haus« (Apostelgeschichte 16,31). Das hatte ich wohl schon gehört, aber das Herz war davon nicht erreicht. Aber jetzt! Mir öffnete sich der Himmel. In der großen Pause rannte ich in den Wald, wusste mit meiner Freude nicht wohin. Der Verurteilte hatte seinen Freispruch erlebt, hatte zugleich den Schöpfer des Universums zum Vater bekommen. Mein irdischer Vater hatte mich nicht gewollt. Aber der himmlische Vater! Von Ihm ergriffen, begann ein Staunen, das nie aufgehört hat. Ich bin mehr als kosmischer Staub. Das zu wissen, macht etwas mit einem. Es macht demütig und wertet zugleich auf: Du bist ein Wunschkind des Ewigen.

Plötzlich bekam alles einen Sinn Ich war nicht blindlings in den Biobrei eines chaotischen Daseins geworfen worden, sondern war ein Gedanke Gottes, mit Bedacht in die Welt gesetzt. Und diese Welt hat ein Ziel, wodurch nun auch mein Leben zielgerichtet ist.

Ähnliches hatten wir bei Olav Hanssen über Israel gelernt: Als sich das Nomadenvölkchen von Gott her begriff, kam es zu seinem Geschichtsbewusstsein. Es sah sich unterwegs zu einem Ziel. Nun bekam alles einen Sinn. Israel verstand seine Geschichte als Heilsgeschichte zum Segen der Völker. Das überlieferten sie den kommenden Generationen. Als das Volk sesshaft geworden war, einen König und einen Hofstaat hatte, begann es seine Geschichte aufzuschreiben. So haben wir nun das Alte Testament.

Genauso kann ich, der ich mit schweren Fragen auf mein Spiegelbild gestarrt hatte, mein Leben verstehen – eingebunden in Gottes Plan mit dieser Welt. Die Schöpfungsgeschichte ist auch meine Geschichte, weil es mich ohne die Schöpfung ja nicht gäbe. Als Gott die Sonne schuf, ging es auch um mich, um meine Renate, um meine Kinder und Enkel, um alle meine Nachkommen. Weil der Schöpfer das All geschaffen hat, sind wir jetzt alle da.

Adams Sündenfall ist mein Sündenfall, seine Gottlosigkeit ist meine Gottlosigkeit. Das Erbarmen des Ewigen mit Adam ist aber auch sein Erbarmen mit mir! Adam, dieser Kerl steckt mir bis heute in den Knochen, dieser bockbeinige Feigling und Heuchler. Gott aber hat ihn durchgebracht. Mich bringt er auch durch. Das ist versprochen! Durch den Glauben, den er mir gab, bin ich sein Kind. Da hört das Nagelbeißen auf. So viel Aufwertung überwindet Minderwertigkeitskomplexe. Meine Lebensgeschichte hat einen Spannungsbogen, der bis zum ersten Schöpfungstag zurückreicht. Nun bin ich auf unserem Planeten angekommen. Das ging wie im Nachtflug, da kann man die Distanz ja ebenfalls nicht wahrnehmen. Und jetzt, wo ich im Glauben an den Ewigen und in seiner Gemeinde gelandet bin, weist mein Dasein über sich hinaus bis zur Vollendung der Welt.

Hatte ich vorher keine Ahnung, wohin ich gehöre, weiß ich mich nun in die Gemeinschaft der Heiligen gestellt. Von denen, die dazugehören, heißt es, dass sie Bürgerrecht im Himmel haben. Die Welt hat durch sie von der bedingungslosen Liebe Gottes erfahren. Ich selbst habe durch Christen viel Gutes und Schönes bekommen und erlebt. Manchmal sind sie aber auch komische Käuze und störrische Esel. Dennoch, Gott hat seine Hand auf sie gelegt. Das allein zählt.

Wenn ich noch einmal an die Taumelgedanken zu Hause vor dem Spiegel denke: Vieles weiß ich immer noch nicht. Das

Geheimnis ist zu groß. Aber weil ich mich jetzt im Spiegel der frohen Botschaft sehe, bin ich irgendwie entkrampft und gelöst. Gewiss zu sein, dass man Kind des Höchsten ist, das hat etwas! Unterwegs auf meinem Lebensweg habe ich bei Ihm mein endgültiges Zuhause gefunden und weiß, wohin ich gehöre.

Johanneum – eine entscheidende Zeit

Direktor Hermann Haarbeck war eine Respektsperson, als Lehrer etwas langweilig, als Prediger hervorragend. Wo immer er in Wuppertal predigte, saß ich möglichst unter seiner Kanzel. Ich wollte es auch einmal so können wie er. An den Wochenenden gab es die Sonntagsarbeit. Im ersten Jahr war ich Kindergottesdiensthelfer in der Erlöserkirche. In den beiden letzten Jahren durfte ich im EC Varresbeck die Bibelarbeiten halten, was ein Vorrecht, aber auch eine Herausforderung war. Junge Erwachsene, ca. vierzig an der Zahl, trafen sich am Sonntagnachmittag zum Bibelgespräch. Der Theologiestudent Eberhard Tröger war auch unter ihnen. Ich hatte den Eindruck, dass er mich Schmalspurtheologen ein wenig von oben herab ansah. Später ging er nach Ägypten und wurde der Islamexperte im deutschsprachigen Raum. Wie auch immer, ich fühlte mich aufgewertet, dass ich bei diesen tollen Leuten Bibelarbeiten halten durfte. Mit dem Leiter des EC, Gerhard Voll, verband mich bald eine Freundschaft. Er wurde später der Patenonkel von Martin, unserem ersten Sohn.

Im Johanneum gab es einen Verlobungsparagraphen, der vorsah, dass man keine Bindung mit einem Mädchen haben durfte. Man könne das Bild seiner Zukünftigen wohl im Herzen, aber nicht in der Brieftasche haben. Es gab ja auch eine in der Senne, Eva-Maria. Sie wollte auf mich warten. Aber dann hörte ich, sie wäre mit einem anderen aus unserem

Jugendkreis zusammen. Nun gab es im EC auch so manch eine Schöne, die einem das Herz hätte abgewinnen können. Dagegen habe ich tapfer angekämpft und kam diesbezüglich gut durch die Johanneumszeit.

Wir hatten Probepredigten zu halten vor den Lehrern und den etwa 45 Studienkollegen aus allen drei Jahrgängen. Es war bei meiner dritten Predigt, als unter den Zuhörern ein gewisser Klaus Vollmer saß, der seine alte Ausbildungsstätte besuchte. Klaus, einst Schlosser von Beruf, war als hochbegabter Evangelist aufgefallen. Nach der Kritik der Lehrer wurde er um einen Kommentar zu meiner Predigt gebeten. Er machte mich zur Schnecke: »Du darfst den Zuhörern keine religiösen Begriffe – Gnade, Glaube, Liebe – wie Nüsse an den Kopf knallen. Du musst die Nüsse knacken. Lass die Leute an den Kern der Sache heran. Gnade, was heißt das denn? Die Menschen müssen das sehen können. Lerne zu beschreiben, was Gnade ist.« Hinterher kam er zu mir: »Ich glaube, in dir steckt ein Evangelist. Lass uns in Kontakt bleiben!«

Welch eine Bedeutung das Zusammentreffen mit Klaus Vollmer für mich haben sollte, konnte ich zu diesem Zeitpunkt noch nicht ahnen. Wie sollte ich mit ihm in Kontakt bleiben? Ich sah keine Möglichkeit. Nun, das besorgte Klaus auf seine Art. Als ich später in Berlin war, rief er gelegentlich an, kam zu Besuch. Wir gingen ins Kino, einmal in ein Konzert mit Zarah Leander. Klaus konnte sich wie ein Kind für alles Mögliche begeistern. Auf unkonventionelle Weise begleitete er meinen Weg.

Drei Jahre sind kurz, wenn sie schön sind. Die Johanneumsjahre waren viel zu kurz. Als sich das Ende der Wuppertaler Zeit näherte, galt es zu klären, wo wir nun eingesetzt würden. Die erste Stelle nach der Ausbildung, das spürte jeder, war etwas Besonderes. In den Tagen der Klärung hatte ich meine letzte Probepredigt vorzubereiten. Mir die Liste der Stellenangebote anzusehen, dafür war der Kopf nicht frei. So beschloss ich, nicht lange herumzusuchen und auszuwählen, sondern die Dinge auf mich zukommen zu lassen. Dann könnte ich später sagen: »Ich habe mir die Stelle nicht gesucht.« Neben andern gab es zwei Anfragen der Berliner Stadtmission. Berlin war der einzige Ort der Welt, wo ich nicht leben wollte. Zu sehr lagen mir wohl noch die Erfahrungen in den Kinderheimen quer in der Seele. Mein Studienkollege, Siegfried Dehmel, hatte ein Gespräch mit dem Direktor, er könne sich vorstellen, nach Berlin zu gehen. Bald kreuzte Siegfried bei mir auf: »Klaus, ich glaube, ich habe einen Fehler gemacht. Der Direx hat mich gefragt, ob ich noch einen wüsste, der für Berlin infrage käme. Da hab ich gesagt: ›Fragen Sie doch mal Herrn Eickhoff.‹ Du sollst gleich kommen.« Da hatte ich den Salat. Alles, nur nicht das! Hermann Haarbeck fragte mich dann auch gleich, ob ich nicht nach Berlin gehen wolle. »Nein, ich möchte nicht, möchte mir aber auch selber keine Stelle aussuchen, sondern die Dinge auf mich zukommen lassen, zum Beispiel auch hören, was Sie so denken.«

»Ja, das könnte ich mir vorstellen: Herr Dehmel und Sie für Berlin.« Widerwillig nahm ich die Sache aus Gottes Hand.

Am 19. Juli 1959 wurden wir in einem Festgottesdienst in der Wupperfelder Kirche eingesegnet und ausgesandt. Der Württembergische Landesbischof, Dr. Martin Haug, predigte. Dr. Bieneck verlas die Einsegnungssprüche, die er für uns ausgesucht hatte. Sie waren den Psalmen entnommen. Mein Einsegnungsspruch steht in Psalm 18,30: »Denn mit dir kann ich Kriegsvolk zerschlagen und mit meinem Gott über Mauern springen.« So hatte Luther übersetzt. Die erste Mauer, die es zu überspringen galt, war die in meinem Herzen. Heute würde man sagen: »Ich hatte keinen Bock auf Berlin.« Für die Großstadt fühlte ich mich nicht geschaffen, wollte frei atmen können, suchte Licht, Luft und Sonne. Besonders aber war es die Erinnerung an die Berliner Kindheit, die sich wie eine Mauer in mir aufgebaut hatte. Ich bin dann doch gesprungen. Begeistert war ich nicht.

Naher Osten – wie eine Reise zum Mond

Bevor es im Oktober 1959 in Berlin losging, reiste ich mit meinem Studienkollegen Manfred Rompf in den nahen Osten und nach Ägypten. Zwei Monate waren wir unterwegs. Wir fuhren mit der Bahn durch die Türkei nach Syrien, Jordanien, in den Libanon und nach Ägypten. Für die damalige Zeit war das so aufregend wie heute eine Reise zum Mond.

Am Jordan, an der vermuteten Taufstelle Jesu, hatte wohl eine kleine Kirche gestanden. Jedenfalls lagen Steinstufen herum. Auch aus dem Wasser ragten Trümmerteile. Als ich in den Fluss stieg, versank ich im Schlamm. Ekelhaft! Darum begab ich mich auf einen behauenen Stein, der aus dem trüben Wasser ragte. Von dort machte ich – von allen guten Geistern verlassen – einen Kopfsprung in das heilige Nass. Hart knallte ich mit dem Kopf auf einen Gegenstand. Blutüberströmt wankte ich aus den Fluten. Manfred kam angerannt, um mich zu retten. Er trat dabei auf eine Hornisse, die ihm einen Stich versetzte. Er schrie. Eine Familie aus den USA war zur Stelle. Sie luden mich in ihr überfülltes Auto. Manfred musste draußen auf der Kühlerhaube sitzen. So düsten wir nach Jericho, wo ich unter primitiven Verhältnissen in einem UNO-Hospital genäht wurde. Anstelle einer örtlichen Betäubung klemmte mich eine jordanische Zweizentnerschwester zwischen ihre gewaltigen Knie, sodass ich so gut wie bewegungslos war. Als Andenken an diese Geschichte ziert eine Narbe mein Haupt, sorgsam vom Haar bedeckt.

Vor diesem Ereignis hatten wir auf dem Berg Nebo, auf dem einst Mose in das gelobte Land schauen durfte, den holländischen Alttestamentler Th. C. Vriezen getroffen, aus dessen »Theologie des Alten Testaments in Grundzügen« wir im Johanneum einiges durchgearbeitet hatten. Sein Werk war erst 1959, im Jahr unserer Einsegnung, erschienen. Ein Jahr zuvor war sein Buch »Der nahe Osten in der Brandung« herausgekommen.

In Luxor, Ägypten, 700 Kilometer südlich von Kairo, wäre ich fast von einer Bakschisch heischenden Kindermenge zerrissen worden. Ich hatte Kindern Gutes tun wollen und eine Tüte Bonbons gekauft, die ich an sie verteilen wollte. Nachdem ich die ersten Bonbons verschenkt hatte, brach eine Panik unter den Kindern aus. Sie stürzten sich auf mich und zerrten an mir herum. Durch ihre Schreie wurden immer mehr Kinder, die in ihren Hütten oder sonst in der Nähe waren, angelockt, sodass sich schließlich Polizisten mit Stöcken zu mir durchschlagen mussten, um mich der Meute zu entreißen. Stockerlebnis, Schockerlebnis. Irgendwann war auch diese Reise zu Ende. Zu Hause in der Senne angekommen, hatte ich gerade noch fünf DM in der Tasche.

Nun galt es nach vorn zu blicken: Auf nach Berlin.

5.

Wieder in Berlin

Stolperschritte in Kreuzberg

Am 1. Oktober 1959 begann mein Dienst in der Berliner Stadtmission, dem geschichtsträchtigen Werk der Evangelischen Kirche Berlin-Brandenburg. Sie war 1877 vom Hof- und Domprediger Adolf Stoecker gegründet worden. Meine Berufsbezeichnung war »Stadtmissionar«. Man übertrug mir die Jugendarbeit in der Gemeinde am Südstern: eine Jungschar, eine Teenagergruppe, einen Kreis junger Erwachsener, Konfirmandenunterricht, Besuchsdienst und einiges mehr. Mein Chef war Pastor Paul Weber, ebenfalls Absolvent des Johanneums.

Weil sie es nicht geschafft hatten, eine Wohnung für mich zu besorgen, war ein Notbehelf zur Stelle. Helga Ziethen, Mitglied des Kreises der jungen Erwachsenen, war für ein Jahr nach England gezogen. Ihr Zimmer in der Wohnung des Ehepaars Schilling und der kleinen Eveline wurde meine vorübergehende Bleibe.

Der Kreis junger Erwachsener war vorher von Peter Schneider, dem späteren Übersetzer von Billy Graham, und von Frau Klara Welzel, der Gemeindehelferin der Berliner Stadtmission, geleitet worden. Mit ihrer Umsicht und Weisheit war sie mir in den Unsicherheiten meines Anfangs eine hilfsbereite Begleiterin. Eines Tages überreichte Frau Welzel mir eine Liste mit den Daten der Leute. Dabei fiel mir das Datum einer jungen Dame besonders ins Auge: geboren 23. Februar 1936 in Berlin. Hallo? Das war doch genau ein Tag vor meiner Geburt.

Der erste Abend im Kreis der jungen Erwachsenen war gekommen. Bei Frau Schilling, Helgas Mutter, klingelte es: Eine junge Dame mit dunklem Haar und weißer Baskenmütze stand in der Tür. Unbeschreiblich schön. »Das ist Fräulein Renate Masell, die Freundin unserer Tochter«, sagte Frau Schilling. Renate wollte wissen, wie es Helga in England ergangen sei und für ihre Freundin Helga wollte sie etwas über den Zustand der herzkranken Mutter herausfinden.

»Sie können den jungen Mann gleich mitnehmen. Er geht auch zu Ihrem Kreis.« So musste ich nicht lange suchen. Renate zeigte mir den Weg. Es waren etwa zwanig junge Leute, die ich vorfand. Der Theologiestudent Günther Stephaneck hieß mich willkommen. Ich schielte zwischendurch schnell mal zu Fräulein Renate. Als der Abend vorbei war, nahm ich mir ein Herz und fragte Renate, ob sie mir in den nächsten Tagen nicht ein wenig Berlin zeigen möchte. Wir verabredeten unser erstes Treffen. Das Telefon war zwar schon erfunden. Aber wer hatte das damals schon?

Also marschierten wir durch Berlin und kamen uns näher. Bald war uns klar, dass wir ein Paar waren. Renate Masell, geboren am 23. Februar 1936 in Berlin, Beruf Industriekauffrau. Sie war unbeschreiblich schön, angenehm in ihrer zurückhaltenden Art, ungekünstelt klug, unaufdringlich in dem, was sie sagte, ihre Bemerkungen hatten Hand und Fuß, sie erhob sich über niemanden, der eine andere Meinung hatte. Sie trat für die Wahrheit ein, kämpfte, wenn es angesagt war, und blieb still, wenn es die Situation erforderte. Ich war von ihrer Erscheinung tief berührt.

Renate im Dezember 1959

Renates Schwester Gisela war damals mit Dietrich Hass verheiratet. Bei meinem ersten Besuch sagte mir der angehende Schwager, was er von der Sache hielt: »Renate kann mir nur leidtun.« Ich dachte, er macht einen Witz. Nein, er meinte es ernst. Die Erklärung war bald gefunden. In der Schweiz war er auf der Bibelschule Beatenberg gewesen und nicht klargekommen. Seitdem war alles Christliche für ihn erst einmal gestorben. So etwas Schönes und Kluges wie Renate gehörte nach seiner Meinung einfach nicht in die Hände eines religiösen Spinners. Später ist Dietrich mein Helfer in der Jungschar in Schöneberg geworden.

Renates Schwester Hannelore, noch ein Teenager, war forsch und unkompliziert. Sie brachte einige Jahre später Claus-Peter Simon aus Warnemünde in die Familie. Claus-Peter, der Schiffbauer gelernt hatte, ist später Religionslehrer geworden, ein echter Gewinn für seine vielen Schüler. Mein Schwager mit seiner offenen, laut-fröhlichen Art hat eine tolle Gabe, mit Kindern und Jugendlichen umzugehen. Gelegentlich haben wir gegeneinander Fußball gespielt, wobei er gern einmal ein Bein stehen ließ, dieser Schuft!

Weil alles so schnell ging mit Renate und mir, waren wir darauf bedacht, dass vorerst niemand wissen sollte, dass wir zusammengehören. Ehe wir uns verlobten, ging Renate für drei Monate als Gastschülerin zur MBK Mädchenbibelschule in Bad Salzuflen. Getrennt zu sein fiel uns schwer, aber wir fanden es richtig so.

In der Gemeinde am Südstern hatte ich neunzehn Konfirmanden übernommen. Ihr Geburtsjahr, 1945, war das Jahr der Zerstörung Berlins. Die Kinder seien total versaut, sagte mein Chef. Er käme mit ihnen nicht klar. So sollte ich den Unterricht übernehmen. Ich tat es gern – und scheiterte kläglich. Wie ein Dompteur, der seine Meute nicht zähmen konnte, so kam ich mir vor. Dabei hatte ich mich auf sie gefreut, wollte sie zum Glauben führen. Ich war verzweifelt: Was werden die nach solch einem unseligen Unterricht noch vom Glauben wissen wollen? Sie werden nie mehr Gottes Wort hören wollen, nie zum Glauben kommen, nicht gerettet werden. Ich spürte die Ewigkeit so nahe. Auf den Knien habe ich Gott angerufen, sich über die Kinder und mich zu erbarmen.

Den jungen Christen im Kreis erzählte ich meine Not. Wir beteten für diese Rabauken. Und dann hatte ich einen Plan. »Ich möchte eine Konfirmandenfreizeit machen, dabei brauche ich eure Hilfe.« »Wir kommen mit«, sagten die jungen Christen, der Theologiestudent Günther allen voran. Die Silvesterfreizeit war für die Konfirmanden Pflicht. Proteste halfen nicht: »Wer nicht mitkommt, wird nicht konfirmiert!« Dann ging es los. Die Christen mischten sich unter die wilde Horde. Die staunte Bauklötze, dass normale Leute an Gott glaubten, die Bibel lasen und außerdem gut Fußball spielten. Der Dreieinige Gott griff ein. Alle Konfirmanden, achtzehn an der Zahl, ließen sich auf Christus ein. Der neunzehnte war krank geworden, hatte ein ärztliches Attest. Der Unterricht war nun wie ausgewechselt. Jetzt machte es Spaß, mit den Heranwachsenden zusammen zu sein. Pastor Weber war sprachlos. Sie wollten unbedingt schon vor der Konfirmation in den Jugendkreis zu ihren neuen großen Freunden.

Ich war um einige Erfahrungen reicher: Für Konfirmanden auf den Knien vor Gottes Angesicht zu ringen hat gute Auswirkungen! Freizeiten durchführen stiftet Gemeinschaft. Gestandene junge Christen unter die Konfis mischen, Leute, die beten können und Fußball spielen, sie als geistliches Team bei Konfirmandenfreizeiten einsetzen, das hilft. Die Konfis fassten Vertrauen zu den Christen und ihrem Christus. Eines Tages stand Direktor Hermann Haarbeck vor meiner Tür. Überraschungsbesuch. Ich kochte ihm eine Tasse Kaffee und wollte ihm gerne ein schönes Marmeladenbrot servieren, doch das Brot war hart und Butter hatte ich auch gerade nicht. Er quittierte es mit einem Lächeln. Nach einer Woche kam ein herrliches Proviantpacket aus Wuppertal von seiner Frau, mit allem Drum und Dran. Danke, liebe Frau Haarbeck!

Bei den Fackelträgern

Im Sommer 1960 sollte für die Jugend eine vierzehntägige Fahrt stattfinden. Mein Vorgänger, Peter Schneider, gehörte zu den Fackelträgern, von denen ich nur wusste, dass es sie gab. Nun hatte er die Gruppe in der Klostermühle, dem Zentrum der Fackelträger in Obernhof an der Lahn, bereits angemeldet. Also musste ich nichts weiter unternehmen, als nur noch Jugendliche werben und hinfahren. Heute sehe ich auch darin die Hand des leisen Regisseurs, denn auf diese Weise bekam ich selbst Kontakt mit den Fackelträgern.

Wir waren eine stattliche Truppe. Einige Wilde aus der Teenagergruppe hatten sich auch angemeldet, hartgesottene Burschen. Besonders »Kalle« war unausstehlich, grölte rum, redete dummes Zeug. Mit der Bahn zuckelten wir los. Berlin – Obernhof. Unterwegs fingen die Burschen an, fremde Mädchen anzupöbeln und Karten zu spielen. Ich geriet ins Schwitzen: Wenn das die Gemeindeältesten in Berlin hören, dass man unter meinen Augen Karten gespielt hatte ... Inzwischen war ich ja bereits Leiter der Station in Schöneberg.

In der Klostermühle angekommen, traf ich Frau Rosi Berger. Sie war die Sekretärin und gute Seele des Jugendzentrums. Gerade wäre eine Gruppe von sechzig Jugendlichen abgefahren, erzählte sie. Ziemlich alle wären zum Glauben gekommen. Mir blieb die Spucke weg. Obwohl ich Tolles mit den Berliner Konfis erfahren hatte, fand ich das nun doch maßlos übertrieben. Im Johanneum hatte ich gehört: »Der normale Erfolg im Reiche Gottes ist der Misserfolg.« War die junge Dame etwas überdreht? Ich konnte nicht ahnen, dass Renate und mich einmal eine lebenslange Freundschaft mit Rosi Berger verbinden würde.

Dann kam das erste Meeting, abends, 20 Uhr. Wir saßen mit etwa hundert Jugendlichen aus verschiedenen Gegenden Deutschlands dicht gedrängt zusammen. Amerikaner, Engländer, Franzosen und Italiener waren auch dabei. Die meisten konnten Englisch. Der Leiter der Klostermühle war ein Amerikaner, Dr. Dwight Wadsworth. Er schlug in seine Gitarrensaiten und sang Spirituals. Seine Frau Velma spielte Klavier. Wir waren hin und weg. Gospelsongs, englisch oder verdeutscht. Man durfte sich Lieder wünschen. Herrliche Stimmung. Dann predigte Stuart Briscoe, der schöne Brite, mit Humor und tiefem Ernst. Rosi Berger übersetzte. Wir waren begeistert. Auch Kalle riss sich zusammen. Nach einigen Tagen sprach ein junger Italiener. Er war katholischer Priester, Domenico Salvato, Professor der Theologie an der Universität in Bari. Durch die Meetings wehte der Heilige Geist und mit ihm der Duft der großen, weiten Welt. Die ersten unserer Hardliner machten mit dem Glauben ernst. Sie hatten erfahren, dass Jesus nicht tot ist, sondern lebendiger als wir alle zusammen. Schlicht und einfach wurde erklärt, dass er in unseren Herzen wohnen möchte. Wenn wir sein Anklopfen hören, könnten wir ihm in einem Gebet sagen, er solle hereinkommen, um in unserem Leben zu wohnen. In der Bibel stünden nämlich zwei wichtige Sätze:

1. *»Kommt her zu mir, alle« (Matthäus 11,28a)*
2. *»Wer zu mir kommt, den werde ich nicht hinausstoßen« (Johannes 6,37b)*

Mehr und mehr öffnete der Auferstandene die Herzen. Kalle blieb hart. Dann geschah etwas, was mich irritierte – und eine Lektion in praktischer Theologie für mich wurde. Domenico, der Priester und Theologieprofessor, kümmerte sich auf eine Weise um Kalle, wie ich es – schon aus Angst vor dem gestrengen »Pietkong« (Eine Kombination aus Pietist und Vietkong: ein überkorrekter Glaubenskämpfer) in der Stadtmission am Südstern – nie gewagt hätte. Domenico und Kalle zogen Arm in Arm grölend durchs Freizeitgelände und dann durchs Dorf. Jeder musste denken, die beiden hätten zu tief ins Glas geschaut. Domenico wurde dem Halbstarken ein Halbstarker.

Abends predigte der Priester wieder: einfach, verständlich, mit italienischem Akzent, Ruhe ausstrahlend und um die Herzen ringend. Diesem Ansturm der Liebe hielt Kalle nicht lange stand. Er wurde Christ.

Bei den Fackelträgern war einiges anders, als ich es bisher in christlichen Kreisen erlebt hatte: nicht fromm verkrampft wie am Südstern in Berlin, nicht so intellektuell wie bei den EC-lern in Wuppertal, nicht vornehm zurückhaltend wie in der Senne. Bei den Fackelträgern wurde lauter gelacht, fröhlicher geglaubt, freier über das Geheimnis des Glaubens geredet und mutiger bekannt, ohne dass es komisch wurde. Bei allem aber versuchten suchten sie, die jungen Leute für Christus zu gewinnen – mit Bildern und Beispielen, die auch der Einfachste verstand.

Die Fackel der Fackelträger – so empfand ich es – war die Liebe zu Gott und den Menschen. Die Mitarbeiter der Klostermühle legten ihr Herz in die Waagschale, riefen unkompliziert zum Glauben. Dabei habe ich nie erlebt, dass sie Druck ausübten. Sie machten Gott schön und luden zu ihm ein wie zu einem großen Fest. In diesen Tagen saß ich manchmal mit dem kleinen Bruce Wadsworth, dem Sohn von Dwight und Velma, im Gras. Von ihm hörte ich zum ersten Mal den Namen John F. Kennedy. Bruce war in Sorge, dass dieser Mann möglicherweise amerikanischer Präsident werden könne, der wäre nämlich katholisch.

Die Fackelträger hatten eine Winterbibelschule. Als wir wieder in Berlin waren, sagte Kalle: »Da will ich hin!« Auch die anderen rauen Burschen hatten mit dem Glauben an Jesus ernst gemacht. Paulus hat einmal geschrieben, er sei den Juden ein Jude und den Griechen ein Grieche geworden, um etliche zu erretten. Domenico Salvato war einem kleinen Wilden ein kleiner Wilder geworden. Wer mit dem Glauben ernst machen wollte, wandte sich an Stuart oder Dwight, die Mädchen an Rosi oder Velma. Danach sagten die Teenager: »Ich gehöre jetzt auch dazu.«

So bin ich zu Stuart und habe ihn gefragt: »Was erzählst du den Leuten, wenn du mit ihnen allein bist? Was machst du, dass sie sagen können, sie würden jetzt auch zu Jesus gehören?«

»Well, willst du kommen mit mir?«, antwortete Stuart. Also kam ich mit, saß dabei, als er zwei Burschen noch einmal die beiden Bibelstellen zeigte, die er sie laut lesen ließ. Dann fragte er sie etwa so: »Vertraut ihr Jesus, dass er euch liebt und einlädt, zu ihm zu kommen? Wollt ihr ihm nachfolgen?«

Sie antworteten: »Ja!« (Wie bei einer Konfirmation).

»Dann solltet ihr es festmachen«, sagte der Engländer.

»Ja, wie?«

»Habt ihr schon mal gebetet?«

»Früher.«

»Dann tu es doch jetzt, lade Jesus ein, in dein Herz zu kommen.«

Das taten sie: »Jesus, ich lade dich ein. Komm in mein Herz.«

»Nun sagt ihm noch danke dafür, dass er in euer Herz gekommen ist.«

»Danke, Jesus, dass du in mein Herz gekommen bist.«

»Great«, sagte Stuart, »ihr gehört dem Schöpfer der Welt, habt das ewige Leben. That's wonderful!« Später erklärte Stuart mir, dass es wichtig sei, sie zu fragen, ob sie Jesus vertrauen und ihm nachfolgen wollen. Wenn sie »ja« sagten, sei klar, dass Gottes Wort durch den Heiligen Geist an ihnen mächtig gewirkt habe. Keiner könne aus sich selbst heraus glauben. Dann solle ich sie ermutigen, es für sich persönlich festzumachen.

Ich erinnerte mich: Festmachen heißt auf Latein *confirmare*. Stuart hatte mich gelehrt, wie man jemandem in aller Einfachheit hilft, den Schritt über die Linie zu tun. Eine Art Nachkonfirmation. Er hatte mich zuschauen lassen, wie er es tat. Das Geheimnis des Evangeliums liegt in der Einfachheit, nicht in der Kompliziertheit.

Ich habe damals gelernt, dass Konkretion und Schlichtheit jungen Teenagern hilft, mit dem Glauben ernst zu machen. Da Gottes Reich den Kindern offen steht, muss es auch kindgemäße Wege geben, sie zu Jesus zu führen. Es ist ein Irrtum, das Verstehen der Bibel vorwiegend von Klugen und Weisen erwarten zu wollen, und Kindern und Teenagern aus Angst vor zu großer Einfachheit die Hilfe bei dem entscheidenden Schritt schuldig zu bleiben. Nicht akademische Theologie, sondern der Heilige Geist wird in alle Wahrheit leiten. Manch eine Mutter, vom Geist bewegt, hat ihrem Kind möglicherweise sachkundiger vom Heiland erzählt, als ein mit allen theologischen Wassern gewaschener Theologieprofessor es gekonnt hätte. Mir war auch aufgefallen, dass die lebendigen Jugendkreise, die ich bis dahin kennengelernt hatte, meistens aus Gymnasiasten und Studenten bestanden. Arbeiter und Lehrlinge, Leute, die »auf Bude« gingen, fand man dort selten.

Und noch etwas wurde mir bald klar: wie wichtig lebendige Gemeinden sind. Was wird aus den Jugendlichen, wenn sie nach ihrem ersten Schritt in die Nachfolge zu Hause nicht den geistlichen Nährboden finden, den sie nun brauchen? Oft bin ich später mit Konfirmanden und anderen Jugendlichen in die Klostermühle gefahren. Irgendwann begann es, dass ich auch in ihrer Bibelschule habe unterrichten dürfen.

Viele Jahre später ist mir etwas Schönes gelungen. Ich konnte dazu beitragen, dass der von mir geliebte und verehrte Professor für Praktische Theologie, Dr. Rudolf Bohren, zweimal je eine Woche als Lehrer in der Kurzbibelschule der Klostermühle war. Das zweite Mal waren seine Frau, Ursula Bohren, und ihr kleines Hündchen dabei. Abends saßen wir bei dem Bibellehrer Heiner Eberhard und tranken einen guten Tropfen. Rudolf Bohren, der weltbekannte Theologe, war den Fackelträgern ein Fackelträger geworden.

Lehrling ohne Meister

Nach einem halben Jahr Jugendarbeit in der Kirche am Südstern übertrug man mir die Leitung der Missionsgemeinde in Schöneberg. Die Einführung war am 3. April 1960. Nun war ich Leiter einer kleinen Gemeinde und hatte doch keine Ahnung, wie das geht.

Am 17. April 1960 feierten Renate und ich unsere Verlobung. Unsere standesamtliche Trauung hatten wir für den 12. August geplant, dem 50. Geburtstag von Renates Mutter. Damals schien es unmöglich, in Berlin eine Wohnung zu bekommen. Wir lasen Zeitungsinserate, riefen von Telefonzellen aus an. Es war hoffnungslos. An einem Sonnabend beschlossen wir, einfach loszugehen und in Schöneberg Hausbesitzer oder Verwalter zu fragen. Vorher haben wir gebetet, weil wir wussten, dass der Größte sich gern um das Kleinste kümmert. Wir marschierten los. Jeder Atheist würde glauben, es wäre Zufall gewesen. Für uns aber war es ein Echo aus der unsichtbaren Welt: Noch am gleichen Tage hatten wir sie gefunden, unsere kleine Wohnung, im 3. Stock des Hinterhofs, Berlin W 30 (Schöneberg), Traunsteinerstr. 2. Der Mietvertrag wurde am 11. Juli 1960 unterschrieben, das Mietverhältnis begann am 1. September 1960. Die Mietkosten betrugen monatlich 81,30 DM.

13. August 1960: Trauung in der Südsternkirche

Da wir noch in Kreuzberg gemeldet waren, hatten wir dort die standesamtliche und einen Tag später die kirchliche Trauung. Letztere fand in der Südsternkirche statt. Es kamen so viele Leute – zwei Gemeinden, samt Kirchenchor unter der Leitung von Kantor Ulrich Kälberer – sodass Ursula Bernhard von der Mitternachtsmission meinte, sie wäre wohl auf der Hochzeit von Präsident Eisenhower gelandet. Kurt Neumann, Johannes Praetorius und Martin Steege waren aus der Senne angereist. Siegfried Dehmel, der Freund, der zusammen mit Helga Ziethen Trauzeuge war, hatte eine Hochzeitszeitung mit tollen Reimen verfasst. Für eine Hochzeitreise nach Las Vegas fehlte uns gerade das Kleingeld. So machten wir uns kurzerhand nach Obernhof auf. Renate sollte die Fackelträger auch kennenlernen.

Siegfried Dehmel begann seinen Dienst im Wedding. Ein anderer Absolvent des Johanneums, August Kunas, war schon ein Jahr vor uns nach Berlin gekommen. Er leitete eine Gemeinde in Kreuzberg. Als er seine Christa geheiratet hatte, konnten Renate und ich ihnen bei ihrer Wohnungssuche behilflich sein. In seiner gewinnenden Art hat August unseren Hausbesitzer bewegen können, auch an ihn zu vermieten. So wohnten wir in der Hinterhofwohnung im dritten Stock und Kunas' bekamen die Parterrewohnung unter uns. Das war besonders geschickt, als Christa schwanger wurde. Was wäre, wenn die Zeit der Geburt käme und August gerade nicht zu Hause war? Telefon hatten wir nicht. Doch wir hatten eine glorreiche Idee: Wir banden oben in unserem Wohnzimmer vier Weinflaschen mit einem Band an den Hälsen zusammen und befestigten daran eine lange Schnur. Diese wurde durchs Fenster bis ins Wohnzimmer von Kunas' hinuntergelassen. Die Fenster blieben leicht geöffnet. Würden sich erste Wehen einstellen, sollte Christa ziehen und die Flaschen bei uns oben zum Scheppern bringen. So kehrte, was diese Sorge betraf, Ruhe ein. Eigentlich schade, dass das Ganze dann doch nicht gebraucht wurde. Als die Wehen anfingen, war August leider zu Hause.

Für mich hatte in der Missionsgemeinde Schöneberg der Alltag begonnen. Ich habe zu predigen versucht, alles Mögliche ausprobiert, wollte herausfinden, wie es am besten gelingt, so zu predigen wie Hermann Haarbeck – und nun auch ein bisschen wie Dwight Wadsworth und Stuart Briscoe. Ich kam mir vor wie ein Lehrling ohne Meister. Wen konnte ich fragen, wem etwas abschauen? Im Johanneum hatte ich von Helmut Ockert gehört, dass die Predigt des Wortes wichtiger sei als vieles andere in der Gemeinde. Das habe ich ihm geglaubt.

Die große Gemeinde am Südstern hatte Konfirmanden gehabt. Die kleineren Missionsgemeinden hatten das nicht. So begann ich, Kinderwochen durchzuführen. Zu Werbung fertigte ich einfache, aber wirkungsvolle Handzettel an. Ich malte witzige Kinderzeichnungen aus Max und Moritz ab und ließ eine Kinderschar auf das Tor unserer Stadtmission zustürzen. Textlich versuchte ich mich als Goethe und schrieb den Vers: »Lilo, Fritze, Müllers Sohn, alles rennt zur Stadtmission!« Jemand nannte mich den Rattenfänger von Schöneberg. Sei's drum. Die Kinder kamen und hörten Gottes Wort. Wir hatten auch eine Kinderstunde. Zu der kam Fräulein Rusch. Sie war zwischen siebzig oder achtzig Jahre alt. In ihrem Schlepptau waren zwei kleine Jungen aus ihrem Häuserblock. Die wären ohne sie wohl nie im Leben unter das Evangelium gekommen. Dank Fräulein Rusch nahmen die beiden regelmäßig teil. Etwa fünfzehn Jahre später war ich zu einem Jubiläum in die alte Gemeinde eingeladen. Da standen zwei junge Männer in der Tür und begrüßten die Leute. Sie kamen mir bekannt vor. Dann dämmerte es mir: Das waren die beiden aus dem Hinterhof von Fräulein Rusch. Sie hatte zwei Kinder unter Gottes Wort geführt! Bestimmt hat sie auch für die beiden gebetet. Damit hat sie viel getan. Die Treue einer alten Frau hat sich sinnstiftend erwiesen. Plötzlich bekam auch hier alles einen Sinn.

Die »Großen« dieser Welt

Berlin lag mitten in der Deutschen Demokratischen Republik (DDR). Als ich im Sommer 1961 wieder mit einer Jugendgruppe der Stadtmission zur Freizeit bei den Fackelträgern in Obernhof war, begann man am 13. August, eine Mauer quer durch Berlin zu ziehen. Der Unrechtsstaat hielt es nicht aus, dass täglich Tausende aus der Republik flüchteten. So sperrte die Regierung die eigenen Bürger ein. Vor dem Bau der Mauer war in Ostberlin ein Besuch von Chruschtschow angesagt, dem damaligen Ministerpräsidenten der Sowjetunion (UdSSR). Das habe ich mir nicht entgehen lassen, bin mit der U-Bahn schnell mal hin. Da fuhren die Mächtigen dieser Welt im offenen Wagen in Rufweite an mir vorbei. Walter Ulbricht und Otto Grotewohl waren mit von der Partie.

Wir wohnten am Kaiser-Wilhelm-Platz in Schöneberg. Wenn in Tempelhof hohe Staatsgäste landeten, fuhren sie im offenen Wagen zum Rathaus zum Staatsempfang. Ihr Weg führte an unserem Haus vorbei. Wir konnten ihnen aus den Fenstern zuwinken und sie mit unserer Schmalfilmkamera filmen: John F. Kennedy, der US-Präsident, fuhr mit Bundeskanzler Konrad Adenauer und dem regierenden Bürgermeister Willy Brandt an uns vorbei. Dann erfolgte Kennedys Rede vor dem Rathaus Schöneberg mit dem viel umjubelten Satz: »Ich bin ein Berliner!« Später kamen Queen Elisabeth II. und Sir Philip Mountbatten ebenfalls kurz vorbei, samt Ludwig Erhard, dem neuen Bundeskanzler. Wir winkten und sie winkten artig zurück.

1961 war der Deutsche Evangelische Kirchentag in Berlin. Da mussten viele Helfer her. Für die Abschlussveranstaltung im Olympiastadion hatte man mir die Leitung der Ordnergruppe anvertraut, die für den Prominentenblock zuständig war. So wurde mir die Aufgabe zuteil, den regierenden Bürgermeister, Willy Brandt, zu seinem Platz zu führen. Bischof Otto Dibelius war auch in der Nähe. Ihm habe ich in seinen Mantel geholfen, was für ihn sicherlich ein unvergessliches Erlebnis war...

In meinem ersten Berliner Jahr fand eine große Zeltevangelisation mit Billy Graham statt, dem Ausnahmeprediger aus den USA. Es war faszinierend, wie er und sein Dolmetscher, Peter Schneider, zu einer Stimme zusammenwuchsen.

Treppauf, treppab

Wir nannten uns Missionsgemeinde, als ob für die Kirche etwas anderes in Frage käme, als Missionsgemeinde zu sein. Die Schöneberger Gemeindemitglieder setzten sich voll ein. Alle, auch die Alten und Kranken, sahen sich unter dem Missionsbefehl und waren betend und opfernd in die Sendung einbezogen. Familie Barsch, Frau Friedel Naecke, Frau Susanne Maetzing, Familie Schlesinger und andere verrichteten wichtige Dienste. Einen Kreis junger Erwachsener gab es auch. Christa Barsch und ihre Brüder, Hans-Martin und Walter, sowie Gisela Timm waren treue Mitarbeiterinnen und Mitarbeiter.

Mich bekümmerte, dass wir, wie ich es zumindest empfand, doch zu sehr im Ghetto lebten, zu wenig über unseren kleinen Kreis hinaus wirksam waren. »Wie kommen wir an die Menschen heran?« Diese Frage haben August Kunas und ich oft am Diensttelefon bewegt. Gemeint waren die Menschen außerhalb der Kirche. Mehr und mehr verfestigte sich bei August die Meinung, dass man Volltheologe sein müsse und Pastor einer Kirchengemeinde. Dadurch fände man besser Kontakte mit Fernstehenden. Außerdem würde man als Akademiker ernster genommen. Später ist August mit atemberaubender Konsequenz und Energie seiner Erkenntnis gefolgt. Der Schuhmacher schaffte nebenher sein Abitur, studierte Theologie, wurde Pfarrer. Nebenbei hatte er dann, wie mir schien, seinen Christusglauben etwas verloren. Sein Credo war zeitweilig auf den ersten Artikel des Bekenntnisses zusammengeschrumpft: »Ich glaube an Gott, den Schöpfer Himmels und der Erden.« Mehr sei historisch-kritisch nicht drin. Bald aber hat ihn der Heilige Geist wieder eingeholt.

In den Jahren, »in denen die Historisch-Kritische Forschung ihre Sätze deklamierte wie die Zeugen Jehovas ihre Bibelstellen« (R. Bohren), hat mir ein Buch von Paul Schütz geholfen: »Die Kunst des Bibellesens: Verlust und Wiedergewinnung des biblischen Maßstabs«. Er schrieb:

> *In der wissenschaftlichen Kritik bestimmt die Methode den Gegenstand. Sie bestimmt die Bibel in ihrem Charakter als ›ein Buch wie alle anderen‹. Das geschieht analog zum Experiment, das seinerseits die Natur zu seinem Gegenstand macht. Das Experiment erfährt von der Natur das, um was sie vom Experiment befragt wird: Kausalitäten, Quantitäten, nicht mehr. Ihr Wesen erfährt es nicht. Gerade dies verschließt das Experiment. So erfährt auch die historische Kritik von der Bibel nur das, worauf ihre Frage geht: Kausalität, Feststellbarkeiten. Die Methode schließt das Geheimnis der Bibel aus; sie muss es ausschließen, weil Wissenschaft grundsätzlich an ihm scheitern muss. Geheimnis darf es in ihr nicht geben.*[1]

Zurück nach Schöneberg: Ich spürte, dass ich zu Jugendlichen einen guten Draht hatte. Es mangelte aber an Anknüpfungspunkten. So pilgerte ich zum Pfarrer unserer Apostel Paulus-Kirchengemeinde, die jährlich etwa 130 Konfirmanden zu verkraften hatte. Herrn Pfarrer Frisch trug ich meine Bitte vor, mir Adressen von ehemaligen Konfirmanden zu geben, die nie mehr im Gottesdienst oder sonst in der Gemeinde gesehen worden sind. Ich würde sie gerne besuchen und zum Kreis junger Erwachsener der Stadtmission einladen. Nach einigem Zögern gab mir Herr Frisch eine Liste mit etwa 300 Namen und Adressen. Die Bemerkung, die er damals machte, empfand ich als befremdlich. Heute empört sich mein innerer Mensch: »Ich weiß, nun sind sie für meine Gemeinde verloren.« Wir gehörten zur evangelischen Kirche in Westberlin, aber der Pfarrer spürte Konkurrenzneid.

Ich machte mich auf die Socken. Treppauf, treppab besuchte ich ehemalige Konfirmanden der Apostel-Paulus-Kirchengemeinde in Schöneberg. (Unser dreijähriger Martin sprach von der Onkel-Paulus-Kirche). Gleich der erste Besuch bei einem Siebzehnjährigen machte Mut. Er und seine Schwester würden gerne kommen, was sie auch taten. Dann kam lange nichts. Dafür musste ich mir schreckliche Dinge über die Kirche aus der Perspektive von Berliner Teenagern anhören. Superintendent Julius Rieger bat mich, in der Pfarrkonferenz von meinen Besuchen zu berichten. Das tat ich treuherzig und naiv. Nach positiven Erlebnissen berichtete ich von der Kehrseite, die ich auch erlebt hatte, und zitierte einen Achtzehnjährigen: »Wissen Se, wat ick meenen Kumpel jesacht hab, als wir aus den Konfajottesdienst auszogen?«

»Nee. Wat haste jesacht?«

»Jetzt jehn wir inne Kneipe, wa, und schütten den Dreck erst mal runter.«

Nach der Pfarrversammlung fauchte mich Pfarrer Frisch an: »Hätte ich das gewusst, ich hätte Ihnen die Adressen nie gegeben!«

Mir lag fern, seinen Unterricht in ein schlechtes Licht zu rücken, ich wollte nur aufzeigen, wie wir draußen empfunden werden. Da müsste man doch nach den Gründen suchen. Es ließ sich folgern, welch ein Bild von Kirche jene Konfirmanden, einmal selber Eltern, ihren Kindern vermitteln würden. Die Zahl derer, die sich konfirmieren lassen, ist seit damals dramatisch zurückgegangen; 2009 bis 2011 waren es in der Apostel-Paulus-Gemeinde zusammen mit der Gemeinde Alt-Schöneberg siebzehn Konfirmanden.

Im Jahr 1963 habe ich Stuart Briscoe zu einer Jugendevangelisation eingeladen. Seine Übersetzerin, Christa, war mit von der Partie. Zunächst gingen wir in die Schulen. Stuart stellte den Schülern Jesus regelrecht vor Augen. Christa übersetzte. Als Stuart über den wichtigen Socker-World-Cup redete, sprach die an sich recht sportliche Dame von der wichtigen Fußball-Welt-Tasse. Auch sonst gab es viel zu lachen. Abends, zu den Hauptvorträgen, war unser Saal gerappelt voll. Das hatte Gründe. Zwei junge Männer waren mit ihren Jugendgruppen erschienen, Bernhard Rebsch und Hartmut Bärend. Bernhard leitete später Campus for Christ in Berlin und danach die Klostermühle in Obernhof. Hartmut hat Theologie studiert, wurde persönlicher Referent des Berliner Bischofs, Kurt Scharf, leitete dann die Mädchenbibelschule in Bad Salzuflen und war zuletzt Generalsekretär der Missionarischen Dienste der Evangelischen Kirche in Deutschland (EKD), eine Aufgabe, die er mit großer Liebe, Weisheit und Umsicht bewältigte.

Mission mit Zarah Leander

Mit mutigen Mitarbeitern suchten wir den Schönebergern das Evangelium zu bringen. Wie aber sollten wir die erreichen, die von der Kirche nie erreicht worden waren? Mir war klar, dass wir dorthin gehen müssen, wo sie sind, z. B. zu den Leuten in den Lokalen und Gasthäusern. So begann ich Vorträge in Schöneberger Kneipen zu halten. Handzettel und kleine Plakate wurden gedruckt und an die Wände in den Hausfluren geklebt. Jemand besorgte einen PKW mit Lautsprecher. Damit fuhren wir kreuz und quer durch die Straßen rund um die Häuserblocks in Schöneberg. Unsere Musik, so hoffte ich, drang bis in die letzte Hinterhofwohnung. Die große Zarah Leander wurde eingespannt. Ihre Stimme erschallte in den Straßen und Gassen der näheren Umgebung: »Kann denn Liebe Sünde sein? Darf es niemand wissen, wenn man sich küsst, wenn man einmal alles vergisst vor Glück …« Dann folgte die Lautsprecherdurchsage: »Achtung, Achtung! Hier spricht die Berliner Stadtmission in Schöneberg. Heute Abend, 20.00 Uhr, findet in der Gaststätte XY ein wichtiger Vortrag statt. Thema: Kann denn Liebe Sünde sein? Es spricht Klaus Eickhoff. Anschließend Diskussion. Eintritt ist frei.«

Ob wir auch Freibier gespendet haben, weiß ich nicht mehr. Es kamen allerhand Leute aus dem Schöneberger Milieu nach dem Motto »Endlich mal was los!« oder »Man gönnt sich ja sonst nichts!« Ehe Oswald Kolle sein Buch »Das Wunder der Liebe« im Jahre 1968 schrieb, waren wir mit dem Thema Nr. 1 – Sex – schon zu den Menschen unterwegs. Es sollte der Köder sein, um Menschen für Gott zu fangen. Ein durchschlagender Erfolg war uns nicht beschieden. Irgendein Frommer, der mir unbekannt war, schrie mich eines Abends an: »So tief seid ihr gesunken? Jetzt geht die Stadtmission sogar in die Kneipen!«

»Da gehört sie hin«, konterte ich.

Natürlich war alles stümperhaft, anfänglich, unprofessionell. Bald merkte ich, dass mit solchen Aktionen der große Durchbruch bei der Berliner Bevölkerung nicht zu erzielen war.

Im Gesamtwerk der Berliner Stadtmission hatte durch Heinrich Giesen so etwas wie eine Kopernikanische Wende eingesetzt: Er, der ehemalige Generalsekretär des Deutschen Evangelischen Kirchentags, in Deutschland sattsam bekannt, wurde 1961 unser neuer Direktor. Es wehte ein frischer, weltoffener Wind. Ob es immer das Wehen des Geistes war, weiß ich nicht, aber menschlicher Pfiff, Großmut und Begeisterung sind auch nicht zu verachten. Heinrich rauchte gern. Einmal hatte eine Gemeinde in ihrem Saal eine Ältestensitzung mit ihm. Der Tisch, an dem sie saßen, war in der Nähe des Altarraums aufgestellt, in dem sich auch ein Kreuz befand. Unser Mann von Welt zündete sich genüsslich eine Zigarette an und blies einen weißen Kringel in den Raum. Das war einem der Ältesten ein Dorn im Auge: »Herr Pastor, unter dem Kreuz raucht man nicht!« Darauf Heinrich: »Ich rauche immer unter dem Kreuz.« In diesen Tagen war die Gelegenheit günstig, dem Hinterhofmilieu zu entkommen. Nebenan stand die gesamte erste Etage zur Vermietung an, mit der Vorderfront zur Hauptstraße. Heinrich Giesen sorgte dafür, dass es zu dem Ortswechsel kam. Die Räumlichkeiten zogen sich von der Vorderfront hin bis in den Hinterhof, wo wir unsere Wohnung bekamen.

Am 27. Januar 1963 wurde die *Belle Etage* eingeweiht. Draußen prangte ein großes blau-weißes Schild: SM – Stadtmission. Neben dem Andachtsraum war eine Bar eingerichtet worden. Wir nannten sie Coca-Cola Bar, um anzudeuten: Kein Alkohol! Es gab einen Raum mit Tischtennis und Billard. Großes Telerama-Fernsehen hatten wir auch.

Nun standen uns tolle Räume zu Verfügung, aber immer noch hatten wir keine organischen Kontakte zu jungen Leuten. Die Kirchengemeinden beneidete ich um ihre Konfirmanden. Ihnen wurde das Missionsfeld wie ein Teppich in die Kirche gerollt. Ob sie sich über ihren Vorzug im Klaren war?

Wir reden miteinander

Heinrich Giesen machte einen Vorschlag, den ich für utopisch hielt: »Stellen Sie sich vor die Tür der SM auf den Bürgersteig und sprechen Sie junge Leute an.« Ja, junge Leute flanierten allabendlich viele vorbei. Oft hatte ich schon oben am Fenster gestanden und gedacht: Wie kriegt man sie in unsere Räume? Giesens Tour war ungeeignet, da war ich sicher. Ich ließ dennoch von einem Profi ein Schild mit Ständer anfertigen. Auf rotem Grund prangte in schöner weißer Schrift: »Wir reden miteinander.« Damit postierte ich mich auf den Bürgersteig. Berliner reden gern. Es kam zu tollen Gesprächen, erst unten vor unserem Eingang, dann oben in unseren Räumen. Giesen hatte recht behalten. Eine Gang von »Halbstarken« bevölkerte nun unsere Räume. Einige hatten schon mit dem Jugendrichter Bekanntschaft gemacht. Tischtennis, Billard, Kartenspielen und Fernsehen war Hauptprogramm. Das wurde abends für dreißig Minuten unterbrochen: »Gottes Wort an junge Leute«, nannte ich diese sanft erzwungene spirituelle Pause. Immer wieder kam es zu guten Gesprächen, sodass die halbe Stunde manches Mal überzogen wurde. Mit der »normalen Gemeindearbeit« erwies sich die neue Betätigung als nicht kompatibel. So liefen zwei völlig verschiedene Gemeindekonzeptionen fast ohne Berührungspunkte nebeneinander her.

Das gute Verhältnis mit den Burschen, das ich trotz aller Reibereien mit ihnen hatte, wurde bald auf die Zerreißprobe gestellt. Rolf war in den Verdacht geraten, am Mittwoch vor einer Woche ein Moped geklaut zu haben. Vor der Polizei hatte er es bestritten. Er sei am fraglichen Abend in der Stadtmission gewesen. Die Polizei suchte mich auf. Der Vorflur war nur durch eine dünne Glaswand von den weiteren Räumen getrennt. Während die Beamten mit mir sprachen, drückten sich Gottes geliebte Gauner auf der anderen Seite die Nasen an den Glasscheiben platt. Ob Rolf am besagten Mittwoch da gewesen wäre, fragten die zwei Polizisten. Das konnte ich beim besten Willen nicht mehr wissen. Ohne zu zögern, sündigte ich tapfer (Luther) und sagte: »Rolf war hier.« Die Hüter der Ordnung verabschiedeten sich. Als ich die Tür hinter ihnen geschlossen hatte, hörte ich jenseits der Glaswand: »Er verpfeift uns nich bei die Bullen!« Ich hatte möglicherweise eine falsche Aussage gemacht, dennoch will sich keine rechte Reue einstellen. Unserem Miteinander jedenfalls hat das gutgetan. Und heute ist es verjährt, wenigstens auf Erden.

Einmal haben wir mit der wilden Horde eine Fahrt zum internationalen Zentrum der Fackelträger, Capernwray Hall, in England, gemacht. Wir, das waren Johannes Hoene und ich. Johannes war Heinrich Giesens Vikar. Der hatte ihn an mich weitergegeben. Johannes war mir eine echte Hilfe in geistlichen wie in praktischen Dingen. Er konnte sogar, ohne die Nase zu rümpfen, verstopfte Klos reparieren. Die Fackelträger waren für mich so etwas wie eine letzte Hoffnung für unsere stahlharten Burschen. Ob Capernwray geistlich etwas bewirken würde? Nach einer stressigen Nachtfahrt auf dem Ärmelkanal standen wir früh morgens auf dem Bahnhof Victoria Station.

Flopp, eine besondere Blüte, hatte an einem Kiosk blitzschnell ein Pornoheft erstanden, (in England damals schon frei verkäuflich). »Kommt mal her«, trommelte er alle zusammen. Er hielt auch gleich eine Seite in die Höhe. Alle gafften. Wieder ohne zu zögern, sündigte ich abermals tapfer und haute Flopp derart eine runter, dass er fast vom Bahnsteig kippte. Pädagogisch war das sicher völlig daneben, von »christlich« ganz zu schweigen. Flopp jedenfalls war die vierzehn Tage in England ausgesprochen friedlich, fast höflich, und machte keine Probleme. Ob es auch einmal eine vom Heiligen Geist gewirkte Ohrfeige geben kann, wäre vielleicht ein Thema für eine theologische Seminararbeit.

Die Meetings in Capernwray erwiesen sich für unsere Leute als zu steil. Die Jungs störten dauernd. Wir bekamen Sondermeetings. Mehrere Redner versuchten ihr Glück. Vergeblich. Der Einzige, der bei ihnen ankam, war Bernhard Rebsch, selber Berliner, gut zu Fuß unter der Nase und das Herz am rechten Fleck. Die rauen Gesellen haben das Evangelium gehört. Vielleicht hat sich ja innerlich etwas getan. Äußerlich blieb alles beim Alten. Mehr als zehn Jahre später – da war ich bereits Pfarrer in Uelzen – flatterte ein Brief auf meinen Schreibtisch. Der Absender schrieb mir, er sei damals in England dabei gewesen. Da habe es mit dem Glauben bei ihm noch nicht geklappt, aber ein Anfang wäre es gewesen. Später sei er Bankangestellter geworden und – Christ. Er möchte mir nun gern 1 000 DM überweisen. Ich hätte ihm damals die Englandfahrt bezahlt.

Tagebuchgekritzel

Mir setzte der eiskalte Unglaube der Burschen zu. Gab es denn keinen Zugang zu ihren Herzen? Von der Filmstelle der Kirche wurde eine Reportage über hungernde Kinder in Indien angeboten. Ein herzzerreißender Streifen. Als ich das den Burschen eines Tages vorführte, lachten sie aus vollem Halse. Ich war fix und fertig. Damals fing ich an, Tagebuch zu schreiben, was sonst nicht mein Ding war. Irgendwie musste ich das verarbeiten. Auf diese Weise sind auch die folgenden Ausschnitte entstanden:

1. Mai 1963. Nach dem Gespräch habe ich eben noch einmal über unseren – meinen – Glauben nachgedacht. Dadurch, dass ich mit den Jugendlichen, die einfach nicht glauben können, so oft zusammen bin, kommt mir die Tatsache, dass ich glaube, alles andere als selbstverständlich – ja geradezu fremd – vor. Wer in dieser Welt, in der nichts davon zu sehen ist, was wir glauben, an Christus glaubt, der sollte sich wenigstens bewusst sein, wie unglaublich dieser Glaube ist …

Warum glauben wir? Menschlich ist das Geheimnis nicht zu erklären. Natürlich versuchen manche Leute, Erklärungen dafür herbeizureden. Sie meinen, wir hätten Angst vor dem Tod und gaukeln uns darum ein ewiges Leben vor. Die Angst vor dem Sterben hat bei meinem Gläubigwerden aber überhaupt keine Rolle gespielt. Angst habe ich jetzt noch davor, und doch fühle ich mich trotz dieser Angst geborgen. Das muss ich schon sagen. Aber ein Motiv zum Glauben war und ist das nicht. Mein Glaube lässt sich damit nicht erklären. Andere haben vor dem Tod geradezu panische Angst und glauben trotzdem nicht. Es kann einfach nicht jeder glauben. Ich kann es auch nicht – und doch glaube ich. Es ist tatsächlich so: Der Glaube ist ein Wunder, ein Geschenk, das außerhalb von uns liegt.

Ich kann nur sagen: »Gott wirkt den Glauben!« Und das kann ich aber eben wiederum nur sagen, weil ich das glaube ... Was haben wir dem Unglauben entgegenzusetzen? Unsere Glaubenserfahrung? Natürlich kann ich von Dingen erzählen, in denen ich Gottes führende Hand erkenne. Ich bin mir aber bewusst, dass man darin ebenso gut nur einige banale Zufälle des Lebens sehen kann. Warum glaube ich eigentlich noch, wo ich all diese Zweifelsfragen kenne, wo sie mir selber im Herzen aufsteigen? Bin ich inkonsequent? Treibe ich Vogel-Strauss-Politik – oder was ist? Ich weiß es selber nicht. Ich kann nur sagen, dass ich meines Glaubens – trotz allem, was gegen ihn spricht und was ich auch sehe – sehr froh bin. »Das Wort vom Kreuz ist denen, die verloren gehen, Torheit; uns aber, die wir gerettet werden, ist es Gottes Kraft« 1. Korinther 1,18.

Dieses Wort kann ich unterschreiben. Ich erlebe es einfach, das eine wie das andere, Torheit und Gotteskraft.

Von klein auf waren mir Menschen begegnet, die nicht an Gott glaubten und über die ernstesten Dinge ihre Witze machten. Das hier aber hatte eine andere Qualität.

Diese Ablehnung, gepaart mit dem Unwillen und auch der Unfähigkeit, über sich selbst hinaus nachzudenken, führte mir meine Hilflosigkeit vor Augen. Ich stand wie vor einer kalten Wand, die ich nicht durchbrechen konnte. Wer das Evangelium an den Mann oder an die Frau bringen will, braucht Vollmacht. Ich aber spürte nur Ohnmacht.

Fragen nach der Gabe

Unsere kleinen Missionsstationen, die nicht durch Kirchensteuermittel aufrechterhalten wurden, konnten von den Spenden ihrer Mitglieder allein nicht leben. In deutschen Landen aber gab es einen Freundeskreis, der uns unterstützte. Immer wieder einmal brachen wir Stadtmissionare auf, um Gemeinden zu besuchen, Vorträge zu halten, manchmal auch Evangelisationen durchzuführen. Die Kollekten und Spenden, die eingelegt wurden, waren für die Stadtmission. Auf diese Weise kam ich zu meinen ersten Evangelisationen, und zwar in Börninghausen bei Preußisch Oldendorf im Kreis Lübbecke, jeweils in der Adventszeit 1962 und 1963. Das war nicht weit von meiner geliebten Senne bei Bielefeld entfernt.

An einem der Abende hatte sich Heinz, mein Cousin, an einem anderen Abend Onkel Ewald in die Kirche geschlichen. Ich sah ihre fassungslosen Gesichter. Onkel Ewald kommentierte später: »Muss schon sagen, warst ganz schön feierlich.« Ich bekam einen Frosch in den Hals. Feierlich ist so ziemlich das Letzte, was ein Evangelist zu sein wünscht.

Dass ich möglicherweise eine Gabe zur Evangelisation hatte, zeichnete sich ein wenig ab. Eine Gabe wird ja geweckt und entfaltet sich, wenn sie eingesetzt wird. Schon vorher hatte ich so etwas wie ein evangelistisches Kribbeln verspürt. Und das war so:

Zu unserer ersten Kinderevangelisation in Schöneberg hatte ich einen Evangelisten der Kinderevangelisationsbewegung KEB gerufen. Von dem hoffte ich zu lernen. In Schulen und auf der Straße haben wir Kinder eingeladen. Wir hausten noch im Saal, Hauptstraße 18, auf dem Hinterhof. Am ersten Nachmittag kamen gleich an die achtzig Kinder. Der Fachmann legte los. Ich saß hinten in der letzten Reihe, begierig zu lernen, wie man so etwas macht. Je länger ich zuhörte, umso mehr aber geriet ich ins Schwitzen. Was war mit mir los? Quälte mich ein Dämon der Kritik? Dauernd dachte ich: »Das geht doch nicht! Bitte nicht so penetrant fromm! Sag es doch in normalem Deutsch. Warum so langweilig? Das kann ein Berliner Kind doch nicht verstehen. Ach nein, komm ihnen doch jetzt nicht auch noch mit der Hölle. Du machst ihnen ja Angst vor Gott.« Ohne auf einen Vergleich zurückgreifen zu können, war mir klar, dass ich hier etwas erlebte, was dem schönen Evangelium nicht gemäß war. Von Tag zu Tag leerte sich der Saal. Zuletzt kamen noch acht Kinder.

Ein Jahr später habe ich es mit Furcht und Zittern selber versucht. Wieder intensive Werbung, wieder begannen wir mit ca. 80 Kindern und endeten bei 250.

Wir hatten in Heinrich Giesen einen Chef, der evangelistisch begabt war. Er hätte uns Stadtmissionare lehren sollen, wie man evangelisiert. Das hat er nicht getan. Wer evangelisieren kann, muss evangelisieren – und andere lehren, wie man evangelisiert. Wer gut predigt, muss andere lehren, wie man gut predigt. Das ist ein Prinzip biblischer Jüngerschaft. Heinrich Giesen hätte sich Zeit nehmen müssen, uns beim Predigen zuzuhören. Danach wäre ein Gespräch zu führen gewesen, am besten in der Gemeinschaft der anderen Brüder. Heinrich hat viel Gutes getan und er hat uns gutgetan. Aber er hat wahrscheinlich auch Entscheidendes versäumt. In meinem Tagebuch lese ich:

10. Mai 1963: Heute war Konferenz in der Lenaustraße. Pastor Giesen wird von vielen angehimmelt, z.B. von P. Dietrich und Fräulein Bosse. Ich finde, bei allem Guten, was er hat, versteht er

a) nichts von klarer Auftragsbeschränkung, wodurch ihm

b) ziemlich aus dem Gesichtskreis rückt, dass er sich um uns mehr kümmern muss.

Ob ich ihm mal schreibe? Heinrich Giesen hat lange niemanden von uns predigen gehört, mich jedenfalls nicht.

Klaus Vollmer rief in diesen Monaten öfter an, kam auch zu Besuch. Dann fragte er, ob ich mir denken könnte, ins Amt für Volksmission der Hannoverschen Landeskirche zu wechseln. Der Gedanke bewegte mich, besonders die Aussicht, mit Klaus zusammen zu sein, von ihm zu lernen. Die graue Stadt zu verlassen, die Aussicht im Grünen zu wohnen, empfand ich als besondere Zugabe für Renate und unsere Kinder. Diese begeisternden Gedanken aber wurden mir zum Problem. War das nicht die böse Lust, die danach schielt, vor vielen zu stehen und gehört zu werden? Hatte Gott mir nicht Berlin verpasst und ich wollte in ein liebliches Bauerndorf? Ich hatte damals noch nicht Blumhardt gelesen, der dem jungen Thurneysen ähnliche Skrupel nahm: »Im Schönen, das Sie begeistert, erleben Sie Gott.«

Evangelisieren zu lernen begeisterte mich. Im März 1964 habe ich mit Heinrich Giesen zum ersten Mal über die Absicht gesprochen, nach Hannover zu gehen. Er gab sich überrascht, dass ich mit meinen 28 Jahren schon wissen wollte, was der richtige Weg für mich sei. Er hielt mich für zu jung, darüber Klarheit zu haben, in welche Richtung es gehen würde. Einen Reim konnte ich mir darauf nicht machen.

Noch im selben Jahr, im November 1964, hatten wir gemeinsam einen Dienst in der Stettiner Straße am Gesundbrunnen. Siegfried Dehmel hatte Heinrich Giesen und mich zu einer evangelistischen Woche eingeladen. Schon nach meinem ersten Vortrag kam Heinrich Giesen auf mich zu und sagte: »Ich bin betroffen.« Ich verstand nicht, was er meinte, fragte aber nicht weiter. Nach dem 2. Vortrag sagte er: »Ich bin betroffen. Das habe ich nicht gewusst.« Nun wurde er konkreter. Er hätte nichts von meiner angeblichen evangelistischen Gabe gewusst. Ich selber eigentlich auch nicht, vielleicht ein wenig im Unterbewusstsein gespürt. Sofort hatte Giesen hochfliegende Pläne. Neben der Leitung der Berliner Stadtmission war ihm auch das Amt des Beauftragten für Mission in Berlin anvertraut worden, also die Leitung des Amtes für Volksmission. Das wollte er mir übertragen. Ich sollte demnach Leiter eines volksmissionarischen Amtes werden, obwohl ich gerade einmal drei Evangelisationen in meinem Leben gehalten hatte …

Wir ließen gemeinsam los

Leiter eines volksmissionarischen Amtes zu werden, dafür sah ich keine Voraussetzung. Also eröffnete ich dem Chef, dass ich entschlossen sei, dem Ruf der Hannoverschen Landeskirche zu folgen. Mein Direktor sperrte sich. Wir hatten drei lange Gespräche, die eher ein Ringen als ein Sprechen waren. Ich wurde unsicher. Dann fing Heinrich Giesen an, mich mit Angeboten zu locken. Ich bekäme ein volles Pastorengehalt, er würde mir ein Haus am Wannsee besorgen. Neben der Evangelisationsarbeit hätte ich nichts Weiteres mehr zu tun, als die Südsternkirche vollzupredigen.

1962 vor der Kirche am Südstern, Berlin-Kreuzberg

Ich machte mir eine Plus-Minus-Liste: Was spricht dagegen, dass ich bleibe, und was spricht dafür? Dagegen: Ich war ein Anfänger in Sachen Evangelisation. Da war es unpassend, ein missionarisches Amt zu leiten. Dagegen sprachen auch die Versprechungen. Darf sich ein Prediger ködern lassen? Zu allem Gezerre kam hinzu, dass Giesen einen Brief nach Hannover an Superintendenten Ernst Achilles schrieb, dem Vorsitzenden im dortigen Amt für Volksmission. Der Brief ist datiert vom 4. Januar 1965. Hier ein Auszug:

Lieber Bruder Achilles!

Mit Bruder Eickhoff habe ich mehrere Gespräche geführt. Ich weiß, dass man ihn nach Hannover rufen will. Ich bit-

te Sie aber herzlich, von einer Berufung absehen zu wollen ... Ich weiß, dass Bruder Eickhoff besondere Gaben hat. Diese Gaben zu entwickeln, für ein ganzes Leben ... ist jetzt in den Entscheidungsjahren, die er zubringt, die eigentliche Aufgabe. Er sollte evangelisieren!

Aber er sollte in Berlin evangelisieren. Berlin hat keinen Evangelisten ...

Nach meiner Evangelisation, die ich mit Bruder Eickhoff zusammen in der Stettiner Straße gemacht habe, ist mir aber klar geworden, dass wir in Bruder Eickhoff den Evangelisten für Berlin gefunden haben ...

Lassen Sie uns Bruder Eickhoff hier in Berlin. Es ist richtig so ...

H. Giesen.

Das alles schmeichelte mir nicht, es war nur ärgerlich. Dann kam Heinrich Giesen und nannte mir einen Termin des Konventes der Berliner Superintendenten. Da wolle er mich als den künftigen Leiter für Mission in Berlin vorstellen. Damit war die Stunde der Entscheidung gekommen. Ich konnte mich auf dem Konvent nicht vorstellen lassen und dann doch eventuell das Weite suchen.

Renate und ich waren uns bis zum letzten Moment nicht sicher. Am 11. Januar 1965 schrieb ich an Heinrich Giesen einen Brief, ohne gewiss zu sein, ob ich ihn auch abschicken würde:

Sehr verehrter, lieber Herr Pastor Giesen!

Noch in diesem Monat ist Konvent der Superintendenten. Sie beabsichtigen, dort über die volksmissionarischen Pläne, die Sie für Berlin haben, zu sprechen. Das hat mich veranlasst, alles noch einmal zu durchdenken und mich nun endgültig zu entscheiden. Ich werde dem Ruf nach Hannover folgen ...

Ich bin zu jung und dazu völlig unerfahren auf dem Gebiet der Evangelisation, um hier in Berlin als Einziger solch eine Arbeit vernünftig tun zu können. Es reicht nicht aus, Vorträge zu halten, die einigermaßen hinhauen. Es gehört Sachkenntnis und reichliche Erfahrung dazu, hier etwas aufzubauen. Bisher habe ich beides noch nicht. Berlin aber sollte es uns wert sein, dass wir hier nicht herumlaborieren und erste Erfahrungen sammeln.

In der Arbeit in Hannover sind Brüder mit jahre- und jahrzehntelanger volksmissionarischer Praxis. Sie werden mir helfen, erste Schritte zu tun. Sie werden mich korrigieren. Ich kann von anderen lernen und auf diesem Wege zu einer guten eigenen Konzeption kommen. Wenn ich solch eine Schule hinter mir hätte und dann vielleicht nach etlichen Jahren nach Berlin gerufen würde, ginge ich mit ganz anderen Voraussetzungen an die Arbeit als jetzt.

Ich würde mich freuen, wenn Sie die Dinge auch ein wenig so sehen könnten. Wenn das nicht möglich ist, so hoffe ich doch, dass Sie meinen Entschluss als eine nach echtem Ringen vor Gott getroffene Entscheidung respektieren.

Ihr K. E.

Sollten wir den Brief abschicken?

Es war ein nebliger Winterabend. Renate und ich gingen zur nahe gelegenen Post. Zusammen hielten wir den Brief in den Postkasten. Ich sah meine Frau noch einmal an: Tun wir es oder tun wir es nicht?

Der Brief raschelte im Kasten. Wir hatten losgelassen. In dem Moment war uns, als würde der Nebel, der über uns lag, schlagartig verwehen. Wir wussten: Es war richtig so. Heinrich Giesen war enttäuscht.

Im Frühling hatten wir die jährliche Große Konferenz. Heinrich predigte und teilte das Abendmahl aus. Meine Gruppe bekam das Votum: »Der Herr, vor dessen Angesicht ich gelebt habe, wird seinen Engel mit dir senden und wird deine Reise gelingen lassen« (1. Mose 24,40).

Frau Giesen, die neben Renate saß, sagte leise: »Welch ein gutes Wort für Sie!« Später kam Heinrich auf mich zu: »Ich habe Sie beim Austeilen des Abendmahles nicht wahrgenommen. In dem Moment, als ich das Votum gesprochen hatte, habe ich Sie erst gesehen. Langsam glaube ich es nun auch.«

Im Juli 1965 zuckelte unser Umzugswagen nach Niedersachsen.

6.
Im Westen viel Neues

Aufatmen in Münstedt

Der Schöpfer des Universums liebt Millimeterarbeit: Kurz vor dem Umzug nach Münstedt bei Peine treffe ich in der Millionenstadt Berlin den neunzehnten Konfirmanden vom Südstern, der nicht zur Freizeit gekommen war: »Jut, dass ick Se treffe. Ick jehör jetze ooch zu Jesus, klasse, wa?« Er war bei einer Freikirche gelandet. Hoch lebe die Freikirche!

In Berlin hatte ich meiner Familie gegenüber oft ein schlechtes Gewissen: Renate und die Kinder mussten in einem Berliner Hinterhof ihr Dasein fristen. Oft empfand ich das Leben in der Großstadt als bedrückend. Nun war der Tag des Umzugs gekommen. Es ging in den Landkreis Peine, in dem sich die Mitarbeiter der Volksmission angesiedelt hatten.

Am Abend vor dem Umzug hatten Claus-Peter, mein Schwager, und ich noch ein bisschen Fußball gespielt. Dabei zog ich mir einen Sehnenriss zu. Damit war mir für den Umzug eine passive Rolle zugewiesen. Ich konnte nicht einmal Auto fahren. So genoss ich es, auf dem Rücksitz unsere kleine Kerstin die Fahrt lang im Arm und auf dem Schoß zu haben. Kerstin, elf Monate alt, schaute mich immer wieder lange, tief und prüfend an, als wollte sie sagen: »Ich weiß, dass ich nicht die Einzige bin. Jetzt aber habe ich dich endlich für mich allein. Ich lasse dich nicht mehr aus den Augen. Untersteh dich, mich zu verlassen!« Das war das reine Glück.

Dann waren wir in Münstedt. Glücksgefühle über Glücksgefühle! Wenn wir morgens aufwachten, winkten uns grüne Zweige ins Schlafzimmer. Martin, Jörg und Petra spielten vom ersten Tag an im Sandkasten. Bald lernte Martin Fahrrad fahren. Wie ein nicht enden wollender Urlaub kam mir unsere Idylle vor. Ich hatte das Gefühl, Berlin glücklich entronnen zu sein. Hatte sich der Druck aus den Kindertagen wieder auf mich gelegt? Das gibt es ja, dass an Orten, wo man gelebt hat, alte Gefühle kleben. Münstedt jedenfalls, das war Aufatmen. Unsere Wohnung hatten wir im ersten Stock der alten Schule. Unten residierte Holde Menneking, die Kindergärtnerin, mit ihrer Tochter Anke.

Dann begann der Reisedienst. Mit einem zinslosen Kredit der Landeskirche konnte ein VW-Käfer angeschafft werden. Bald ging es los zur Zeltmission. Die Landeskirche besaß zwei Missionszelte, eines mit 500 und ein anderes mit 1 000 Plätzen. Der kleine Klaus hatte meistens das kleine Zelt und der große Klaus das große. So gehörte sich das. Nun war ich Lehrling an der Seite des Meisters.

Münstedt hatte keinen eigenen Pastor. Darum stand das Pfarrhaus zur Verfügung. In der oberen Wohnung wohnten Klaus und Kristin Vollmer mit Karsten und Maria. Bald kam Christiane dazu. Unten im Pfarrhaus lebten Kaisers, die Familie des Zeltmeisters. Otto und Mariechen hatten sechs eigene Kinder, wozu sie später noch zwei aus ihrer Verwandtschaft annahmen. Kaisers sprachen ein gepflegtes Platt. Da Otto gern eine rauchte, roch alles ein bisschen nach kalten Zigaretten. Einmal fand unsere Judith auf der Straße ein hölzernes Rechenstäbchen, mit dem die Schulanfänger in die Rechenkunst eingeführt wurden. Wem aus dem Dorf mochte das Stäbchen gehören? Judith hielt es an die Nase und wusste Bescheid: Ruthchen Kaiser.

Wir sechs Erwachsenen trafen uns gern zum Canastaspielen, wobei Klaus und ich uns im charmanten Betrügen in nichts nachstanden. Die Menschen in Münstedt waren freundlich und offen zu uns Eindringlingen. So dauerte es auch nicht lange, dass Eickhoffs im alles beherrschenden Sportverein mitmachten. Wir errangen aufgrund der Bemühungen von Lehrer Klaus Heinisch das Familiensportabzeichen. Zur feierlichen

Verleihung hatten sie einen Zeitungsmenschen eingeladen; so erschienen wir am nächsten Tag mit Foto in der Lokalpresse: »Pastorenfamilie macht Sportabzeichen!«

Bei den Alten Herren spielte ich Fußball und gehörte zur Schießabteilung des Sportvereins. Einmal habe ich den Kleinen König gemacht, war bei der Jahresmeisterschaft Sieger geworden. Auf einem Sportfest hat Renate dafür einen Preis im Kegeln gewonnen.

An unsere Sportfeste erinnere ich mich besonders. Es war mir wichtig, dass wir sie mit einem Gottesdienst begannen. Das stieß auf sanften Widerstand. Ich hatte gehört, dass sich Sportverein und Kirche nie besonders grün waren. Nun aber war mit den Eickhoffs die Kirche in den Sportverein eingetreten. Wir mochten sie, sie mochten uns. Aber ein Sportfest gleich mit einem Gottesdienst zu beginnen, das war zu viel des Guten. So fielen ihnen denn auch nette Ausreden ein: »Sport und Kirche, das passt nicht«, sagten sie.

»Gott hat den Sport und die Kirche gemacht«, konterte ich.

»Das Sportfest beginnt dann zu spät.«

»Wir machen den Gottesdienst eine Stunde früher.«

»Hinterher müssen wir erst wieder nach Hause, Sportklamotten anziehen.«

»Kommt damit zur Kirche! Ich trage meinen Trainingsanzug auch unter dem Talar.«

Sie gaben schließlich klein bei. Manche von ihnen hatten seit Jahrzehnten ihre Kirche wohl nicht von innen gesehen. Sich da nun einfinden zu sollen, fiel ihnen richtig schwer. Als der Gottesdienst zu Ende war, roch es in der heiligen Halle wie in einer Kneipe. Meine Sportkameraden hatten sich Mut angetrunken. Und ich konnte sie verstehen.

Klaus Vollmer – eine andere Liga

Im Sommer war Zeltmission angesagt. Ein Einsatz dauerte vierzehn Tage. Wenn Klaus und ich gemeinsam irgendwo waren, bekam ich in der Regel die erste Woche zugeschanzt und musste zusehen, dass sich das Zelt einigermaßen füllte. Dann kam Klaus Vollmer und brachte das Zelt zum Überfließen. Wenn ich manchmal nach meinem letzten Vortrag nach Hause fuhr, bekam ich davon nichts mehr mit. Fragte ich ihn später, wie es war, lautete seine stereotype Antwort: »Es bogen sich der Balken Stützen.«

Klaus setzte neue Maßstäbe in der Verkündigung. Er spielte im Vergleich zu den Predigern, die ich bis dahin kannte, in einer anderen Liga. Trat er auf, hatte er sofort die ungeteilte Aufmerksamkeit seiner Zuhörer. Er zog Menschen an wie ein Magnet. Manche – besonders traditionell Kirchliche – lehnten ihn gelegentlich schroff ab. Begeisterung oder Ablehnung, irgendetwas dazwischen gab es scheinbar nicht. Ich jedenfalls, ich hing ihm an den Lippen.

Bei meinen Vortragswochen stellte sich für mich meistens erst nach drei Tagen das Gefühl ein, angekommen zu sein. Klaus hatte die Herzen im Nu. Er war derart prägend, dass ich anfangs Mühe hatte, ihn nicht zu kopieren. Da wir beide im Landkreis Bielefeld aufgewachsen waren – Klaus in Enger, ich in Senne 1 –, glichen wir uns ohnehin schon in der Sprachmusik. Auch sonst hatten wir eine Reihe an Gemeinsamkeiten: Beide wurden wir in Berlin geboren, kannten unsere Väter nicht, waren als Kinder im Waisenhaus, wuchsen im Landkreis Bielefeld auf, waren Handwerker, haben im Johanneum studiert, sind im Amt für Volksmission in Hannover, sind Evangelisten – und heißen beide Klaus.

Wie viel Menschen, Jung und Alt, durch Klaus Vollmer zum Glauben gefunden haben, weiß der Himmel. Vielleicht aber gehört zu seinem besonderen Segen, dass er später einen Kreis von Studenten und jungen Theologen um sich gesammelt und geschult hat, im Sinne des Missionsbefehls am Ende des Matthäusevangeliums: »Machet zu Jüngern!« Sie nannten sich »Kleine Brüder vom Kreuz«. Als Klaus siebzig Jahre wurde, haben sie zu seinem Geburtstag ein spannendes Buch herausgegeben: »Er führte mich hinaus ins Weite ...«[2]

Mit Klaus Vollmer, dem Lehrer und Freund

Klaus sprühte vor Lebensweisheiten. Sie waren nicht immer vom Heiligen Geist. So erklärte er mir: »Der Dienst geht immer vor und wenn die Familie dabei draufgeht.« Das habe ich geglaubt, bis Renate weinte, weil ich immer fort war. Klaus war hier mehr Opfer als Täter. Er hatte nur die gängige Dienstauffassung der Alten wiedergegeben. In Begeisterung sprach Klaus gern große Worte gelassen aus. Einmal hatten wir eine Jugendversammlung irgendwo bei Bad Nenndorf. Etwa 800 Jugendliche hörten zu. Zuerst war ich dran. Wohlwollende Aufnahme. Dann kam Klaus. Das junge Volk bog sich vor

Lachen, war dann wieder zu Tränen gerührt. Er sprach sie darauf an, was sie, wenn sie mit Ernst Christen würden, in ihrer Gegend alles bewirken könnten. 800 sperrten Augen und Ohren auf.

Dann rief der Heißsporn: »Klaus Eickhoff und ich helfen Euch. Ihr könnt uns ab heute als Eure Jugendwarte betrachten!« Mann, was waren die begeistert! Vierzehn Tage später sitzen wir zusammen im Auto. Da sagt Klaus: »Du, die jungen Leute haben angerufen, wollen wissen, wann es losgeht. Du musst da mal hin.«

»Nee, fahr du mal schön. Ich bin nicht dazu da, deine Versprechungen zu halten.« Es blieb nicht aus, dass in mir Neidgefühle Klaus gegenüber aufkeimten. Sie ergaben sich weniger auf dem Felde der Evangelisation als beim direkten Gottesdienst-Vergleich in Münstedt. Predigte der Vakanzvertreter aus Oberg, kamen 25 Besucher, predigte Klaus Eickhoff waren es 75! Beim Vollmer aber machte sich die ganze Gegend auf die Socken und die Kirche war voll: 250. Das muss man erst einmal unter die Füße kriegen!

Neid schleicht sich auf leisen Sohlen ins Herz. Zu Anfang merkte ich es nicht, kam mir aber dann doch auf die Schliche. Das war so: In der Schießabteilung unseres Münstedter Sportvereins sprachen wir gelegentlich über den Glauben. Bald kamen einige der Sportkameraden in den Gottesdienst, wenn ich predigte, weil ich sie eingeladen hatte. Mir fiel dann selber auf, dass ich sie nur einlud, wenn ich der Prediger war; predigte Klaus, hatte ich es glatt vergessen. Als mir das bewusst wurde, kam ich mir ziemlich schäbig vor. Von nun an habe ich für Klaus besonders geworben. Für meinen inneren Menschen war das die Befreiung. Luther schrieb einst »Von der Freiheit eines Christenmenschen«. Davon hatte ich etwas entdeckt.

Längst war die Studentenmission in Deutschland, SMD, auf Klaus aufmerksam geworden. Auch auf Studierende wirkte er wie ein Magnet. Zu den Univorträgen kamen nicht nur Freunde, sondern auch welche, die mehr abhörten als zuhörten. So musste sich Klaus mancher Verbalattacke erwehren. Das tat er mit Bravour. In Göttingen giftete ihn jemand an. Klaus solle erstmal das Buch von dem bekannten XY lesen. Dann könne er mitreden. Da war mein Schlossergeselle nicht auf den Kopf gefallen: »Tun Sie etwas für Ihre Bildung. XY ist inzwischen längst überholt. Wissen Sie das nicht?« Der Giftzwerg verstummte vor Ehrfurcht. Auf der Rückfahrt gestand mir Klaus, er hätte den Namen jenes XY an jenem Abend zum ersten Mal gehört. Fast wären wir vor Lachen in den Graben gefahren.

Was unsere theologische Fortbildung anbetrifft, hatte sich unabgesprochen eine günstige Konstellation ergeben. Klaus hatte ein Nahverhältnis zu unserem gemeinsamen theologischen Lehrer, Dr. Olav Hanssen. An dessen Brust saugte Klaus manche biblische oder philosophische Weisheit. Ich wiederum hing an der Brust von Klaus und bekam auf diesem Wege von Olavs Milch der reinen Denkungsart einiges mit.

Unser Miteinander in den Missionarischen Diensten gestaltete sich nicht zuletzt darum so reibungslos, weil wir einen väterlichen und hilfsbereiten Leiter hatten, Pastor Joachim Schmutzler aus Klein Ilsede. Besonders gerne denke ich an unseren damaligen Dezernenten im Oberkirchenrat, Landesuperintendent Ernst Henze. Er machte Mut, wo er nur konnte, drückte uns gegenüber seine Dankbarkeit aus, eine Eigenschaft, die ich bei Leuten in seiner Stellung selten beobachtet habe.

Spätfolgen der Oktoberrevolution

Klaus und ich haben drei Tage frei. Anstatt sie unseren Familien zugutekommen zu lassen, kommt Klaus mit einer ausgefallenen Idee: »Ich wollte schon immer mal nach Helgoland. Was hälste davon?« »Helgoland? War ich noch nie.« Wie ist es uns nur gelungen, dafür den Segen von Renate und Kristin zu bekommen? Nachmittags düsen wir also nach Hamburg. Dort wollen wir übernachten, um in der Frühe mit der Fähre nach Helgoland zu schippern. Irgendwo in der Stadt halten wir an. Wir schauen uns um. Mein Blick klettert an der Wand des Mietshauses auf der anderen Straßenseite rauf und wieder runter. Leute lehnen aus den Fenstern. Es ist heiß.

Im ersten Stock sehe ich drei Katzen auf der Fensterbank. Mir fällt ein, dass meine Großmutter eine Schwester hat, die in Hamburg wohnt, Großtante Lina Knuth. Als ich sieben war, hatten meine Mutter und ich sie besucht. Tante Lina war eine Tierfreundin und hatte ihr Vermögen einem Tierschutzverein vermacht. Ob sie noch lebt? Ich erzähle Klaus von der Tante. Dann gehe ich auf das Haus mit den Katzen zu, einfach so. Im Flur prangt ein Schild: »Hausverwaltung Knuth«. »Ich denke, ich spinne«, sagt der Berliner. Dann lese ich: »Lina Knuth, 1. Stock.« In der Millionenstadt stehe ich vor dem Haus meiner Großtante. Ich gehe rauf, klingle. Tante Lina, etwa neunzig, steht in der Tür. Ich sage, wer ich bin. Sie bittet mich herein. Ich rieche Katzen. Im Wohnzimmer prangt eine Holztafel an der Wand: »Wer die Menschen kennt, liebt die Tiere.«

»Darf ich das Fenster aufmachen?«, frage ich. Ich darf. Draußen, auf der anderen Straßenseite, steht Klaus. Ich bedeute ihm, dass er warten solle. Er nickt. Tante Lina fragt, was ich mache. Ich erzähle von der Familie und von meinem Beruf. Sie fragt, warum ich das denn täte. Es dauert nicht lange, da ist sie wie elektrisiert: »Erzähl mehr. Erzähl!« Sie hält die Hand ans Ohr. Ich rede laut. Sie fragt mich aus. Ich sage ihr, dass sie sich nicht selbst zu verdanken hat, sondern ihrem Schöpfer, und dass sie von ihm geliebt ist und nichts dafür bezahlen muss, nur empfangen. Zwischendurch murmelt sie: »Habe immer gedacht, das wären Märchen.« Der wartende Klaus fällt mir ein. Ich verabschiede mich. Beim Abschied sagt sie eindringlich: »Schreib das auf! Schreib darüber ein Buch, das muss man doch lesen!« »Schau dir das an«, sagt Klaus unten. »Du hast für die ganze Straße gepredigt. Sie haben alle mitgehört.« Jetzt erst sehe ich viele in den Fenstern liegen.

Inzwischen lag unsere Helgolandtour etwa ein Jahr hinter uns. Ich treffe unsere Briefträgerin unten vor der Treppe. Sie hat ein Kuvert in der Hand: »Heute ist nicht viel.« Ein Rechtsanwalt namens Axmann aus Hamburg schreibt, dass meine Großtante, Frau Lina Knuth, geborene Schneiker, verstorben sei. Sie habe ihr Vermögen einem Tierschutzverein vermacht. Ausweislich eines Gutachtens des bekannten Psychologen, Dr. Bürgerprinz, sei sie aber mit an Sicherheit grenzender Wahrscheinlichkeit nicht testierfähig gewesen. Da die Ehe mit ihrem Ehemann kinderlos geblieben ist, kämen die Verwandten, also auch ich, als Erben in Betracht. »Heute ist nicht viel«, hatte die Briefträgerin gesagt.

Eine Erbenversammlung wurde einberufen. Ich kam zu spät. Als ich den vollen Saal sah, etwa fünfzig Leute, war mir klar: Jeder kriegt vom Kuchen nur ein kleines Stück. Macht nix. Eine Tante Schneiker verließ ihren Platz, kam zu mir und teilte mir mit Bedauern mit: »Klaus, du kriegst leider nichts. Du bist ja unehelich.« Die Liebe hatte sich geirrt. Macht auch nix. So sind wir dazu gekommen, dass wir uns ein Haus leisten konnten, wobei sogar noch ein Sümmchen übrig blieb. Tante Lina hatte nämlich in Hamburg mehrere große Mietshäuser besessen, einige in Westberlin und eines in Bern. War sie wirklich nicht testierfähig? Nach Zeugenaussagen hat sie in Müllcontainern ihrer Häuser gesucht, ob vom Müll ihrer Mieter noch etwas zu gebrauchen wäre. Die vom Tierschutzverein versuchten zu retten, was zu retten war, und informierten die Presse. So erschienen Zeitungsartikel, in einer Illustrierten sogar mit Bilden von der betrübten Leiterin des Vereins und den armen Katzen. Die lieben Tiere müssten nun darben.

Mir lag daran, kein unrecht erworbenes Geld zu bekommen. Darum versuchte ich mir ein Bild von den Menschen des Vereins zu machen. In Hamburg traf ich auf drei windige Leute, zwei Männer und eine Frau. In dem Raum, in dem wir saßen, stank es unerträglich. Meine Gesprächspartner wussten, dass ich in kirchlichen Diensten stand. Die Dame kannte sich in religiösen Phrasen aus. Ich würde doch wohl nicht ein Steigbügelhalter des Teufels werden. Sie wollten sich das Erbe der alten Dame aneignen, dessen wurde ich mir bald gewiss. Mit der Tierliebe war es auch nicht so toll. Der Gestank hatte Gründe. Von Ekel geschüttelt fuhr ich schließlich nach Hause, entledigte mich meines Anzugs und versenkte das Textil in einen Mülleimer. Und dann ab unter die Dusche.

Woher aber hatte Tante Lina ihr Vermögen? Das wusste Onkel Ewald: Tante Linas Ehemann hatte Ländereien in Russland besessen. Dort war man bei Ölbohrungen fündig gewesen. So sind die beiden über Nacht noch reicher geworden, als sie ohnehin schon waren. Bald kamen am russischen Horizont die Wetterwolken sozialer Unruhen auf. Onkel Knuth sei es rechtzeitig gelungen, seinen Besitz zu veräußern. Für den Erlös hätten sie Diamanten gekauft und in Bahnfahrten über die Grenze nach Deutschland gebracht, eingenäht in ihrer Unterwäsche, die sie am Körper trugen. Als es zur russischen Oktoberrevolution kam, waren die beiden Kapitalisten mit ihren Klunkern über alle Berge. Wat'n Glück!

Graz – mehr als ein Intermezzo

In meinem zweiten Jahr als Evangelist der Hannoverschen Landeskirche fand eine Tagung der Missionarischen Dienste in Soest statt. Da sprach mich ein österreichischer Pfarrer an, Joseph Leuthner, von der Kreuzkirche in Graz. Sie hätten einen Jugendkreis. Die jungen Leute wären mit anderen (Methodisten, Baptisten, Volksmission, Christengemeinde) übereingekommen, im Herbst 1967 eine missionarische Jugendwoche durchzuführen. Man habe nun ihn beauftragt, sich nach einem Evangelisten umzusehen. Missionarische Jugendwoche? So etwas hatte ich noch nicht gehabt. Da kamen doch eher die sturmerprobten Prediger Klaus Vollmer oder Johannes Hansen infrage, die ebenfalls auf der Tagung waren. Nun, die Österreicher haben ihren eigenen Kopf. Sie entschieden sich weder für Johannes noch für den großen Klaus, sondern für den unbekannten kleinen. Ich ahnte nicht, welche Folgen das haben sollte. Wir beschlossen, vorweg eine Zurüstung für die Mitarbeiter und Jugendlichen durchzuführen. Im April 1967 zuckelte ich zum ersten Mal in meinem Leben nach Österreich. So viele ausgebaute Autobahnen wie heute gab es in der Alpenrepublik damals noch nicht.

In Graz lernte ich Joseph Leuthner erst wirklich kennen, samt seiner Frau Rosi. Ihre unkomplizierte, fröhliche Art hat es mir mit meiner Schüchternheit leicht gemacht, mich bei ihnen wohlzufühlen. Die Kinder Ruth, Traugott und Christiane waren sofort meine Freunde. Roland Ratz, der Jugenddiakon, war mit seiner Frau Rose aus Deutschland gekommen. Dort hatte er zum Offenen Abend in Stuttgart gehört. Wohl von daher verband sich in ihm eine geistliche Tiefe mit einer menschlichen Weite. Dann gab es die wunderbare Gemeindeschwester, Christel Winterauer, mit einem fast immer fröhlichen Gesicht. Besonders eindrücklich waren jedoch die jungen Leute. Sie brannten für Jesus Christus und wollten, dass viele andere ihn auch kennenlernen.

Als ich im Herbst 1967 in Graz auf dem Bahnhof ankam, leuchtete mir schon ein Plakat entgegen: Woche für junge Menschen, 13. bis 19. November. Vor dem Bahnhofsgebäude reichte mir jemand eine Einladung, da müsste ich unbedingt hin. Im Arbeiterkammersaal versammelte sich das junge Volk, bis zu 300 Leute. Viele suchten anschließend ein persönliches Gespräch, beichteten ihre Sünden. Da habe ich ihnen den Weg zu Jesus erklärt, wie ich es bei Stuart Briscoe gelernt hatte. Viele haben Christus in ihr Leben aufgenommen, wie es seit den Tagen der ersten Christen berichtet ist. An den ca. achtzehnjährigen Hermann erinnere ich mich – er wurde später evangelischer Superintendent der Steiermark. Wegen der Gespräche kam ich erst spät nachts ins Bett. Am nächsten Morgen war das Wartezimmer zur Seelsorge schon wieder voll. Zwischendurch hat mir Rosi Leuthner, die Pfarrfrau, ihren Krafttrunk gereicht: Rohes Ei, geschlagen mit Zitrone und Zucker. Auf meine Abendvorträge konnte ich mich tagsüber wegen der vielen Gespräche nicht konzentrieren. Dennoch fühlte ich eine Leichtigkeit und Kraft. »Dass sie auffahren mit Flügen wie Adler« – dieses Wort des Propheten ging mir durch den Sinn. Mir war, als sähe ich dem zu, den ich verkündigte, wie er sein Werk unter uns tat. Ich wusste, das waren nicht meine Vorträge, obwohl ich sie fleißig vorbereitet hatte. Der Auferstandene war unter uns. Er hatte die Gebete der jungen Christen erhört. Trotz des mangelnden Schlafs fühlte ich die unsichtbare Kraft. Als ich nach der Woche zu Hause ankam, sagte Renate: »Du siehst aus, als wenn Du aus dem Urlaub kommst.«

Für das übernächste Jahr war eine neue Vortragsreihe geplant. Sie fand im März 1969 im Minoritensaal statt: Woche für moderne Menschen. Über diese Woche hat Roland Ratz einen Brief an den Leiter des Offenen Abends in Stuttgart, Helmut Wenzelmann, geschrieben. Darin stand:

> *Wir hatten eigentlich jeden Abend voll besetzt, gegen Ende stieg die Teilnehmerzahl noch, sodass wir die letzten Abende nicht mehr unter 500 Besucher waren. Nach einem Abend sagte der Minoriten-Pater, der die Technik des Saales überwachte, dass der Saal noch nie so voll gewesen sei, seit er wieder benützt wird. Zum Bild der Veranstaltung gehörte es auch, dass an jedem Abend Nonnen erschienen, sowie Mönche und Patres …*
>
> *Bei unserem Wochenende waren dann auch fünf Maturanten des bischöflichen Gymnasiums dabei (auch auf der Straße eingeladen). Wie ein Schwamm haben sie das Gehörte aufgesogen und beim Schlussecho gesagt, sie hätten in diesen Tagen zu Jesus Christus gefunden. Sie wollen*

jetzt auch in den Bibelkreis kommen. Das sind zum Teil zukünftige kath. Priester.

Die Evang. Kirche hat uns weithin mit Verachtung gestraft, wir stehen hier nicht sehr hoch im Kurs ... Klaus Eickhoff war, wie ich schon schrieb, sehr gut vorbereitet. Er hat auch eine weit ausholende Vortragsweise. Er ging auf jedes The-ma sehr genau ein. Unsere Grazer Jugend liebt ihn sehr ...

Unsere Kreuzkirchengemeinde steht, die Jugend ausgenommen, etwas abseits und die Vorwürfe werden laut, dass wir die Erwachsenengemeinde vernachlässigen. Wir hatten ja gehofft, dass sich unsere erwachsenen Gemeindemitglieder bei der Eickhoffwoche auch beteiligten, haben uns darin aber getäuscht. Unser Presbyterium ist wieder recht unruhig.

Theologen, Presbyter und Gemeindemitglieder, die über meine Verkündigung verärgert waren, haben auch meinen späteren Dienst treulich »begleitet«. Mich hielten sie für konservativ, sich für progressiv. Aber wenn ich auf Defizite der Volkskirche aufmerksam machte, auf geistliche und strukturelle Erneuerung drang, kam mir ausgerechnet aus liberalen Kreisen stockkonservativer Widerspruch entgegen.

Begegnung mit Katholiken

In meinen SPD-Kreisen war ich geimpft worden: »Katholiken sind falsch.« Nun steckte ich inmitten von Grazer Minoriten. Ein herrlicher Barocksaal. Es drängte sich das Volk. Von der Empore blickten sie auf mich herab, Mönche in ihren wallenden Gewändern, unter ihnen der Abt. Abend für Abend. Waren sie da, um zuzuhören – oder um abzuhören? Ich befürchtete Schlimmes. Was hatte ich nicht schon von Pfarrern meiner Konfession erlebt, denen die missionarische Nächstenliebe nicht behagt. Erwartete mich Ähnliches auch hier? Sie überschütteten mich mit Freundlichkeit. Zum Schluss der Woche bei den Minoriten kam der Herr Abt mit einer Anfrage: Ob ich mich nicht für längere Zeit – ein bis zwei Jahre – frei machen könne. Er wollte gern mit mir katholische Gemeinden aufsuchen und dort Glaubenswochen durchführen.

Später, als Rosi Leuthner, die Pfarrfrau, zu Grabe getragen wurde, habe ich die Predigt halten dürfen. Da sind die Wochen für junge Menschen noch einmal vor uns erstanden:

Weil Rosi so gern davon sprach, darum will ich es auch: 1967 habe ich Euch kennengelernt. »Woche für junge Menschen« in Graz, im Arbeiterkammersaal. Zwei Jahre später bei den Minoriten. »Wir sind von Gottes Segen überschwemmt worden.« So hat es später jemand gesagt. Was haben wir da eigentlich erlebt?

Auferstehung der Toten! Junge Menschen kamen zum Glauben, bekannten Schuld, begannen ein neues Leben. Wie war das möglich? Ich habe meine eigene Begründung. Die möchte ich nennen dürfen, ohne den Anspruch zu erheben, dass sie alles erklärt, aber vieles:

Da war das Pfarrer-Ehepaar Sepp und Rosi Leuthner.

Da war das Jugendwart-Ehepaar Roland und Rose Ratz.

Da war die Gemeindeschwester Christel Winterauer.

Ich habe Euch fünf in einer geistlichen Einheit erlebt, die sich unter Christen nicht jeden Tag findet. Ohne Zank, ohne falsches Reden, ohne Eifersüchteleien.

In der Zeit Eurer Einigkeit im Geist – da ist es gewesen. Da hat Euch Gott mit Segen überschwemmt. Sollte das Zufall gewesen sein? Ein in sich dreieiniger Gott segnet, die in Ihm eins sind …

Dann die jungen Leute! Eure Ruth war dabei, Traugott, Christiane, die Pixibücher las. Euer Jugendkreis. Die Burschen und Mädchen. Sie haben gebetet wie die Weltmeister, wie die Bienen gearbeitet. Graz wimmelte von Plakaten …

Einmal brachten Dir, Sepp, die Mitarbeiter in nächtlicher Stunde ein Geburtstagsständchen. Nach der Melodie »Oh, Tannenbaum« klang es durchs Pfarrhaus: »Oh, Seelenhirt, oh, Seelenhirt, nun sei uns auch ein guter Wirt.« Was wäre der Wirt in diesem Moment ohne die Wirtin gewesen?

Darf ich es noch einmal sagen: In der Zeit Eurer Einigkeit im Geist – da ist es gewesen. Da haben wir Segen erlebt. Verstehen Sie es bitte nicht als Seitenhieb, aber als herzliche Bitte: Es wird in Gemeinden Zeit vergeudet durch kleinliches Gezänk, wo Gott mit Segen überschütten möchte. Kleinliches Gezänk – dadurch geht viel verloren. Hört das Neue Testament: »Ertragt einander in der Liebe und seid darauf bedacht, zu wahren die Einigkeit im Geist ...« – Die Einigkeit im Geist – darauf ruht Verheißung! Wir haben es in Graz mit Händen greifen können.

Diese Einsätze in Graz fielen in jene Jahre, in denen wir in Münstedt wohnten und ich im Amt für Missionarische Dienste der hannoverschen Landeskirche tätig war (1965–1979).

Valparaiso, Indiana – kurz vor dem Crash

Mehrfach weilte ich in diesen Jahren zu Vortragswochen in den USA und Kanada bei Deutschen Gemeinden. Diese Einsätze liefen über das Kirchliche Außenamt in Frankfurt. Das war gehalten, meine Reisen dem Auswärtigen Amt in Bonn zu melden, sodass ich in den großen Städten (Toronto, Ottawa, Vancouver, Seattle) beim Konsul oder Kulturattaché zu Gast sein durfte, oft mit den Damen und Herren der Gemeindeleitung.

Von einer Reise im Jahre 1973 möchte ich berichten. Der Einsatz begann in Toronto, in fünf deutschsprachigen lutherischen Gemeinden. Sie hatten sich zu dieser Aktion zusammengeschlossen. Das Kirchengebäude einer der Gemeinden lag in der Nähe des Ontariosees. In einem Vortrag über die Frage nach der Wahrheit hatte ich versucht, deutlich zu machen, dass wir Menschen nicht über die Wahrheit verfügen, sondern diese über uns: »Wenn der Ontariosee über die Ufer tritt und das Wasser auf Eure Kirchentür schwappt, könnt Ihr das ignorieren und sagen, dass Euch kein Wasser bedrohe. Völlig unabhängig von Eurem Glauben oder Eurer Ignoranz ereignen sich Wirklichkeit und Wahrheit und ihr werdet es erfahren.« Nach dem Vortrag bedeutete man mir wohlwollend schmunzelnd, das wäre kein passender Vergleich gewesen, der Ontariosee würde nie über seine Ufer treten, geschweige denn könne er ihr Kirchengebäude bedrohen.

Von Toronto ging es nach Ottawa. Etwa am dritten Tag kamen einige Gemeindemitglieder auf mich zu. In Toronto sei man etwas verwirrt. Der Ontariosee sei – was es noch nie gegeben habe – über die Ufer getreten und das Wasser wäre gegen ihre Kirchentür geschwappt...

Da der Gesamteinsatz zwei Monate dauern sollte, war Renate zwischendurch einmal für vierzehn Tage dazugestoßen, um mich zu begleiten. Nach den Tagen in Ottawa war vorgesehen, dass uns William Treu und seine Frau Almida mit ihrem Sportflugzeug von Wisconsin abholen sollten. Sie gehörten zur Elmbrook-Church in Brookfield, Wisconsin, bei Milwaukee, in der unsere Freunde, Stuart Briscoe und seine Frau Jill, Pastoren waren. Als wir losfliegen wollten, sagte William, es wäre ein Unwetter zu erwarten, aber wir würden es wohl schaffen, früh genug in Brookfield zu landen. Beim Einsteigen schlug die Tür an Williams Brille und zerstörte ausgerechnet das Glas, durch das er am besten sehen konnte. Das andere Auge mit dem heilen Glas war fast blind. Wir hoben ab und mussten wegen der Zollformalitäten im amerikanischen Detroit zwischenlanden, was ungebührlich viel Zeit in Anspruch nahm.

Wären wir bloß nicht wieder gestartet! So aber gerieten wir in einen gewaltigen Sturm. Die kleine Maschine wurde wie ein Blatt im Wind hin und her geworfen, mal rauf, mal runter, mal hin, mal her. Die dünnen Wände flatterten wie Papier. Die Sicht war miserabel. Renate, die leicht seekrank wird, war übel dran. Ich war hundemüde, nickte ein, wurde wieder wach und war mir fast sicher, wir würden da nicht mehr heile herauskommen. Zunächst hatte William gefeixt: »I love it – Ich liebe das.« Dann wurde er immer stiller. Nach einer Weile meinte er, er müsse niedriger fliegen und schauen, ob er eine Autobahn fände, auf der er notlanden könne. Da begriff ich endgültig: Die Lage ist ernst!

Über den Lake Michigan wolle William nicht fliegen, denn wenn wir da niedergehen würden, wären wir selbst bei einer weichen Landung in fünf Minuten tot, so kalt wäre das Wasser. Also nahmen wir Kurs zur Südspitze des Sees. Plötzlich sah ich seitlich vor uns ein blinkendes Licht: »William, da blinkt es!« Er riss die Maschine hoch, hatte das Blinken nicht wahrgenommen. Über Valparaiso, im Staate Indiana, bekamen wir Funkkontakt mit dem dortigen Flugplatz, gingen runter und landeten – glücklich, noch einmal davongekommen zu sein. Renate erholte sich schnell bei einem Glas Gingerale. Mit einem gemieteten Auto fuhren wir nach Brookfield, Wisconsin.

Sieben Jahre später, während unseres Jahres in den USA, haben wir mit unseren Kindern einen ausgedehnten Ausflug um den Lake Michigan gemacht. An seiner Südspitze erhob sich ein Atomkraftwerk. Wir stiegen aus. Ich sah an den hohen Kühltürmen Lichter blinken. Langsam dämmerte es mir: Hier muss es gewesen sein, als wir von Ottawa kommend in den Sturm geraten waren. Ich mag gar nicht weiterdenken …

Erregendes in Afrika

Einige Male war ich in Namibia, ehemals Deutsch Süd West Afrika. Dort tat Landespropst Pastor Karl Sundermeier seinen Dienst. Vorher war er fünfzehn Jahre Missionar in Sri Lanka, auf der Insel Ceylon gewesen. Dort hat er Slumgebiete aufgelöst, den Bewohnern Arbeit und Besitz verschafft, Menschen zu Christus geführt. City Mission. Karl Sundermeier ist eine apostolische Persönlichkeit. In ihm vereint sich eine Fülle von Charismen. Er hat sie in liebender Fantasie und Hingabe für Gott und viele Menschen eingesetzt. Unsere Gespräche während langer Autofahrten durch das herbe, schöne, weite Land waren für mich wertvoll; Karl ist neben seinen praktischen Begabungen ein begnadeter Theologe und Bibellehrer. Seine Frau Marlene hat seinen Dienst souverän und voll Hingabe unterstützt.

In Namibia habe ich Dramatisches über die Apartheid lernen müssen. Auf Einladung von Karl Sundermeier hatte ich in Windhoek Vorträge gehalten. Davon waren Tonkassetten ins Land gegangen, die auch zu einem Farmerehepaar deutscher Abstammung gelangt waren, Sven und Heide Knye. Sie hatten sich das angehört und ihr Herz dem Evangelium geöffnet. Ein Jahr später haben Karl und ich sie besucht. Klaus Vollmer, der oft in Südafrika war, hatte mir etwas Befremdliches erzählt. Er habe einen weißen Farmer getroffen, der gemeint hatte, Schwarze seien keine Menschen. Das erzählte ich unbefangen meinen liebenswerten Gastgebern. Da erwiderte Heide: »Aber Klaus, das sind sie doch auch nicht.« Es folgte eine lange Nacht, in der es zu einem neuen Denken bei den beiden kam.

Einmal bin ich mit Sven Knye zum Jagen gefahren. Alles Wild, das sich gerade auf dem Gelände einer Farm befindet, gehört zur zuständigen Farmerfamilie. Das erste Tier, das mir vor die Flinte kam, war ein Warzenschwein. Schuss, Krach, nichts! Das Tier trollte sich. Im Zielfernrohr hatte ich das Eisengestänge, hinter dem es sich gerade befand, nicht ausmachen können. Sven lächelte. Dann zog ein kapitaler Kudu seine Straße. Sven meinte, der sei alt und lebenssatt. Er gab ihn mir zum Abschuss frei. Das gewaltige Tier bewegte sich in einem bestimmen Winkel etwa 300 Meter von uns entfernt durchs Gelände. Wieder: Schuss, Krach, Fehlanzeige! Das Riesenvieh muckte nicht auf, zuckte nicht, ging seelenruhig weiter. »Ach ihr Deutschländer«, seufzte Sven. Wir begaben uns dann doch an die Stelle, wo sich der Kudu bei meinem Fehlschuss befunden hatte. Sven sah Blutspritzer an einigen Blättern und auf dem Boden. »Hm, getroffen hast du wohl doch!« Wir folgten einer schmalen Blutspur. Nach einer Weile fanden wir das wilde Tier. Es lag leblos in einem Gebüsch. Sven nahm es in Augenschein: »Deutschländer, das war ein Meisterschuss! Du hast Herz und Lunge gleichzeitig durchschossen. Das Tier hat wahrscheinlich nichts gemerkt, bis das Leben ausgeflossen war.« Wer das nun für Jägerlatein hält, der kann mich besuchen und die gewaltige Trophäe bewundern, die über meinem Studierzimmer prangt.

Fast noch aufregender war das mit dem Elefanten. Karl Sundermeier hatte meine Dienste stets so geplant, dass immer auch Zeit für Rundfahrten blieb. Renate war mit von der Partie. So machten wir uns unter der Leitung unserer Gastgeberin in Windhoeck, Frau Schröder, zur Etosha-Pfanne auf. Die Etosha-Pfanne ist der Boden eines riesigen ehemaligen Sees im Norden Namibias und Teil des Etosha-Nationalparks. Hier läuft so ziemliches alles rum, was man sich unter afrikanischem Wild vorstellt: Löwen, Giraffen, Zebras, Elefanten, Affen. Langsam fuhr Frau Schröder über die staubige Pat. Ich sehe im Gelände, hundert Meter von uns entfernt, viele Aasgeier auf- und niederfliegen. »Da muss ein Tier verendet sein«, denke ich. Renate will ein Foto machen. Frau Schröder hält. Mich aber hält nichts mehr. Ich springe schnell mal raus, will wissen, was da los ist. Bald sehe ich eine Elefantenhaut! Dann das gewaltige, weiße Gerippe! Etwas abseits liegt der abgenagte Schädel. Ich traue meinen Augen nicht. Ein prächtiger Stoßzahn winkt mir zu: »Nimm mich mit!« Juchhu, lauter Elfenbein! Der andere Zahn war weg.

Ich versuche das Ding vom Schädel zu lösen, was schnell gelingt. Aus dem Hohlraum des Hauers fließt eine gelbe, höllisch stinkende Flüssigkeit. Ich haste mit meiner Beute zum Wagen. Die Frauen schimpfen, ob ich von allen guten Geistern ... Da weiß ich Bescheid.

»Das stinkende Ding kommt uns nicht in den Wagen«, sagt Renate. »Haben wir vielleicht eine Plastiktüte?«, frage ich. Frau Schröder hat Besseres. In ihrem Wagen liegt eine Rolle Alufolie. Schnell ein Foto von mir und dem Elfenbein und dann ab.

Als wir unseren gemieteten kleinen Bungalow erreichen, will ich die wertvolle Beute in der Küche auswaschen. Sofort stinkt das ganze Haus. Ich wickle den Stoßzahn wieder in Alufolie, fahre ein Stück in die Steppe, wo ich es mit bloßen Händen neben einem Baum begrabe. Am nächsten Morgen, so mein Gedanke, nehmen wir die Kostbarkeit mit. Vor Aufregung finde ich kaum in den Schlaf. Der Graveur in mir sieht schon das Kunstwerk, in das er seinen edlen Fund verwandeln wird. Die Nacht ist vorbei. Wir frühstücken. Dann wackelt unser Wagen Richtung Windhoek. Da ist mein Baum. Der Puls erhöht sich. Ich sehe Fetzen von Alufolie und ahne Schreckliches. Als ich den Baum erreiche, finde ich die Stelle, wo mein Schatz vergrabe war. Öd und leer ist die Stätte. Den Spure nach zu urteilen hat eine Hyäne den Braten gerochen, das Ding ausgebuddelt und sich – vom Wohlgeruch beseelt – mit meiner Trophäe davonbegeben. Ich bin sauer wie eine Essiggurke.

In Windhoek will uns das keiner glauben. Das sei zu phantastisch. Ein paar Tage später können wir mit dem Foto aufwarten. Da werden die Zweifler still. Einer klärt mich auf: »Mit den Elfenbein im Koffer wärst du niemals durch die Röntgenkontrolle gekommen. Sie hätten dich für Wochen eingekerkert. Sei froh, dass du das Ding so elegant losgeworden bist.« Ehrlich gesagt, das hat mir geholfen! Übrigens, das Foto habe ich noch.

Noch etwas Erregendes zum Thema Apartheid, das mich aufgewühlt hat. Auf einer langen Fahrt mit dem namibischen

Pastor deutscher Abstammung, Dieter Schütte, berichtete ich diesem von den mich bewegenden Gesprächen über die Apartheid bei Sven und Heide Knye.

Dieter Schütte erzählte mir daraufhin seine Geschichte. Einer seiner Urgroßväter hatte sich in der Missionsanstalt Hermannsburg bei Celle zum Missionar ausbilden lassen, und war von dort nach Südafrika ausgesandt worden, um den Ureinwohnern Christus zu verkündigen. Der Sohn dieses Missionars war Farmer geworden, desgleichen auch dessen Sohn, der Vater von Pastor Schütte. Solche Farmen beschäftigen schwarze Mitarbeiter, die mit ihren Familien abseits des Haupthauses in äußerst bescheidenen Hütten wohnen. Dieter Schütte, auf solch einer Farm aufgewachsen, entschloss sich, ebenfalls nach Hermannsburg zu gehen, um Missionar zu werden. Während seiner Zeit im Missionsseminar ergab es sich, dass schwarze Pastoren die Ausbildungsstätte besuchten. Da Herr Schütte Afrikaans sprach, setzte man ihn während der Mittagsmahlzeit zu den Schwarzen an einen Tisch. Er aber hatte in seinem ganzen Leben noch nie mit Schwarzen an einem Tisch gesessen. Mit dieser Situation konfrontiert sei ihm übel geworden. Er habe rauslaufen müssen, um sich zu übergeben. Das habe ihn selbst so tief erschüttert, dass er in seinem Zimmer zu Gott geschrien habe. Schließlich sei er von dieser furchtbaren Last befreit worden. Es sei wie eine Dämonenaustreibung gewesen.

Wow! Apostolische Sukzession

Die meisten meiner Auslandseinsätze habe ich während meiner Zeit bei den Missionarischen Diensten in Niedersachsen unternommen. Irgendwann zog es Vollmers, mit denen wir in Münstedt lebten, nach Hermannsburg. Dort wohnten Olav Hanssen, Wolfgang Bartholomae, Reinhard Deichgräber, die Dozenten vom Hermannsburger Missionsseminar. Die Gruppe

153 war entstanden. Ihr Geschäftsführer im Nebenamt war Gerhard Liebner aus Hannover, der in seiner Frau Lilo eine ideale Mitstreiterin hatte. Familie Liebner war Anlaufstelle für viele Missionare auf Heimaturlaub. Es lag im Gefälle der Dinge, dass wir Vollmers Anfang August 1972 nach Hermannsburg folgten. Es war kurz vor der Geburt von Klaus-André, unserem Jüngsten. Da hielt es auch Kaisers nicht mehr lange in Münstedt. Sie bezogen in Hermannsburg ein geräumiges altes Bauernhaus. Irgendwann kamen dann Eckard und Irmgard Krause dazu. Eckard hatte einen guten Dienst unter jungen Menschen in Elze getan.

Die junge Familie, Weihnachten 1972

In der evangelistischen Verkündigung geht es um die »Anfangsgründe des Glaubens«. Ich wollte gern tiefer graben. Da kam mir die Gelegenheit, in der Theologischen Akademie in Celle ein theologisches Vollstudium zu absolvieren, durchaus recht. Wegen des Pfarrermangels war die Akademie für spätberufene Akademiker gegründet worden. Leute wie ich, mit einer seminaristisch-theologischen Ausbildung und Diensterfahrung, mussten eine Aufnahmeprüfung ablegen, die einem Fachabitur gleichkam. Ich absolvierte die externe Ausbildung. 1973 legte ich das zweite Theologische Examen ab. Die Ordination erfolgte am 17. Februar 1973 in der Kirche in Hahnenklee. Sie wurde von Landessuperintendent Henze unter der Assistenz von Jochen Schmutzler und Klaus Vollmer vorgenommen. Später trumpfte Klaus mit der Feststellung auf, er stünde, wie alle katholischen Priester, in der apostolischen Sukzession*. Auf meine Nachfrage berichtete Klaus, er wäre vom evangelischen Bischof Lilje ordiniert worden, der auch Abt vom Kloster Loccum sei. Dazu wäre dieser vom kath. Bischof ordiniert worden. In dieser Folge stünde er nun auch, meinte Klaus. »Dann stehe ich auch darin«, entgegnete ich. »Niemals!«, schmetterte Klaus mich ab. »He, wer hat mir denn bei meiner Ordination die Hand aufgelegt? Unter anderem du!« Na ja, er wäre aber kein Bischof, meinte Klaus. Damit kam er bei mir nicht durch. Ich erinnerte ihn daran, dass Luther gesagt hatte, durch die Taufe seien alle Gläubigen zu Bischöfen und Priestern geweiht. – Na, also!

Nach meiner Ordination drängte es mich mehr und mehr nun erst einmal wieder in die Gemeindearbeit.

---

* Die apostolische Sukzession sieht die Kontinuität zwischen Urkirche und heutiger Kirche dadurch gewährleistet, dass eine Kette von Handauflegungen ausgehend von den Aposteln über viele Bischöfe vergangener Tage bis hin zu den heutigen Bischöfen angenommen wird.

7.

St. Marien in Uelzen

Vom Auf und Ab in einer Kirchengemeinde

Mein Freund Manfred Bahn, Sparkassendirektor in Uelzen in der Lüneburger Heide, gab uns den Hinweis. In der evangelisch-lutherischen St. Mariengemeinde war die dritte Pfarrstelle frei geworden. Wir entschieden uns, dort hinzugehen.

Vierzehn Tage nach meiner Einführung – mit Bürgermeister und so – kam mir der starke Gedanke, dass der Schritt, hierherzugehen, wohl zu den großen Fehlern meines Lebens zu rechnen sei. Ich kam mir vor wie ein Spatz im Käfig, an Freiheit gewöhnt, aber nun eingesperrt. Es gab kaum einen Termin, den ich selber entscheiden konnte. Ungezählte Sachzwänge machten sich über mich her. Zuerst war ich Seelsorger für 4 000 Seelen. Als der Kollege ging, verdoppelte sich für mich die Seelenzahl. Nun hat jeder Mensch, nach Goethe, »zwei Seelen in seiner Brust«. Ich war dabei, in der Fülle der Gemeindearbeit mit fliegenden Fahnen unterzugehen. Erst langsam spielten die Dinge sich ein. Zu meinem Bezirk gehörte eine Siedlung mit sozial auffälligen Menschen, denen man am Rand der Stadt eine Bleibe aus Baracken eingerichtet hatte. Bei den lieben Leuten dort war ich oft und gerne. Gern war ich auch bei Christa Meves, meinem in Deutschland bekannten, tapferen Gemeindemitglied. Wir tranken gelegentlich ein Glas Wein und ordneten die Weltgeschichte.

Zwei Schwerpunkte hatte ich in Uelzen gewählt: Kinder-, Konfirmanden- und Jugendarbeit einerseits, die Predigt andererseits. Man müsse in der Gemeinde schwerpunktmäßig arbeiten, hatte ich bei Hans Dannenbaum gelesen, sonst könne man keine Spur hinterlassen. Schwerpunktmäßig arbeiten bedeutet, sich auf Wesentliches zu konzentrieren und zugleich wichtige Dinge sträflich zu vernachlässigen. Das habe ich getan. Die Aufgabenfülle war so gewaltig, dass sie von keinem Pfarrer der Welt zufriedenstellend hätte wahrgenommen werden können. Mit anderen Worten: Die Ignoranz der Verantwortlichen in der Volkskirche spottete damals jeder Beschreibung. Man lese das Aufgabenprofil eines Pfarrers oder einer Pfarrerin in den Ordnungen der geistlichen Ämter. Die Verfasser müssen so etwas wie Monster im Auge gehabt haben, nicht aber wirkliche Menschen. Was mich betrifft, habe ich in den fünf Jahren meines Pastorendaseins in Uelzen viele Säuglinge getauft, aber kaum Taufgespräche mit Eltern geführt. Ein pfarramtlicher Sündenfall. Mir war es schwer möglich, nicht die Frage nach dem Glauben der Eltern zu stellen. Grundsatzgespräche über den Glauben aber kosten Zeit und Kraft, die wegen der vielen anderen Aufgaben nicht zur Verfügung standen. Meistens ist es ja auch mit einem einzigen Gespräch nicht getan. Ich entschied, solche Grundsatzgespräche mit Taufeltern erst gar nicht zu führen. So lautete meine Devise: »Lasst die Kindlein zu mir kommen – wo ist das Wasser?«

Ich musste mir die Zeit, missionarisch zu sein, regelrecht erkämpfen. Wie hätte ich sonst guten Konfirmandenunterricht geben können? Kindergottesdiensthelfer waren zu führen, auch die Mitarbeiter der stetig wachsenden Jugendarbeit. Außerdem ergaben sich oft lange Gespräche vor den Beerdigungen, die wir bei ca. 10 000 Gemeindemitgliedern zu leisten hatten. Auch Krankenbesuche habe ich vernachlässigen müssen. Wöchentlich bekam ich bis zu zehn Namen von Gemeindemitgliedern meines Bezirks, die ins Krankenhaus eingeliefert worden waren. Wer mir bekannt war, wurde in der Regel besucht, mehr war nicht drin.

Es entstand mit der Zeit, dank der Hilfe vieler Mitarbeiter, eine stattliche Jugendarbeit. Da war ich froh, Hermann Brünjes als Jugendwart zu bekommen. Ich war entlastet und tat noch mehr für die Predigt. Im Sommer fuhr ich zur Predigtvorbereitung in den Wald, da gab es kein Telefon. Im Winter hatte ich ein anderes Refugium. Der Gottesdienstbesuch nahm zu. Und doch spürte ich tief im Hinterkopf, dass irgendetwas nicht stimmte. Von missionarischer Gemeindeentwicklung hatten wir damals noch keine Ahnung. Also wurschtelte auch ich herum, wie alle, die davon keine Ahnung haben. Manche verwurschteln bis heute ihr Pastorenleben, obwohl in der Praktischen Theologie inzwischen über Gemeindeleitung und -aufbau intensiv nachgedacht und gearbeitet worden ist. Ich denke an Fritz Schwarz, der zusammen mit seinem Sohn Christian eine Theologie des Gemeindeaufbaus geschrieben hat – für meinen Dienst in Uelzen leider fünf Jahre zu spät. Oder an das Buch von Prof. Dr. Manfred Seitz: Praxis des Glaubens. Ich erhielt dieses Buch zu meinem Abschied in Uelzen. Und sein wertvolles Gemeindeaufbaubuch »Erneuerung der Gemeinde« kam 1985 heraus, auf meinen Gemeindedienst in Uelzen bezogen, zehn Jahre zu spät. Für den Dienst in Österreich habe ich aus diesen Büchern dann viel Honig gesogen. Aus alledem ist 1992 wiederum meine eigene Schrift entstanden »Gemeinde entwickeln für die Volkskirche der Zukunft: Anregungen zur Praxis«. Hier ist manches von dem, was ich in Uelzen erlebt und erlitten habe, eingeflossen. Das Vorwort hat Prof. Seitz geschrieben, der auch später meine Dissertation begleitet hat.

Doch noch war ich in Uelzen: Die gut besuchten Gottesdienste sahen nach lebendiger Gemeinde aus. In Wahrheit versammelte sich lediglich ein interessiertes Predigtpublikum. Das war kein Leib Christi, der den Sendungsauftrag lebte. Damals war mir das nicht klar. Eine Schar von unverbindlich nebeneinanderher lebenden christlichen Individualisten sollten wir nicht vorschnell mit Gemeinde nach den Vorstellungen des NT verwechseln. Diese ist ein Leib mit verbindlich aneinander hängenden Gliedern. Obwohl die Gottesdienste gut besucht waren, verbindlich war in unserer Gemeinde außer den Jugendkreisen nichts. Jeden Sonntag ein anderes biblisches Thema für die »Passive Gemeinde« (Schlatter), ohne über das Ziel des gesamten Predigtgeschehens nachzudenken, und die Glieder in den Dienst zu stellen – das ist noch nicht der Leib Christi, den der Apostel Paulus meint (vgl. 1. Korinther 12-14). Guten Glaubens, richtig zu liegen, machten die Kollegen und ich Entscheidendes falsch. Nun, aus Fehlern dürfen wir lernen. Manches ist später in meine Dissertation eingeflossen.[3]

»Selig sind die Beene, die vor dem Altar stehn alleene.« Bei uns in St. Marien standen sechs vor dem Altar: vom Propst des Kirchenkreises, vom Kollegen und meine. Der Propst, ein weiser Mann, war schon siebzehn Jahre in Uelzen, als ich kam. Der Kollege, mir sieben Jahre voraus, war hier gut bekannt und sehr beliebt. Er hatte mir nicht nur die Jahre voraus, sondern war mit der Gabe der Freundlichkeit ausgestattet. Ein Gemeindeglied sagte mir: »Er kann trösten!« Etwas Schöneres kann man über einen Pastor kaum sagen. Das hätte ich auch gern gekonnt, hab mich auch drum bemüht. Aber bei oft ca. drei Beerdigungen pro Woche ist es nicht leicht, immer ein richtiges Wort zu finden.

Pastoren sind Menschen, keine Engel. Wir drei von St. Marien waren mit unseren Stärken und Schwächen, unseren Gaben und Defiziten zusammengespannt. Mir wurde deutlich, dass ich in eine Situation geworfen war, die ich so vorher noch nicht erlebt hatte. Die Zusammenarbeit mit Klaus Vollmer in den Missionarischen Diensten war einfach gewesen. Jeder hatte seine eigenen Arbeitsfelder. Reibungspunkte gab es da kaum. In der Missionsgemeinde Schöneberg der Berliner Stadtmission war ich der einzige Hauptamtliche gewesen, eingebettet in ein liebenswertes Team von Mitarbeitern, die mir großen Spielraum ließen. Nun aber, in Uelzen, war alles anders: Ein aufreibender Dienst, auf den ich nicht gefasst war, dann die Familie mit unseren sechs Kindern, von denen immerhin fünf mächtig pubertierten. In diesen Jahren entstand auch das Büchlein »Meine Eltern sind in einem schwierigen Alter.«

Zu allem kam nun die Aufgabe, mit den beiden Kollegen gut zusammen zu spielen. Mein Kollege und ich, wir hatten ja nicht nur verschiedene Temperamente und Gaben, sondern auch in theologischen Fragen gelegentlich unterschiedliche Ansichten. Was eine gute Streitkultur betrifft, waren wir auch nicht gerade die großen Weltmeister. Es kam zu gelegentlichen Spannungen, zu denen ich sicher mein gerütteltes Maß beigetragen habe. Ich kann für meinen Schuldanteil nur Gott, die Kollegen und die liebenswerte St. Mariengemeinde in Uelzen um Vergebung bitten.

Heute ist mir bewusst, wie viel Gutes in unseren Gemeinden unterbleibt, wo wir uns in böser Weise streiten. Wenn wir uns lieben, achtsam miteinander umgehen, entsteht unter uns so viel Gutes und Staunenswertes, oft zum Weinen schön. Wenn wir uns aber streiten, kommt viel Ungutes aus den Tiefen unseres Menschenseins hoch, dass es zum Heulen ist. Da werden Kluge dumm, Gebildete primitiv, Verantwortliche verantwortungslos. Hinter dem Rücken des Bruders oder der Schwester herzuziehen, ist ein Übel, das leider auch vor den Toren der Gemeinde nicht Halt macht. Verletzungen, die wir einander zufügen, haben es an sich, dass sie ein Leben lang nicht wirklich heilen.

Mit dem Schlüssel der Liebe aber könnten wir gemeinsam viele schöne Räume für uns und andere öffnen. So würde die Gemeinde ein Zufluchtsort, der Wärme, Geborgenheit und Schutz bietet. Das zöge auch die Fernen an. Wer ist nicht gern dort, wo es schön ist!

Zu oft kommt es vor, dass wir nicht achtsam sind, den Schlüssel der Liebe verlieren oder einfach nicht gebrauchen.

Eines Tages wird das wieder vor uns stehen, was wir am anderen gefehlt haben, möglicherweise, in den Tagen unseres nahenden Todes. Das habe ich bei der Begleitung Kranker und Sterbender in der Gemeinde erlebt. Einmal, als ich grade ein Krankenzimmer im Uelzener Krankenhaus betreten will, kommt der Stationsarzt heraus. Er nimmt mich zur Seite: »Alle drei Frauen – Todeskandidaten. Aber die eine, die am Fenster, kann einfach nicht sterben.« Das war unser Gemeindeglied, das ich besuchen wollte. Ich setze mich an ihr Bett. Sie winkt mich heran, möchte mir etwas ins Ohr sagen. Mit schwacher Stimme spricht sie etwas aus, was sie seit Jahrzehnten belastet, etwas, was sie aus Wut jemandem angetan hatte. Gut machen gehe nicht mehr, der Mensch sei gestorben. Ich bete, danke dem Höchsten dafür, dass er ihr, die jetzt so traurig ist über sich selbst, so gern vergibt. Dann sage ich, was jeder glaubende Christ einem anderen Christen in ähnlichem Fall sagen kann, darf und sogar soll: »Im Namen Jesu, dir sind deine Süden vergeben. Fürchte dich nicht mehr!« Beim Besuch der Trauerfamilie erfahre ich, dass sie kurz nach meinem Besuch gestorben ist. Sie ist dorthin gegangen, wo es keine Tränen mehr gibt, kein Leid und keinen Schmerz.

In der ersten gemeinsamen Dienstbesprechung in Uelzen wurde mir gesagt, die Jugendarbeit läge danieder, ich möge mich doch darum kümmern.

Besonderen Wert legte ich von Anfang an auf die Predigtarbeit. Nach ein paar Wochen sagte mir ein Landwirt, er frage sich, wie lange ich das wohl durchhalten könne. Er empfand Richtiges. Jeden Sonntag gut zu predigen, ist schwer. Da war es hilfreich, dass wir Pfarrer jeden dritten Sonntag predigtfrei hatten.

Der Kirchenvorstand

Als Glied der Gemeindejugend in der Senne hatte ich kaum Begegnungen mit Kirchenvorstehern gehabt. Im Johanneum hatten wir über Gemeindeleitung wenig gehört. In der Berliner Stadtmission war ich in einen Ältestenkreis eingebunden gewesen, mit dem wir Freud und Leid der Gemeinde besprachen. Die Damen und Herren waren treue, an unsere Sache hingegebene, geistlich mündige Mitarbeiter. Wir hatten uns regelmäßig im Gottesdienst und in der wöchentlichen Bibelstunde gesehen. Auf diese Leute war Verlass. Es war eine Freude gewesen, mit ihnen zusammen zu sein. Später, in Münstedt, hatte ich zwar manchmal gepredigt, aber an einer Sitzung des Kirchenvorstands hatte ich nie teilgenommen.

In der St. Marien Gemeinde in Uelzen begegnete ich nun erstmals einem »richtigen« Kirchenvorstand. Geachtete Bürger der Stadt, gebildet, angenehme Erscheinungen mit guten Umgangsformen. Noch nie hatte ich die Sitzung eines landeskirchlichen Kirchenvorstands erlebt. Ich wunderte mich bereits in der ersten Sitzung, dass man gleich in die Geschäftsordnung eintrat. Kein Losungswort am Anfang, kein Gebet. Wochen gingen ins Land. Mir fiel auf, dass unsere Kirchenvorsteher in den Gottesdiensten nie zu sehen waren, es sei denn, sie hatten Kirchendienst, der darin bestand, die Kollekte einzusammeln und das Geld zu zählen. Herrn Gustav Frese, unserem treuen Diakon, oblag es dabei, die Besucher zu zählen und ihre Zahl aufzuschreiben.

Nach einigen Monaten fragte ich, ob wir unsere Sitzungen nicht mit Losung und Gebet beginnen könnten. Jemand meinte, das viele Beten tue es nicht. Ich wollte ja gar nicht viel beten, aber dachte, es wäre doch schön. In meiner Einfalt machte ich bald einen anderen Vorstoß. Behutsam sagte ich, ich hätte immer geglaubt, dass Presbyter auch in den Gottesdienst kämen. »Ich finde es schade, dass wir uns fast nie im Gottesdienst sehen.« Mein lieber Mann! Da kam endlich Bewegung in den Laden. Unmissverständlich wurde ich ins Bild gesetzt: »Das war nicht ausgemacht!«

Was den Glauben betrifft, hielten sich unsere Kirchenvorsteher eher bedeckt. Darüber sprach man nicht. So habe ich das Gespräch über den Glauben gesucht, stieß aber eher auf Ablehnung. Nach etwa einem Jahr fand ich die Erklärung für das distanzierte Verhalten unserer Gemeindeleiter. Eine neue Wahl stand an. Ein Vorstellungsabend wurde anberaumt mit etwa zwanzig Damen und Herren, die bereit waren, sich wählen zu lassen. Zwölf wurden gebraucht. Da fiel dann der beruhigende Satz: »Es gibt nicht viel zu tun. Wir halten die Zahl der Sitzungen so niedrig wie möglich.« Meine Gedanken wanderten zurück zur Stadtmission in Schöneberg. Wir hatten uns monatlich getroffen und es dauerte dabei oft bis nach Mitternacht, weil es in der kleinen Gemeinde von hundert Mitgliedern viel zu bedenken gab. In Uelzen aber waren wir 10 000. Da kam man mit weit weniger Sitzungen aus?

Dann kam eine Vorstellung der Pastoren. Dabei wurde bald klar, manche hatten ihren Propst, der regelmäßig predigte, in 17 Jahren nie gesehen, waren wohl auch in Glaubensdingen nicht gerade bewandert und sollten nun die Gemeinde leiten. Natürlich kannten mich etliche erst recht nicht. Und sie würden unter Umständen einmal Entscheidungen über unsere Jugendarbeit zu fällen haben, obwohl sie gar nicht wussten, was evangelische Jugendarbeit ist. Was da an Ungeheuerlichkeit ablief, habe ich an diesem Abend erst nur unbewusst erfasst. Es hat ein paar Tage gedauert, bis mir dämmerte, dass wir hier ein Kapitel aus dem Buch der Bürger von Schilda vorexerziert bekamen – und keiner hat es gemerkt.

Nach geistlichen Kriterien wurde der Kirchenvorstand bei uns nicht ausgewählt. Ob sie an Christus glaubten, vom Wesen und Auftrag der Gemeinde etwas wussten, ob sie sich in die Gemeinde eingebracht hatten, das alles war nicht die Frage. Ein Arzt wäre gut, ein Kaufmann, ein Landwirt von den Dörfern. Auch der Dachdeckermeister wäre zu empfehlen, denn das Kirchendach musste saniert werden. Dass mich niemand missversteht: Die Kirchenvorsteher sind hier nicht zu kritisieren. Sie waren freundliche, gebildete Menschen, die es nicht übers Herz gebracht hatten, Nein zu sagen, als man um sie warb. Nun kam ich daher und mahnte sie, zum Gottesdienst zu kommen. Das war irgendwie nicht fair, wie mir nun selber aufging.

So war es in St. Marien. So ist es oft in der Volkskirche. So aber darf es nicht bleiben! Man stelle sich vor: Ist jemand erst einmal Kirchenvorsteher, kann er in höchste kirchliche

Laienämter aufsteigen, Präses einer Synode werden oder »weltlicher« Oberkirchenrat, alles, ohne zu wissen, was Gemeinde ist und dass es um die ewige Rettung von Menschen geht. Damals waren wir weit davon entfernt, Kirchenvorsteher als geistliche Leiter zu verstehen, die aus der Bibel leben und für ihre hohe Aufgabe der Führung der Gemeinde beten und arbeiten.

Der Gemeinsame Abend

In Stuttgart gab es den »Offenen Abend«. Da trafen sich junge Leute unter dreißig. Ihr Leiter, Helmut Wenzelmann, hatte mich mehrfach eingeladen, dort zu sprechen.

Der Offene Abend war aus einem Jugendkreis von etwa zwanzig Leuten heraus entstanden. Der Leiter hatte sie angestupst, nicht nur um sich selbst zu kreisen, sondern andere Jugendliche zu besuchen. So war der Kreis gewachsen. Sie bildeten mehrere Gesprächskreise, die wiederum alle vierzehn Tage zu einer Großveranstaltung einluden. Dort versuchten sie mit guten Themen wechselnde Zielgruppen zu erreichen. Das war der Offene Abend, der dem ganzen Unternehmen auch den Namen gab. Die durchschnittliche Besucherzahl lag bei 500. Das Zusammenspiel von intensiven Kleinkreisen und missionarischer Großveranstaltung hat mich fasziniert.

Nun war ich in Uelzen gelandet. Eine Jugendarbeit, die es einst gegeben hatte, gab es inzwischen nicht mehr. Mit der Bibel könne man jungen Leuten heute sowieso nicht kommen, unkten meine Pastorenkollegen von den Nachbargemeinden. Nun, das hatte ich in Berlin, in der volksmissionarischen Arbeit und bei den Fackelträgern anders erlebt.

Mir lag daran, dass die jungen Leute schon im Konfirmandenalter ans Bibellesen kamen. So fragte ich unsere Freunde, ob sie bereit wären, an einem bestimmten Abend in der Woche ihr Haus für Konfis zu öffnen und mit ihnen die Bibel zu lesen. Unsere Freunde machten mit. Sie wurden entscheidende Mitarbeiter. Frau Gutta Riefel, bald unsere treue Gemeindesekretärin, war mit von der Partie. Es waren aber mehr Konfirmanden bereit, zum Bibellesen zu kommen, als unsere Freunde unterbringen konnten.

Ich ging zum Propst und fragte, ob er junge Ehepaare in der Gemeinde kenne, die bereit und in der Lage seien, mit Konfis die Bibel zu lesen. Er sah mich überrascht an: »Wir sind doch in der Volkskirche.« Mein Probst hatte wohl die Vorstellung, dass wir das von der Volkskirche nicht erwarten könnten. So ging ich zum Prediger der Landeskirchlichen Gemeinschaft, Hans Greif. Er hatte mich schon bei sich predigen lassen. Da waren junge Ehepaare, die ich anfragen konnte. Hans war bereit, mir welche für unsere Konfis zu überlassen. So hat seine Gemeinschaft einen Beitrag zum Start unserer Jugendarbeit geleistet.

Erste Konfirmandengruppen begannen, sich in Privathäusern zu versammeln um die Bibel zu lesen. Anschließend saßen sie noch zusammen, aßen Kekse, redeten oder machten Spiele. Ich hatte darauf geachtet, dass alle Gruppen am gleichen Abend zusammenkamen. So konnte ich mich mit den Leitern gleich hinterher zu einem Nachgespräch treffen. Wir tauschten aus, wie der Abend verlaufen war. Das Nachgespräch erwies sich immer mehr als die Mitte der ganzen Arbeit. Die Mitarbeiter wussten sich ernst genommen und wertgeschätzt. Sie konnten alles loswerden, was sie froh machte oder ärgerte. Diese Gespräche wurden zu einer unverzichtbaren Institution.

Nach der Konfirmation wollten die Hausgruppen zusammenbleiben. So war eingeleitet, dass es nach der Konfirmation nahtlos weiterging. Jährlich kamen Neue. Allein die Namen zu lernen, war schwer. Mein Vorsatz war, möglichst nie eine langweilige Konfirmandenstunde zu halten, nie die jungen Leute mit dem Evangelium zu langweilen. Dann gingen wir dazu über, den Offenen Abend in Stuttgart zu kopieren. Der Begriff »Offener Abend« war belegt. Meine Frau Renate schlug darum »Der Gemeinsame Abend« vor. Die Gruppen, die nun

Jugendbibelkreise geworden waren, trafen sich jetzt alle vierzehn Tage gemeinsam. Sie rührten mächtig die Werbetrommel, sodass wir nicht nur aus der Konfirmandenarbeit Zuwachs bekamen.

Was geschah am Gemeinsamen Abend? Wie in Stuttgart beobachtet, luden wir die besten Referenten der Gegend ein: Klaus Vollmer, Reinhard Deichgräber, Christa Meves, Axel Kühner, Gerhard Bruns, Eckard Krause, Peter Licht, den Liedermacher Manfred Siebald, Horst Bertl vom HSV. Es wurden Feste gefeiert, Spieleabende gemacht, Freizeiten durchgeführt. Viele in Uelzen freuten sich. Das ortsansässige Musikgeschäft erlebte einen Boom an verkauften Gitarren, denn unsere Lieder wollten viele auch zu Hause singen.

Damals existierte in Uelzen ein Goethezirkel; lauter Damen. Eines Tages treffe ich eine von ihnen. Sie hätten debattiert, so berichtete sie, wie es komme, dass so viele junge Leute ins Martin-Luther-Haus zum Gemeinsamen Abend liefen. Dann seien sie drauf gekommen, die jungen Leute würden durch »den Eickhoff« hypnotisiert.

Es gab auch Kollegen, die verbreiteten die Kunde, zum Gemeinsamen Abend liefen nur Psychopaten. Es passte einfach nicht in ihr Bild, dass junge Menschen allen Unkenrufen zum Trotz, die Bibel lasen, beteten und bestrebt waren, anderen von ihrem Glauben zu sagen.

Bald zeichnete sich ab, dass ich ohne Hilfe so nicht weitermachen konnte. Wir brauchten einen Jugendwart, der zu unserer Arbeit möglichst nahtlos passte. Der wurde uns geschenkt. Im Oktober 1976 wurde Hermann Brünjes Kreisjugendwart, der nun bei uns einstieg. Über diese Zeit erzählt er selbst:

»Klaus hatte erwachsene Mitarbeiter für die Jugendarbeit gewonnen, die sie leiten. Als ich meinen Dienst im Oktober 1976 beginne, sind es vier oder fünf solcher Hauskreise. Sie treffen sich vierzehntägig. Dazwischen findet ein »Gemeinsamer Abend« statt, zu dem alle Jugendlichen aus den

Hauskreisen, aber auch deren Freunde eingeladen werden. Als ich vier Jahre später, ein Jahr, nachdem Klaus Uelzen verlassen hat, zu den Missionarischen Diensten wechsle, sind es fast zwanzig solcher Hauskreise. Der »Gemeinsame Abend« begann mit dreißig, vierzig – und entwickelte sich zu einem offenen Angebot, zu dem regelmäßig um die 100 bis 130 Jugendliche kamen. Bei Konzerten mit Manfred Siebald, Arno und Andreas, Jan Vering und anderen damals bekannten Musikern waren es manchmal bis zu 200. Das bewährte Konzept mit den Erwachsenen in der Jugendarbeit haben wir mit gutem Erfolg durchgezogen, da die Jugendlichen so eine wirklich intensive Begleitung erfuhren. Allerdings fanden wir bald keine Erwachsenen mehr, die bereit waren, sich intensiv in die Arbeit einzubringen, und so mussten wir immer mehr auf ältere Jugendliche als Hauskreisleiter zurückgreifen. Als die Jugendarbeit dann schnell größer wurde, diverse Jungscharen, Mitarbeiterkreis, Projekte usw. hinzukamen, hatte sich Klaus zwar daraus zurückgezogen, unterstützte mich als verantwortlicher Pastor jedoch voll und nachdrücklich. Letztlich waren es seine Gruppen, aus denen die Konfirmanden in die Jugendarbeit strömten …

Heute glaube ich, wir beide sind zu früh aus Uelzen weggegangen. Ja, es gibt noch diverse Nachwirkungen jener Zeit. Einzelne Menschen, die wiederum für andere zum Segen geworden sind. Nachgewirkt haben die Jahre auch bei mir, waren sie doch Aufbruch, geistliche und persönliche Herausforderung und Lehrzeit für mich. Und Klaus hat daran seinen Anteil. Gott sei Dank. Am Ende war es doch für die Ewigkeit!

Die Juwelen der Volkskirche

Mehr und mehr begriff ich die Volkskirche als große missionarische Gelegenheit. Viele Jahre später verbrachten wir einen

Urlaub auf Mallorca. In der Deutschen Zeitung lese ich den Namen des Pfarrers der deutschsprachigen Gemeinden auf den Balearen: Andreas Ahnert. Er, der Sohn unseres Propstes, war wohl fünfzehn Jahre alt, als wir nach Uelzen kamen. Nun ist er Pastor auf der Ferieninsel der Deutschen. Ich hänge mich ans Telefon. Abends sitzen wir dann zusammen. Alte Geschichten kommen hoch. »Wenn du damals auf mich gehört hättest, wäre es zu unserer Jugendarbeit nie gekommen«, sagt Andreas. Ich weiß, was er meint. Damals sollte ich mich ja in Uelzen um die Jugendarbeit der Gemeinde kümmern. Wir wohnten mit Ahnerts in der alten Propstei unter einem Dach. Unser Martin war fast vierzehn und noch nicht konfirmiert. Das sollte in vier Monaten sein. Ich habe beide gefragt, ob wir uns nicht täglich zusammensetzen wollen und den Römerbrief lesen, von 18 bis 19 Uhr. Sie machten mit und es ging los. Unser erster Jugendkreis. Wir wuchsen zu einer kleinen verschworenen Gemeinschaft zusammen. Dann hatte ich andere Jugendliche, die Helfer im Kindergottesdienst waren, kennengelernt und wollte unseren kleinen Kreis gern erweitern. Eine Mitarbeiterin war Edda Nolte, die später meine Nachfolgerin in der Stadtmission Berlin-Schöneberg werden sollte.

An meine erste Konfirmandenstunde in der St. Mariengemeinde in Uelzen erinnere ich mich gut. Da saßen sie, vielleicht 25 an der Zahl. Sie blickten schon auf mehr als ein Jahr Unterricht zurück. Jetzt waren sie Hauptkonfirmanden. Ich wollte gern wissen, wo sie innerlich stehen. Wie konnte ich ihnen sonst gerecht werden? Mir lag daran, eine scheinheilige »So tun, als ob«-Atmosphäre erst gar nicht aufkommen zu lassen. Dazu gehörte für mich, sie zu bitten, ehrlich zu sagen, wie sie es mit dem Glauben hielten. »Ich habe etwas auf dem Herzen. Findet ihr nicht auch, wir sollten ehrlich miteinander umgehen? Ihr werdet bei eurer Konfirmation gefragt, ob ihr zu Jesus gehören wollt, ob ihr an Gott glaubt. Bitte, seid wahrhaftig! Wenn jemand nicht glauben kann oder nicht glauben will, sagt es ehrlich. Das ist keine Schande. Aber tut nicht so, als ob. Habt den Mut, euch nicht konfirmieren zu lassen, wenn ihr nicht glaubt. Und wenn eure Eltern Zoff machen, ich stehe euch bei.« So habe ich mit ihnen geredet, nach der Weise: »Oh, komm, du Geist der Wahrheit, und kehre bei uns ein!« Es war mucksmäuschenstill. Dann habe ich sie der Reihe nach gefragt, wie es ihnen mit dem Glauben ergeht, ob sie an Gott glauben. Bis auf einen haben sie alle den Kopf geschüttelt, nein, sie glauben nicht. Der Geist der Wahrheit! »Danke, dass ihr ehrlich seid. Das wird Gott segnen.«

Wir hatten noch vier Monate. Darum sagte ich: »Die Konfirmation steht vor der Tür und ihr habt mir ehrlich erklärt, wie es mit dem Glauben steht. Was sollen wir machen?« Dirk stieß heraus: »Das hat uns ja bisher nie einer gefragt!« Die anderen nickten. Ich wiederholte leise meine Frage: »Und? Was machen wir nun?« Christiane schlug vor: »Wir könnten doch versuchen, dass wir uns bis zur Konfirmation noch bekehren.« Woher sie diese Vokabel hatte, entzieht sich meiner Kenntnis. Jedenfalls, das war das lösende Wort! Es herrschte Einmütigkeit in der Gruppe. In der Kleinstadt aber kursierte bald das Gerücht, der neue Pastor habe seinen Konfirmanden gesagt, sie sollen sich nicht konfirmieren lassen.

»Das hat uns bisher nie einer gefragt.« Zeigt sich hier nicht eine Schwäche unseres Umgangs mit Konfirmanden? Da werden sie bis zu zwei Jahre unterrichtet, aber oft nicht gefragt, wie es ihnen damit geht. Die Frage nach dem persönlichen Glauben wird peinlichst vermieden, steht aber im Raum. Dann, bei der Konfirmation, werden die Heranwachsenden wie überfallartig öffentlich gefragt, ob sie glauben oder nicht. Da hilft es wenig, wenn Pfarrer heute das Bekenntnis des Glaubens bei der Konfirmationsfeier geschickt umgehen.

Meine Musikalität hält sich in Grenzen, aber ein bisschen D-Dur auf der Gitarre kriegte ich hin. So haben wir im Konfirmandenunterricht begonnen, die schönen Gospelsongs zu singen, die ich bei den Fackelträgern gelernt hatte. Dann habe ich versucht, ihnen Jesus groß zu machen. Nach Lutterloh, dem Freizeitenheim bei Hermannsburg, sind wir gefahren. Eckard Krause hatte dort die Leitung übernommen. Wir haben Fußball gespielt, Tischtennis, manch anderes Kreative gemacht. Dann haben die Mitarbeiter von Lutterloh und ich den Kindern die Bibel ausgelegt, in ihre Sprach- und Erlebniswelt hinein. Etwa 120 neue Kinder meldeten sich pro Jahr zum Unterricht an. In den ersten acht Wochen habe ich meine Gruppen im Martin-Luther-Haus versammelt und Kinderevangelisation gemacht, wie einst in Schöneberg. Fackelträgeratmosphäre. Wunschkonzert. Dann habe ich Jesusgeschichten erzählt. Als der reguläre Unterricht begann, war ihnen Jesus schon ein wenig vertraut. Es ist nicht leicht, jedes Mal eine spannende Stunde zu halten. So habe ich interessante Gäste eingeladen: Horst Bertl, den Fußballprofi vom HSV, der Christ war, den Kinderarzt, bei dem alle schon mal auf dem Tisch gelegen hatten, Christa Meves, die Psychagogin. Sie erzählten, wie sie zu Christus gefunden hatten. Die Konfis sperrten Augen und Ohren auf.

Damals ist mir klar geworden, welch ein Geschenk die Volkskirche ist. Wie hatten wir uns in der Stadtmission danach gesehnt, mit Jugendlichen in Kontakt zu kommen, um ihnen das Evangelium zu verkündigen. Jetzt wurden sie mir – wie Juwelen auf dem Silbertablett – einfach hingereicht. In Schöneberg hatte ich mir die Schuhsohlen abgelaufen, um ehemalige Konfirmanden der Apostel-Paulus-Kirche zu gewinnen. Auf die Straße hatte ich mich gestellt, Teenager und Twens angesprochen. Jetzt drängten die Teenager ohne mein Zutun nur so herein. Das Missionsfeld wurde wie ein bunter Teppich mitten in die Kirche gerollt. Was hatte ich mir in Berlin anhören müssen: »Kirche? Nur Heuchelei!« Das war ungerecht. Aber so haben die jungen Leute Kirche in der Großstadt erlebt. Was lief da schief? Waren die Gruppen zu groß? Waren die Pfarrer für die Teenager der Hinterhöfe nicht ausreichend ausgebildet? Was machten wir falsch? Warum wollen auch heute viele Konfirmierte später von ihrer Kirche nichts mehr wissen? Elementare Fragen, die wir oft verdrängen.

In der Gemeinde in Uelzen sah ich mich beschenkt. So viele junge Leute, die einfach kamen. In der Volkskirche haben wir Zugang zu Scharen von Menschen, ein Vorrecht, das die Freikirche nicht kennt. Aber nutzen wir es? Warum sind die Freikirchen oft lebendiger als wir? Warum haben sie oft die jungen Menschen, die uns fehlen? Warum fühlen sich Jugendliche, junge Ehepaare mit ihren Kindern bei ihnen eher beheimatet als bei uns?

Oft gings ans Eingemachte

Eine wache volkskirchliche Gemeinde, der so viele Zugänge zu den Menschen gegeben sind, wird ihr Augenmerk darauf richten, so viele ehrenamtliche Mitarbeiter wie möglich zu bekommen. Diesen wird sie, je nach Gabe, auch pastorale Aufgaben anvertrauen. Wo steht geschrieben, dass ein Stadtpfarrer alle Beerdigungen samt den dazugehörigen Trauerbesuchen und der so wichtigen Trauerbegleitung allein machen muss? Als ich für zwei Bezirke unserer Gemeinde zuständig war, hatte ich manchmal drei bis fünf Beerdigungen pro Woche. Viele Trauerbesuche standen an. Ich vermochte es nicht, die Trauernden lediglich mit ein paar Trostworten abzuspeisen. Da geht's ans Eingemachte.

Die Trauerfamilie, mit der ich zusammensitze, spricht dankbar von dem Verstorbenen. Nach einer Weile frage ich leise: »Was denken Sie, wo ist er jetzt?« – Stille. »Wie meinen Sie?«, fragt ein Sohn. »Gibt es eine Ewigkeit oder nicht?« Scheue Blicke. »Spüren Sie es nicht auch, dass diese Frage in diese ernste Stunde gehört? Wo ist ein Mensch, wenn er gestorben ist?« Tiefe Atemzüge. Einer sagt: »Man fällt um wie ein Baum und vermodert.« »Das sollten Sie Ihrem Vater nicht antun. Eben haben Sie so gut von ihm geredet. Nun sagen Sie, dass sein Leben sinnlos war. Vermodernder Baum. Glaube nicht, dass ihm das jetzt gefällt.« Keiner spricht. »So habe ich es nicht gemeint«, meldet sich dann der Erste. »So ähnlich aber haben Sie es gesagt.« Von dem Standpunkt, der Gott ausschließt, hatte er recht. Eine Welt ohne Gott ist eine Welt ohne Sinn. Er fährt fort: »Es ist noch nie einer wiedergekommen, Herr Pastor.« »Ich bin Pastor, weil einer wiedergekommen ist.« Und wieder: der Vater wäre ein guter Mensch gewesen, Mann mit Charakter und so. Wenn es Gott gäbe, wäre er einer von den Ersten, die in den Himmel kämen. »Glauben Sie, dass man sich den Himmel mit Charakter erkaufen kann? Hat Gott eine Krämerseele? Was mache ich armes Schwein, das vielleicht keinen so tollen Charakter hat – wie Ihr Vater?« Schweigen. »Gott liebt nicht nur die moralischen Kanonen. Jesus kam doch, um die Nieten, Taugenichtse, Versager, Ehebrecher, Mörder, Betrüger zu retten; Leute, denen das Leben nicht gelungen ist. Das Buch der Bücher nennt sie Zielverfehler, das heißt: Sünder. Aus Gottes Sicht sind wir hier lauter Zielverfehler. Ich bin auch einer. Euren Vater, euch und mich zu retten, dazu ist er gekommen.« Darüber wollen sie mehr hören. Wir haben ein langes Gespräch.

Natürlich wusste ich, ich musste die Familie unbedingt wiedersehen. Nun fängt doch die Trauerarbeit erst an. Was ist mit den aufgebrochenen Fragen? Das muss doch weitergehen. Als einzelner Pastor aber konnte ich das niemals leisten. Die nächsten Beerdigungen standen schon im Kalender. Darum hätte ich geistlich mündige Gemeindemitglieder gebraucht, die mit mir gemeinsam die Trauerbesuche machen, um hinterher den Menschen nachzugehen. Das alles aber war noch nicht in meinem Horizont.

Eines Tages besuchten mich junge Ärzte. Sie waren Christen, lebten in Bethel bei Bielefeld, wollten eine Gemeinschaftspraxis eröffnen. Dazu suchten sie einen Ort mit einer lebendigen Kirchengemeinde. Nun fragten sie mich, ob sie in unserer Gemeinde willkommen wären. Etwas Besseres kann sich ein

Gemeindepfarrer nicht wünschen. Das Arztehepaar Dr. Fritz Goihl und seine Frau Dr. Mariele hätte am liebsten einen deutlichen Ruf aus meinem Munde gehört: »Kommt nach Uelzen und helft uns!« Doch dazu sah ich mich nicht in der Lage, konnte ich doch nicht wissen, wie lange ich bleiben würde. Die Ärzte beschlossen dennoch, sich in Uelzen niederzulassen. Wenn ich auch nicht mehr lange in Uelzen blieb, musste ich bei unserem Weggang nicht denken, sie im Stich gelassen zu haben. Die St. Mariengemeinde jedenfalls ist durch ihre Mitwirkung gesegnet worden.

So etwas wie ein Sonnenstrahl

In Uelzen gehörten zu meinem Pfarrbezirk ein Teil der Innenstadt und drei Dörfer. Die Leute dort warteten auf den Besuch ihres Pastors. Dem war ja auch aufgetragen, sie alle zu besuchen. Allerdings sagte niemand, wie das gelingen sollte. Gelegentlich habe ich dann doch den einen oder anderen Besuch gemacht. Die Begegnung mit einer alten Bäuerin hat sich mir eingeprägt. Sie saß im Sessel, konnte allein nicht aufstehen, erzählte von früher. Dann zeigte sie mir ihre verformten Hände. Sie litt unter Gicht: »Was bin ich denn noch wert?«, jammerte sie. »Ich kann nichts mehr tun. Ich kann nicht einmal mehr Kartoffeln schälen. Bin nichts mehr wert.« Da ist mir sanft der Kragen geplatzt. »Ihr Wert hängt doch nicht davon ab, dass Sie Kartoffeln schälen können. Sie haben doch Ihr Leben lang gearbeitet, ist das denn nichts?« »Ja, aber jetzt geht nichts mehr. Bin nichts mehr wert.« Dummerweise fing ich an, ihr mit allerlei Artigkeiten zu kommen, sie wäre doch tüchtig gewesen, die Kinder sprächen mit Hochachtung von ihr, und wie sie sich aufgeopfert habe und ihr ganzes Leben immer gearbeitet habe. Das wäre doch was. Es verfing nicht. »Gut und schön, aber nun bin ich nichts mehr wert, komme mir vor wie ein ausgelatschter Schuh.« »Nein«, beeile ich mich zu sagen, »Sie haben sich Ihren Lebensabend mehr als verdient.« »Ein Lebensabend mit kaputten Knochen? Ha!« Und wieder das Klagelied: »Was bin ich altes Weib noch wert?« Mit niedersächsischer Sturheit versuchte sie mir klarzumachen, dass sie quasi kein Lebensrecht mehr hätte. Nutzlos wäre sie, falle anderen nur zur Last.

Da saß ich mit meiner christlichen Lebensphilosophie, erreichte weder ihr Ohr noch ihr Herz. Jemanden zum Umdenken anzustupsen, der sein Leben lang einem verheerenden Irrtum gefolgt ist, wie soll das gehen? Arbeit, das war die Göttin, der sie huldigte, obwohl sie evangelische Christin war. Dieser Götze grinste beharrlich und eine Greisin starrte ins Leere.

Das Gespräch hat mich noch lange beschäftigt und es gab etwas, das ich der alten Frau damals so nicht sagen konnte. Ihre Niedergeschlagenheit war das Produkt unserer gnadenlosen Leistungsgesellschaft, die uns glauben machen will, wir seien nur wertvoll, wenn wir etwas leisten – und sei es nur Kartoffelschälen. Sicher, arbeiten können und etwas leisten, ist schön. Der Sinn des Lebens aber darf darin nicht bestehen. Sonst wird ein Leben dann sinnlos, wenn wir nichts mehr leisten können. Es ist die unausweichliche Frage, die mich als Teenager schon gepiesackt hatte: Wer sind wir? Wozu sind wir bloß auf der Welt? Und was ist der Sinn?

Wonach fragen wir eigentlich, wenn wir nach dem Sinn fragen? Da fragen wir über eine Sache bzw. Person hinaus. Der Sinn ist mehr als die Sache oder die Person. Wir fragen also nach diesem Mehr. Ihren Wert bekommen Sachen oder Personen immer erst durch ihren Sinn. Was wäre ein Menschenleben, wenn es sinnlos wäre? Den Sinn unseres Lebens können wir uns aber nicht selber geben. Haben wir unser Leben empfangen, können wir unseren Sinn erst recht »nur« empfangen. Dass ich den Sinn meines Lebens nur empfangen kann, entspricht nun in erstaunlicher Weise dem Evangelium. Sinnbild des Empfangens ist das neugeborene Kind. Es ist geliebt, darf sein, muss sich seinen Wert nicht erarbeiten, muss keinen Zweck erfüllen! Sich selbst, auch seinen Sinn, hat es empfangen. Das Empfangen steht am Anfang! Die Erfahrung des Kindes, bedingungslos angenommen zu sein, ist die Erfahrung von Sinn. Religiös gesprochen: Es ist die Erfahrung von Gnade! Wir alle kommen von dieser Erfahrung her.

Die Leistungsgesellschaft, die den schenkenden Gott nicht kennt, zwingt uns dagegen unter das Gesetz der Zwecke. Das verdarb der Bäuerin den Lebensabend. Aus dem Paradies der Kindheit vertrieben, tappen wir im Dunkeln, wissen nichts über unseren Wert und Sinn. In diese unsere Finsternis dringt so etwas wie ein Sonnenstrahl: »Wer das Reich Gottes nicht empfängt, wie ein Kind ...« »Reich Gottes« ist hier eine Umschreibung für Gott selbst. Ihn darf ich empfangen wie ein Kind, das ein schönes Geschenk bekommt, ohne dafür etwas bezahlen zu müssen.

Gott ist unser Sinn. Ich hatte als Jugendlicher also gar nicht nach mir gefragt, als ich nach meinem Sinn gefragt hatte, sondern nach dem, der uns alle geschaffen hat. Die Sinnfrage ist die Gottesfrage. Der Sinn des Menschen ist Gott! Das ist unsere maximale Aufwertung. Darum stimmt der Satz, den uns Olav Hanssen ins Herz geschrieben hatte: »Wir beten nicht, um zu leben, sondern wir leben, um zu beten.« Der Mensch ist um Gottes willen da und nicht etwa Gott um des Menschen willen. Da wäre der Mensch ja die Mitte, um die sich die Gottheit dreht.

Dass wir um Gottes willen da sind, macht unsere Würde aus. Darum musste der kranken Bäuerin ihr Leben auch nicht wertlos erscheinen. Ich habe versucht, ihr zu sagen, dass sie ihre kostbare Lebenszeit doch sinnvoll für die Kinder und Enkel einsetzen könnte. »Was kann ich für die schon tun? Die brauchen mich nicht«, knurrte sie bitter. Sie könne das Höchste tun, wozu wir leben, habe ich ihr gesagt. »Wir leben, um zu beten. Beten Sie für Ihre Kinder und Enkelkinder, dann tun Sie viel mehr für sie, als wenn Sie für sie Kartoffeln schälen.« »Soll ich eine Betschwester werden?« »Sie sollen Beterin werden, das Höchste tun, was man tun kann: Vor den Thron des Höchsten treten, ihn anbeten, einstehen für die Kinder, auch für die Nachbarn und so.« Unser Wert und unser Sinn bleiben, auch wenn wir einmal keine Kartoffeln mehr schälen können.

Volkskirche – und ihre billige Tour

Noch heute stimmt es mich traurig, dass ich die Leute auf den Dörfern und in der Uelzener Innenstadt so wenig besuchen konnte. Hätte ich doch bloß Mitarbeiter gesammelt, die sich mit mir die wichtigen Besuche geteilt hätten. Hätte ich doch einen Besuchsdienst ins Leben gerufen. Doch das war einfach nicht in meinem Horizont. Ich meinte, ich müsste alles selber machen und habe doch gemerkt, dass das nicht geht.

Inzwischen habe ich es begriffen: Mit der Volkskirche und ihren Vorzügen ist unsere liebende Fantasie herausgefordert. Geistlich mündige Gemeindemitglieder sind zu ihrem großen Auftrag zu berufen und in pastorale Dienste einzuführen. Wo steht geschrieben, dass der Pastor oder die Pastorin alle Taufgespräche selber führen, alle Konfirmanden selber unterrichten, alle Predigten selber halten muss? Es gibt Gemeindemitglieder, die gerne mitwirken würden, wenn man sie nur ließe. Dass kostbare Gaben in unseren Gemeinden schlummern und aufgrund der Blindheit und Eitelkeit von uns Pfarrern und Pfarrerinnen verkommen, gehört zu den folgenschwersten Sünden der Volkskirche. Die Kirche ist das Massengrab der Gaben, die Gott seiner Gemeinde gibt.

Dazu kommt die Unkenntnis in Glaubensdingen, selbst bei vielen kirchlichen Insidern. Vielerorts sind die gesunde Lehre und damit der Glaube ramponiert. Meinen wir im Ernst, dass durch einen Taufritus Menschen zu retten sind, ob diese glauben oder nicht? Das sind Überbleibsel eines magischen

Denkens des Mittelalters. Dietrich Bonhoeffer sprach von der billige Gnade. Unserer Trägheit kommt die billige Tour natürlich entgegen: Wenn alle gerettet sind, erübrigt sich das Ringen um die Seelen. Wenn sie per Ritus gefunden sind, müssen sie nicht gesucht werden. Das ist bequem. »Wir kommen alle, alle in den Himmel«, heißt es zwar im Karnevalschlager, nicht aber in der Heiligen Schrift. Mit der billigen Gnade richten wir die Volkskirche und das Volk zugrunde. Letzteres darum, weil dem Volk, wenn die Gnade billig ist, das lebensrettende Evangelium vorenthalten wird.

Uns ist in der Volkskirche ein Schatz anvertraut, der uns entweder zum Segen wird oder zum Gericht. Wenn wir mit diesem Pfund wuchern, kommt Segen über das Volk. Vergraben wir unser Pfund, wird es uns teuer zu stehen kommen. Was Segen sein sollte, kehrt sich in Fluch. Seine Gaben gibt der Geber nicht zum Spaß. Er will, dass sie von denen, die Verantwortung tragen, angenommen und sorgsam eingesetzt werden. Gott verlangt einmal Rechenschaft von unserem Haushalten über die Gaben, die er der Volkskirche gegeben hat

Österreicher klopfen an

Zwischendurch hatte ich in Österreich wieder einmal Vorträge gehalten. Die Österreicher erlebte ich als Weltmeister im Zuhören. Im Jahr 1977 fand eine Glaubenswoche statt in Kirchdorf, Oberösterreich. Die Fackelträger hatten Kreise motiviert, Beter mobilisiert, Werbung gemacht. Mein katholischer Mitreferent war Albert Schmidt, ein deutscher Jesuit. Er war durch den Evangelisten Wolfgang Dyck zum Glauben an Jesus gekommen. Die Situation in Kirchdorf hatte von der Atmosphäre etwas von den Veranstaltungen in Graz.

Die Kirchdorfer Woche ging auf den Wagemut von Peter Wiegand, dem damaligen Leiter von Schloss Klaus – auch ein Jugendzentrum der Fackelträger – zurück. Peter hat nicht nur Freizeiten und Tagungen im Schloss durchgeführt, die mit Gästen aus allerlei Ländern bestückt waren. Er hatte sich zu den Menschen seiner Region gesellt. Mit Geduld und Beharrlichkeit hatte er sie gesammelt, in die Schrift eingeführt, ihnen vermittelt, dass die Sache mit Gott keine abstrakte Religion meint, sondern eine persönliche Beziehung zum Schöpfer aller Dinge. So wurden Ungläubige zur Nachfolge Christi und Gläubige zur geistlichen Reife geführt. Ich glaube, Gott hat Peter das apostolische Charisma gegeben. Ich habe ihn als Evangelist und Lehrer, als Prophet und Seelsorger, Baumeister und Handwerker, Manager und Bürovorsteher erlebt. Dann habe ich gesehen, wie Konfirmanden, denen er auf Freizeiten die Schönheit Jesu vor Augen gemalt hatte, beim Abschied weinten. Viele sind zum Glauben gekommen und dabeigeblieben. Konfirmanden, die durch das Schloss gegangen sind, sind später Mitarbeiter in ihren Gemeinden geworden. Die evangelische Kirche hat Peter Wiegand und seiner Crew eine Menge zu verdanken. Viele in der Kirche wissen es, andere mühen sich um Ignoranz. Peter zur Seite standen Lutz und Ute Kettwig, Kurt und Agnes Schneck, Peter Gasser, um nur einige zu nennen. Als Peter die Altersgrenze erreicht hatte, übernahmen 2001 Lutz und Ute Kettwig die Leitung von Schloss Klaus. Nach dem Apostel kam damit der evangelistische Seelsorger. Nach Lutz Kettwig hat dann Jürgen Kieninger 2006 die Gesamtleitung, unterstützt von seiner Frau Dagmar, übernommen. Dass der Höchste seine segnende Hand über dieses große Unternehmen hält, ist deutlich zu sehen.

Für die Kirchdorfer Woche im Jahre 1977 hatte Peter die Weichen gestellt. Hier der Bericht darüber aus seiner Feder:

Die Kirchdorfer Glaubenswoche wurde aus einer stillen, geistlichen Entwicklung geboren, die der Mehrzahl der aktiv Beteiligten kaum bewusst war ... Auch jetzt, nach mehr als drei Jahrzehnten, ist sie nicht Vergangenheit, sondern unauslöschlicher Teil der Geschichte der Region gewor-

den. Dabei lief alles, auf das es ankam, bescheiden und unaufdringlich ... Der Ursprung der Glaubenswoche war ein Bibelkreis. Er selbst war kaum erklärbar, es sei denn, man kennt die Geschichte der geistlichen Bewegungen, die seit der Urkirche diese Region Österreichs immer wieder berührt, erfasst, erschüttert und erneuert haben ... Eines Tages stand der Wunsch im Raum, mehr für die Ortschaften, die Freunde und Bekannten zu tun, um sie zum fröhlichen und befreienden Glauben anzustoßen ... Als Mittelpunkt einer Veranstaltung soll eine zentral gelegene Kirche dienen, und zwar wegen der Mehrzahlverhältnisse eine katholische. Gebet und daraus gewachsener Mut und Vorausfreude wurden praktisch. Wir brauchten mehr Beter. Wer betet, riskiert auch Mitarbeit. Wir haben den Glauben selbst den Mitarbeitern noch einmal erklärt und was in einem Menschen vor sich geht, der persönlich zu Gott kommen möchte, und welche Schritte dazu gehören.

Als die Ideen so weit gewachsen waren, geschah dann vieles, das vorher nicht ausgedacht werden konnte: Die Referentenfrage wurde fast ideal gelöst. Ein Rednerduo, bei dem es keine Frage war, dass sie gemeinsam und fröhlich dasselbe sagen würden: Klaus Eickhoff und Albert Schmitt. Dass beide Pfarrer waren, war ein Pluspunkt. Das nahm die möglichen Ängste der kirchlichen Obrigkeit. Es würde nichts geschehen, das nicht theologisch durchdacht war.

Der junge Arzt, Dr. Herbert Bronnenmayer, kam missionsbegeistert von einer Afrikareise zurück und erklärte sich bereit, sich in die Vorbereitungen mit einzubringen. Sekretarielle Hilfe stand ebenfalls zur Verfügung und dazu die photographischen Fähigkeiten von Annette Friedel. Dann konnte ein Büro für die Koordination aller Vorbereitungen eingerichtet werden. Um die Finanzen machten sich nur Außenseiter Sorgen.

Pfarrer Silberhuber aus dem Wallfahrtsort Frauenstein brachte eine ökumenische Offenheit mit ein, die schon in dem Bibelkreis auf Schloss Klaus praktiziert worden war. Er war gern bereit, jeden Amtskollegen, egal wo, zu besuchen und zur Mitarbeit und Beteiligung seiner Leute zu ermutigen.

Mit einer einjährigen Vorlaufzeit begannen Vorbereitungsabende. Schon beim ersten Mal fanden sich mehr als hundert Mitarbeiter ein … Einige der Mitarbeiter entdeckten zuerst einmal für sich selbst lebendigen Glauben und trugen ihre Freude in die Seminare mit hinein, dann in ihre Nachbarschaft hinaus … Die Abende selbst übertrafen alle Erwartungen. Was Gott schenkte, war größer, als es die hoffnungsvollen Urheber der Glaubenswoche erwartet hatten …

Auch nach den vielen Jahren seither ruht ein Geheimnis über allem. Es war etwas Neues und doch auch wieder etwas, das in diesem Gebiet im Laufe der Geschichte immer wieder aufgebrochen ist und geblüht hat. Das geistliche Leben in den Gemeinden, Familien, Kreisen, Häusern ist von Grund auf berührt worden.

Und eine süße Frucht, die damals wenn überhaupt, dann nur in einem kleinen, verhüllten Keim vorhanden war, wurde schließlich zur Wirklichkeit: Pfarrer Klaus Eickhoff kam ganz nach Österreich. In seinem Wirken gab es seither viele Glaubenswochen. Vielleicht stehen sie in Gottes Geschichtsbüchern als Erbkinder der »Kirchdorfer Glaubenswoche« brav hintereinander aufgereiht eingetragen.

Die schönste, wesentliche Lektion aus allem: Alles, was Gott schafft, geschieht durch sein Wort. Es fängt in wenigen Herzen an, fügt sie zusammen und überrascht sie mit seiner Lebendigkeit, Kraft und unzerstörbaren Frucht.

Peter Wiegand hat dann dem evangelischen Bischof, Oskar Sakrausky, von Kirchdorf erzählt. Der klopfte eines Tages an, ob ich nicht gänzlich in seine Kirche kommen möchte. Natürlich hatte ich Schönes in Österreich erfahren. Dennoch, der Gedanke dorthin zu ziehen lag uns zunächst fern. Der Bischof aber ließ nicht locker. Immer wieder klapperte ein Schreiben im Briefkasten. Sie würden in Österreich das 200-jährige Toleranzjubiläum feiern, ob ich dazu nicht mit evangelistischen Vorträgen durch die Gemeinden ziehen könnte, damit nicht nur rückwärtsgewandt Glaubensgeschichte gefeiert würde, sondern neue geistliche Impulse für die Zukunft gesetzt würden. Es könnte dann daran gedacht werden, mit meinem Kommen ein »Amt für Evangelisation und Gemeindeaufbau« der Evangelischen Kirche Augsburgischen Bekenntnisses in Österreich zu installieren.

War dieser Schuh nicht zu groß? Konnte ich nach Österreich gehen, als jemand, dem zwar einige Erfahrungen beim Evangelisieren geschenkt worden waren, der sich in der Gemeinde passabel durchgewurschtelt hatte, der aber noch viel über Gemeindeaufbau zu lernen hatte? Wäre ich in Österreich nicht nur Lehrling in Sachen Gemeinde? Konnten wir den Kindern einen erneuten Umzug zumuten? Fragen über Fragen standen im Raum.

Tuchfühlung mit Fußballprofis

In England hatte ich Gunther und Andrea Kiene kennengelernt. Gunther war junger Prediger bei den Fackelträgern und hat später nach Dwight Wadsworth die Klostermühle geleitet. Die Familie Kiene war für ein Jahr nach Amerika gezogen. Begeistert schrieben sie von den Gemeinden, die sie dort erlebten. Was ich zu lesen bekam, war weit von der Gemeindewirklichkeit entfernt, die ich in Uelzen kannte. Da gab es also ein Land, in dem Kirche lebendiger gelebt wurde als bei uns. Ich wurde hellhörig.

Im Sommer 1979 besuchte mich Horst Bertl. Er war Bundesligaprofi beim Hamburger Sportverein (HSV) und Nationalspieler der deutschen Nationalmannschaft. Mit seiner Mannschaft war er gerade Deutscher Meister geworden. Horst hatte eine Amerikanerin geheiratet und war durch sie zum Glauben gekommen. Er wünschte, dass seine Kollegen vom HSV ebenfalls den Glauben kennenlernten. Er hatte sie in die USA zu einer christlichen Sportlerkonferenz in Phoenix, Arizona, eingeladen. Einige hatten sich dazu angemeldet. Horst selbst war noch nicht sehr lange Christ. So bat er mich, die kleine Gruppe zu begleiten. Meine Kosten würden getragen, wir würden in einem Hotel in Phoenix wohnen, mit Swimmingpool. Wow!

Mit von der Partie waren neben Horst Bertl auch Willi Reimann, Rudi Kargus und Felix Magath. Horst feierte beim Hamburger SV seine größten Erfolge. Er kümmerte sich später um die Entwicklung und Förderung von Jugendfußballern in den USA. Willi Reimann war später Trainer beim FC St. Pauli, Hamburger SV, VfL Wolfsburg, 1. FC Nürnberg und Eintracht Frankfurt. Rudi Kargus galt in der Bundesliga als »Elfmeter-Töter«, weil er in seiner aktiven Zeit insgesamt 24 gehalten hatte. Mit dem HSV wurde er Pokalsieger, Europapokalsieger und Deutscher Meister (1979). Miteinander saßen wir also im Flugzeug nach Amerika. Felix Magath spielte während des Fluges Schach. Er ist einer von denen in der Geschichte der Fußball-Bundesliga, die sowohl als Spieler als auch als Trainer Deutscher Fußballmeister wurden. Unter anderem war er Trainer bei Bayern München. Ob seine Trainererfolge etwas mit seiner Leidenschaft fürs Schachspielen zu tun haben?

Auf der Konferenz trafen wir die Football- und Baseballprominenz der USA. Sie waren von Fotografen verfolgt. Uns sagten ihre Namen nichts. Am liebsten waren wir Deutschen unter uns. Mit ihrer unbekümmerten Art, mit der die amerikanischen Christen von ihrem Glauben erzählten, machten die amerikanischen Christen allerdings Eindruck auf uns. »Als wäre Jesus ein guter Freund von nebenan«, sagte Willi Reimann. An einem Nachmittag war es uns vergönnt, mit einer

Sportmaschine durch die Schluchten des Grand Canyon zu fliegen. Rudi Kargus, der als Keeper nur so durch das Tor zu fliegen verstand, hatte mit Flugangst zu kämpfen.

Unsere Gespräche über den Glauben gingen bisweilen bis in die Nacht. Einen Gott, der alles erschaffen hat, konnten sie noch denken. Sich ihm aber auch mit seinem Leben anzuvertrauen, das war noch einmal etwas anderes. Zu unserer Gruppe kam gelegentlich Eddy Waxer. Er hatte sich zur Lebensaufgabe gemacht, um des Evangeliums willen Kontakt mit Spitzensportlern zu pflegen. Eddy, im jüdischen Glauben erzogen, war Christ geworden. Nun brannte er darauf, Sportlern vom Messias zu erzählen. Nur wenige Freunde wussten, dass er mit weltbekannten Sportlern enge Verbindungen pflegte. Als er uns später einmal in Österreich besuchte, war seine nächste Station Kevin Keegan in England.

Einer der Referenten auf dem Kongress war Howard Ball, der Präsident eines Instituts für Gemeindeaufbau, Churches Alive. Er erzählte mir, dass sie in ihrem Werk Ortsgemeinden unterstützen. Praktizierter Glaube, sie nannten es Jüngerschaft *(discipleship)*, das Gewinnen und Ausbilden von Mitarbeitern, sei ihr Anliegen. Ich war entflammt. Hier war ich mit meinen Fragen an der richtige Adresse. Als würde ein Vorhang geöffnet, begriff ich Dinge, von denen ich höchstens etwas geahnt hatte. Howard muss mir meine Begeisterung angesehen haben: »Warum kommst du nicht ein halbes Jahr zu uns herüber. Wir senden dich in eine lutherische Gastgemeinde, mit der wir arbeiten, und dann bekommst du die Praxis von der Pieke auf mit, *learning by doing*.«

Ein herrlicher Gedanke! Dass so etwas aus mehreren Gründen nicht ging, war mir bald klar. Meine Landeskirche würde mich niemals beurlauben. Es auf eigene Faust zu versuchen, würde zu viel Geld verschlingen. Was wäre danach? Vor allem aber konnte ich Renate und unsere sechs Kinder so lange nicht allein lassen.

Gleichzeitig stand die Anfrage aus Österreich im Raum. Evangelisation und Gemeindeaufbau waren die Stichworte, die gefallen waren. Was wäre, wenn die Anfrage von Österreich ein Ruf höheren Orts ist? Bei dem Wechsel von einer Landeskirche zur anderen ist eine Auszeit zu Studienzwecken leicht möglich. Vielleicht würde es der neue Arbeitgeber finanziell unterstützen? Da blieb immer noch, dass ich meine Familie nicht ein halbes Jahr allein lassen konnte.

Am nächsten Morgen traf ich Howard wieder: »Ich kann kein halbes Jahr von meiner Familie getrennt sein. Wäre auch ein ganzes Jahr vorstellbar? Dann könnte die Familie mitkommen und die Kinder erleben ein Auslandsjahr, mit Schule und so.« Howard überlegte nicht lange: »Great!« Da fügte sich etwas Spannendes zusammen.

Zu Hause überraschte mich Renate damit, dass sie für Österreich eine innere Offenheit spüre. Das sah ich als starkes Zeichen und begann, ihr alles haarklein zu erzählen.

8.
USA

Unsere irdischen Schätze:
Klaus-André, Judith, Kerstin, Petra, Jörg, Martin (v.li.)

Ein Traum wird wahr

Der Traum ist wahr geworden: Wir sitzen im Flugzeug, das uns in die Vereinigten Staaten bringt: Berlin – Frankfurt – New York – Minneapolis.

Wir, das sind außer Renate und mir unsere Kinder Petra (16), Kerstin (15), Judith (13) und Klaus André (7). Martin ist achtzehn und lebt im Missionsseminar in Hermannsburg. Jörg, der Siebzehnjährige, strebt kraftvoll nach Selbständigkeit; er will nicht mit, steht vor dem Abitur. Nun wohnt er bei einer befreundeten Familie, die unser Haus in Bohlsen gemietet hat.

Der Tag der Verabschiedung von St. Marien in Uelzen liegt hinter uns. O Mann, was war da freundlich gelobt und artig geflunkert worden. Wie das halt so ist. Vieles habe ich vergessen, nur ein Satz aus dem Munde eines Unmündigen ist mir hängen geblieben. Herr N., ein geistig behinderter Freund vom Böh, steuerte zum Schluss auf mich zu, strahlte mich an und sagte: »Uelzen bedankt sich, dass es Sie gehabt hat!« Das hatte Charme!

Bis zu dieser Reise waren viele Formalitäten zu erledigen gewesen. Mit dem österreichischen Bischof Oskar Sakrausky musste verhandelt werden. Er hatte mich zu einer Besprechung nach Wien eingeladen. Seine Kirche war bereit, uns für unsere Zeit in Übersee zu unterstützen. Damit war die Miete in den USA gedeckt. Einfach super! Bei der US-Botschaft wurde ein Visum für ein Jahr beantragt, das auch pünktlich ankam. Unsere Möbel mussten wir nach Berlin bringen und dort verstauen lassen. Renates Schwester, Gisela und ihr Mann, Horst Meckel, betrieben dort ein Umzugsunternehmen. Sie haben alles tadellos für uns erledigt. Horst hat in Berlin sogar noch unser Auto verkauft.

In der Zwischenzeit war Howard Ball für uns bei der *First Lutheran Church* in White Bear Lake, Minnesota, vorstellig geworden. Die Verantwortlichen schrieben, dass sie begeistert seien, uns bei sich zu haben; wir sollten uns keine Sorgen machen, es würde alles gut. *Welcome!*

Im Zusammenhang mit Howard lernten wir Henry und Beverly Schneider kennen. Henry war der Lehrer in Gemeindeaufbau schlechthin. Später hat er uns verschiedentlich in Österreich geholfen. Unser Ansprechpartner in der zukünftigen Gemeinde war Allen (Al) Klinefelter, ein wackerer Lutheraner und Mitglied des Mitarbeiterteams. Er hatte sich um vieles gekümmert und war mit seiner Frau Gloria während unseres Aufenthalts in Amerika unser Praxisbegleiter, also der wichtigste Helfer in allen Lebenslagen. Sie sollten in der vor uns liegenden Zeit großen Anteil daran haben, dass wir uns so wohlfühlen konnten. Al hatte für uns ein Haus gesucht und gefunden, er beriet uns auch, in welche Schulen unsere Kinder kommen würden.

Erschöpft, glücklich und hochgespannt landen wir also in Minneapolis/St. Paul, Minnesota. Eine Schar von Männern und Frauen begrüßt uns in der Flughalle mit großem Hallo! Das freundliche Gesicht von Mary Anderson fällt uns auf. Wie können wir ahnen, dass wir mit ihr und ihrem Mann, Doug Anderson, Freunde fürs Leben werden? Wir kommen uns vor wie die wichtigsten Leute der Welt, die sehnsüchtig erwartet werden. Man geleitet uns nach White Bear Lake in das Haus von Familie Guentner. Die waren auf einer Weltreise und hatten uns ihr Domizil für die ersten sechs Wochen zur Verfügung gestellt. Vor der Garage steht ein amerikanischer Straßenkreuzer, ein hellblauer Ford Mercury. Das gebrauchte Modell hatte ein Mitglied der Gemeinde für uns erworben, um es uns für die Dauer unseres Aufenthalts kostenlos zur Verfügung zu stellen, einfach so. Dann schenkt man uns ein Sparbuch mit 1100 US-Dollar! Wohin sind wir geraten?

In Guentners Nachbarschaft lebten Dr. Stanley und Sandy Johnson mit ihren vier tollen Töchtern Lisa, Diane, Debora und Lynelle, eine wunderbare Familie, liebevoll, warmherzig, hilfsbereit, intelligent und hochmusikalisch. Von Anfang an fühlen wir uns von Herzen gewollt und angenommen. Nach sechs Wochen beziehen wir das Haus, für das Al und Gloria Klinefelter gesorgt hatten. Als wir mit den Koffern ankommen, ist ein Reinigungstrupp gerade dabei, letzte Handgriffe zu tun. Ein Herr in den besten Jahren putzt die Fenster. Er entpuppt sich als Schulrat des Bezirks. Das Haus ist komplett eingerichtet. Jeder Tisch, jeder Stuhl, die Betten, der Fernseher, die Bilder an der Wand, das gesamte Geschirr, jede Gabel, jeder kleine Löffel, alles war von 24 verschiedenen Familien leihweise zur Verfügung gestellt. Die Kinder fanden ihre Schulen. Auch ihnen eröffnete sich eine neue Welt.

Kirche zum Liebhaben

Hermann Hesse hat es gewusst: »Jedem Anfang wohnt ein Zauber inne.« Diesen Zauber genossen wir in vollen Zügen. Die Kinder fühlten sich in ihren Schulen vom ersten Tag an wohl. Die Art, wie die Lehrer sie ernst nahmen und wertschätzten, kannten sie von Deutschland so nicht. Sie blühten schulisch nicht allein dadurch auf, dass die Anforderungen nicht so hoch waren wie zu Hause in Uelzen. Der Fächerkanon wies mehr kreative Elemente auf, als sie gewohnt waren: Töpfern, Lederarbeiten, *little life* – das Beobachten und Studieren von Kindern im Lehrkindergarten, Vorbereiten und Durchführen praktischer Einsätze mit diesen Kindern. Besonders aber schätzten sie eben, dass das Verhältnis zu den Lehrern entspannter war, als sie es bisher erlebt hatten.

Renate hatte in der Schule fünf Jahre Englisch gehabt. Davon war bei ihr, der fleißigen Schülerin, viel hängen geblieben. Ich dagegen war hier unbelastet. Immerhin hatte ich mir Kassetten mit Predigten von Billy Graham angehört, um ein wenig in die amerikanische Sprachmusik hineinzufinden. Der große Evangelist redet einfach, formuliert kurze Sätze. Vielleicht hat es ein wenig gebracht. Jedenfalls konnte ich später erzählen, mein erster Englischlehrer wäre Billy Graham gewesen. Motiviert wie ich war, hatte ich das Wörterbuch ständig in der Jackentasche, schrieb Vokabeln auf eine Tapetenrolle, hängte sie an die Wand des Wohnzimmers, sodass ich sie dauernd sah. Schließlich bin ich sechzehn Wochen lang zu einer Sprachschule gegangen, wobei Renate mich aus Freude an der Sache begleitete. Herrlich! Wir beide zusammen auf der Schulbank. Zum Schluss war der Michigan-Test zu bestehen, dem sich ausländische Studenten unterziehen müssen, wenn sie in den USA studieren wollen. Von 100 Fragen waren mindestens 70 richtig zu beantworten. Ich schaffte 79! Renate 99!!! Sie wurde anschließend von unserer Lehrerin gefragt, ob sie nicht an der Schule bleiben und Englisch unterrichten möchte.

Es begann eine herrliche Zeit. Wir lernten interessante Gemeindemitglieder kennen, bekamen Kontakt zu Gruppen, knüpften freundschaftliche Bande, die zum Teil bis heute halten. Besondere Gedanken machten wir uns um unseren Jüngsten, Klaus-André, sieben Jahre alt. Wie würde er die neuen Eindrücke verarbeiten? Wie würde er in der Schule klarkommen? Ich vereinbarte mit seiner Klassenlehrerin, der freundlichen Mrs Walquist, dass ich in den ersten zwei Wochen mit zur Schule gehen würde. Ich konnte hinten in der Klasse sitzend als stiller Beobachter dabei sein. Es hätte ja sein können, dass der kleine Knirps wegen der Woge an fremden Dingen, die über ihn hereinbrach, in Panik geraten würde.

»Unser« erster Schultag war gekommen. Klaus-André, genannt Klausa, wurde als der Neue vorgestellt. Der Unterricht begann. Die Lehrerin zeigte ein gelbes Schild, auf dem das Wort Yellow stand: Gelb! Aha, sie gingen mit der Ganzheitsmethode vor, nach der nicht einzelne Buchstaben, sondern ganze Wörter gelernt wurden. Unser Kronprinz konnte allerdings schon lesen und schreiben. Das hatte ihm unsere Judith, seine sechs Jahre ältere Schwester, beigebracht, die mit ihm in Uelzen gern und erfolgreich Schule gespielt hatte. In der großen Pause auf dem Schulhof knüpfte Klaus-André seinen ersten Kontakt. Er winkte mit dem Zeigefinger den kleinen Jeremy zu sich und erklärte mittels Zeichensprache: »Komm, wir machen einen Wettlauf!« Wer gewonnen hat, weiß ich nicht mehr. Jeremy lief danach zu einem Klettergerüst, das er flink wie ein Äffchen erklomm. Mutig sprang er herunter in den Sand. Nun war Klausa dran. Als er oben war, rief sein neuer Freund: »Jump!« Klausa sprang.

Auf dem Heimweg plappert unser Kleiner munter drauflos. Es schien ihm alles gefallen zu haben: »Weißt du, Vati, als er

›Jump‹ rief, habe ich gleich gewusst, das heißt: Spring!« Nach einer kleinen Pause: »Vati?«

»Ja, Klaus-André?« Ich meinte einen sanft flehenden Unterton gehört zu haben.

»Komm morgen bitte, bitte nicht mehr mit!«

Unser Jüngster hat sich schnell eingelebt. Nach vier Monaten sprach er so flott Englisch wie seine Klassenkameraden. Betrübt war er nur darüber, dass sein Vater den verräterischen deutschen Akzent nicht loswurde. Als Martin, unser Ältester, später zu Besuch kam, besprach er mit ihm seine Sorgen – auf Englisch: »What shall we do with our daddy? Sometimes he says ›somsing‹, then he says ›thamsing‹ … – Was sollen wir nur mit Vati machen? Manchmal sagt er ›somsing‹, und dann wieder sagt er ›thamsing‹ …«

Al Klinefelter führte mich in die Gremien und Kreise der Gemeinde ein. Pastor Norman Magnusson erlaubte, dass ich an den Ältestensitzungen teilnehmen konnte. Ich war ja gekommen, um zu lernen, wie lebendige Gemeinden in den USA funktionieren. Pastor Magnussons Frau Veda war die Schwester der bekannten Missionarin und Buchautorin Ingrid Trobisch. Ihr Sohn, Dr. Daniel Trobisch, sollte später ein treuer Mitarbeiter in unserem österreichischen Werk werden. Wir tauchten tief in die Gemeinde ein. Bald gehörten wir zu einer Growth Group, einem der Jüngerschaftskurse, sangen im Kirchenchor, trugen dabei schicke Roben, wie bei den Lutheranern in den USA üblich. Einmal im Monat mietete die Gemeinde eine Sporthalle. Da traf sich nachmittags Jung und Alt zum Rollschuhlaufen. Die wirklich Alten schauten zu bei Coke and *french fries*, wie sie Pommes Frites nennen. Auf Gemeinschaft legen sie dort besonderen Wert.

Petra und Kerstin, mitten in der Pubertät, waren für die Gemeindeaktivitäten nicht zu begeistert. Sie hatten ohnehin durch ihre schulischen Aktivitäten viel zu tun. Wir bedauerten ihre Zurückhaltung, weil ihnen dadurch – wie wir meinten – Gutes entging. Wir ließen das unsere Freunde Bert und Jean

Bertram wissen. Die trösteten: »You still see the caterpillar, we already see the butterflies – Ihr seht noch die Raupe in ihnen. Wir sehen schon die schönen Schmetterlinge.« Das tat gut. Sie sind später tatsächlich herrliche »Butterflies« geworden.

Die Eindrücke, die mir die verschiedenen Gemeinden vermittelten, haben mich für mein weiteres Leben und meinen Dienst geprägt. Man muss lebendige Gemeinde gesehen, erfahren, gefühlt, geschmeckt haben, um zu begreifen, dass es das wirklich gibt: Kirche zum Liebhaben, zum Begeistert-Sein. Bis heute lasse ich mir nicht einreden, das alles läge an der Mentalität der Amerikaner und wäre auf uns nicht übertragbar. Lebendige Gemeinde ist keine Frage von Mentalitäten, sondern hat mit lebendigem Glauben und demzufolge mit liebender Fantasie zu tun. Wir haben das Ergebnis guter biblischer Verkündigung und gesunder Lehre erlebt, und das ist nun einmal die lebendige Gemeinde. Mein Glaube und meine Zuversicht, dass das auch bei uns werden kann, sind unverwüstlich. Hier und da blüht es ja auch schon!

Geburtstag ohne Torte

Im tiefsten Minnesota-Winter (bis minus vierzig Grad) unternahmen wir eine Reise nach Florida. In Titusville, nahe Cap Canaveral, an der Atlantikküste, gab es die Park Avenue Baptist Church mit ihrem schönen runden Kirchengebäude. Wir hatten uns zu einer Freizeit für Pastorenehepaare angemeldet. Unsere Fahrt im Mercury dauerte drei Tage. Unterwegs wurde die Schneedecke immer dünner. Wir fuhren vom Winter in den Frühling und dann in den Sommer. Ich hatte eine Belohnung von einem Dollar für den ausgesetzt, der zuerst eine Palme sehen würde. Gewinner – wie konnte es anders sein – war unser Jüngster, Klaus-André.

Die Tage in Titusville gehören für uns Eltern zu den Höhepunkten unseres Aufenthaltes in den USA. Mein Englisch war so weit gediehen, dass ich den Vorträgen einigermaßen folgen konnte. Im Notfall saß Renate neben mir, die mir das Fehlende zuflüsterte. Die Lieder, die Vorträge, die Kopf und Herz gleicherweise erreichten, waren nicht nur aufbauend, sie waren oft hinreißend. Diese Mischung von Heiligem Geist und Natürlichkeit, Tiefgang und Weite, Humor und Klugheit tat der Seele gut. Peter Lord, der Seniorpastor, mit seinem Jamaikaenglisch, war authentisch, urwüchsig, tiefgehend, humorvoll, geistreich und im guten Sinne fromm. Ich habe mitgeschrieben wie ein Weltmeister. Peter standen die Pastoren Cecil McGee und Gary White zur Seite, einfühlsame Prediger. Die Tagung mündete in einem Gottesdienst, der uns Eheleuten noch einmal die Freude aneinander und die Verantwortung füreinander nahebrachte. Anschließend ging es zum Abendessen. Aus der *fellowship hall* war ein Hochzeitssaal geworden. Die Mitarbeiter trugen hochzeitliche Gewänder, die Damen erschienen in Abendkleidern. Auf festlich gedeckten Tafeln wurde das hochzeitliche Mahl serviert. Liebende Fantasie!

Am nächsten Tag ging es nach Miami zu Eddi Waxer. Diese Skyline, so nahe am Strand, die tolle Sonneneinstrahlung, die jedes Foto zu einem Meisterwerk werden lässt – das hatte was! Eddi, der Sportpastor, verfügte über zwei Wohnungen; eine für sich und eine für Gäste. Er hatte uns eingeladen, bei ihm zu wohnen. In seinem Swimmingpool hat Klaus-André schwimmen gelernt. Es war Ende Februar 1980. Am 23. Februar lagen wir am weißen Sandstrand und badeten im Atlantik. Renate feierte ihren 44. Geburtstag. Unseren Klausa übermannte das Mitleid: »Mutti, nun hast du Geburtstag und keine Geburtstagstorte. Du tust mir so leid.« Wir konnten ihn trösten. Im Februar am Strand von Miami Geburtstag zu feiern, ist auch nicht so ohne. Klausa sah es ein und warf sich jubelnd ins Meer.

Eddis Freund besaß ein Motorboot. Er lud uns zu einer Ausfahrt ein, die Küste entlang, sechzig Meilen von Cuba entfernt. Klausa, weder schüchtern noch ängstlich, fragte nach einer Weile den Steuermann: »May I steer? – Darf ich mal steuern?«

»Sure – sicher!«

Der Kleine steuerte das Schiff mit sicherer Hand. Wir waren glücklich und stolz.

Vor uns lagen weitere abenteuerliche Monate. Für mich war es eine Mischung aus Sabbat- und Studienjahr. Wir haben Gemeinden erlebt, die in einer Weise authentisch waren, dass wir in unserem Glauben mehr als gestärkt wurden. Während wir in White Bear Lake lebten, musste geklärt werden, wo wir denn nach dieser Zeit in Österreich wohnen würden. Bischof Sakrausky hätte uns gern in Wien gehabt. Da saß der Oberkirchenrat. Uns war das zu weit von der Deutschen Grenze entfernt. Auch dachten wir wegen unserer Verbindung zu den Fackelträgern in Schloss Klaus eher an Oberösterreich. Pfarrer Friedrich Lages aus Neukematen schrieb, dass in der Tochtergemeinde Sierning ein geräumiges Haus mit zwei Stockwerken zu mieten sei. Da fänden Wohnung und Büro ausreichend Platz. Es traf sich gut, dass ich zu einem größeren evangelistischen Einsatz in Stuttgart meinen Aufenthalt in den USA unterbrechen musste. So ergab sich die Möglichkeit, einen Abstecher zum voraussichtlich neuen Heimatort zu machen. Das Haus in Sierning, Mitterweg 4, war ansprechend. Es wurde dann auch unser Domizil und der Sitz des Werkes für Evangelisation und Gemeindeaufbau der Evangelischen Kirche, A.B.

Das Jahr in den USA gehört zu den Höhepunkten meines Lebens. Das Gefühl, von Herzen gewollt zu sein, war mir in früher Kindheit nicht übermäßig zuteilgeworden. Als ich später begriff, dass dem Schöpfer aller Welten alles daran liegt, dass wir Menschen ihn unseren Vater nennen, da hatte sich viel an Verkrampfung in mir gelöst. Mir ist, dadurch dass ich zum Glauben an Christus gekommen war, in meinem Leben Gutes widerfahren. Dem ehemaligen Heimkind wurden Brüder und

Schwestern geschenkt – so sehen sich die Christen untereinander. Geistliche Heimat zu haben, zu wissen, wohin man gehört und wohin man unterwegs ist, vermittelt Geborgenheit mitten in den Stürmen des Lebens. In den Staaten hat sich das alles noch einmal besonders verdichtet und vertieft. Wir sind von der Liebe vieler Freunde getragen worden.

9.
Österreich

Rückenwind

Wie im Fluge war unser Jahr in Amerika vergangen. Unser Umzug nach Österreich wurde von Berlin aus bewerkstelligt. Als wir Ende August 1980 in Sierning ankamen, waren fleißige Helfer aus der kleinen lutherischen Gemeinde zur Stelle.

Martin und Jörg, unsere beiden Ältesten, wollten nicht mit uns in die Alpenrepublik ziehen. Martin, der seine Ausbildung im Missionsseminar in Hermannsburg abgebrochen hatte, wollte in Deutschland sein Abi machen, um dann Theologie zu studieren. Er hatte bereits alles für Bremen vorbereitet, auch seinen Schulanfang. Dann jedoch überlegte er es sich kurzfristig doch anders und tauchte auch in Österreich auf. Da Martin bereits elf Schuljahre hinter sich hatte, versuchte er, in die zwölfte Schulstufe einzusteigen. Der zuständige Administrator sah keine Möglichkeit: »Das ist unsere Maturaklasse, das geht nicht, aber ich kann ja mal den Direktor fragen.« Zu Martins und unser aller Freude sagte dieser: »Wir probieren es …« In Deutschland hätte Martin noch zwei Jahre bis zum Abitur vor sich gehabt. Hier hatte er es bereits nach einem Jahr erstaunlich gut geschafft. Jörg blieb in Deutschland, machte ebenfalls sein Abi und begann eine Gärtnerlehre, um später Gartenbau zu studieren.

In Sierning kannten wir außer Familie Lages kaum jemanden und kaum jemand kannte uns. So dachte ich. Schulen für die Kinder waren bald gefunden. Friedrich und Birgit Lages halfen uns, wo sie nur konnten. An einem der ersten Tage stand ich ein wenig verloren vor unserem angemieteten Haus. Eine junge Frau mit Kinderwagen kam daher, schaute und schaute, steuerte strahlend auf mich zu: »Sie sind Pfarrer Eickhoff, von der Kirchdorfer Glaubenswoche. Habe schon gehört, dass Sie zu uns kommen, wollte es kaum glauben, dass Sie nun in Sierning wohnen, einen Steinwurf von unserem Haus entfernt.« Mit Maria Scharl, der fröhlichen Katholikin und ihrem Mann, dem Matheprofessor, Franz Scharl, und anderen sind wir gute Freunde geworden. Langsam wurde mir klar, dass mich manche in Sierning kannten, weil sie drei Jahre vorher, 1977, mit Bussen zu der Veranstaltung ins ca. 30 Kilometer entfernte Kirchdorf gefahren waren. Schnell fanden wir auch unter den katholischen Bürgern gute Freunde. Manfred und Marianne Hoffmann waren die Ersten, die uns zu einer Radtour einluden und uns die nähere Umgebung zeigten.

In der evangelischen Gemeinde Fuß zu fassen, erwies sich als problemlos. Von Anfang an erlebten wir viel Rückenwind und viele Menschen wurden uns mit der Zeit zu guten und treuen Freunden. Georg und Maria Wächter, Maria (Mizzi) Pacas, die in ihrer stillen Art viel für die Gemeinde tat. Von Anfang an erlebten wir, wie selbstlos Hans und Edith Brandstetter ihren ehrenamtlichen Küsterdienst taten. Solche treuen Gemeindemitglieder nannte man früher »die Stillen im Lande«. Sie sind mit ihrer unaufdringlichen Hilfsbereitschaft das Öl, das eine Gemeindearbeit erst möglich macht und am Laufen hält.

In der Zeit unseres Anfangs erfuhr unser Gemeindepfarrer und Freund Friedrich Lages so etwas wie eine persönliche Erweckung, angestoßen durch seinen Schwager Gunther Kiene, der uns mit seinen Briefen aus den USA ermuntert hatte. Friedrich hatte neu den Wert der persönlichen Stille, des Bibellesens und Betens erfahren. »Viele bemühen sich um Beredsamkeit«, schreibt Abraham J. Heschel, »wer aber weiß noch, wie man betet oder andere für das Gebet begeistert? Wir können ein großes Feuerwerk abbrennen; aber wer weiß, wie man einen Funken im Dunkeln der Seele entfachen kann?« Friedrich Lages hat Gemeindemitglieder für das Gebet begeistert. Wiederholt erzählte er in der Predigt, was ihm der Umgang mit dem Worte Gottes bringt.

Mit Friedrich Lages und Peter Wiegand, den beiden Kampfgefährten (Sommer 2011)

Eines Tages fragte ihn jemand, ob er ihm nicht sagen möchte, wie er das praktisch macht, das Bibellesen und Beten. Er könne es ihm zwischen Tür und Angel kaum erklären, sagte der Pfarrer, aber man könne ja ein Gespräch vereinbaren. Dann kam er auf den Gedanken, es könnte vielleicht noch jemand Interesse haben. So beschloss er, den Termin im Gottesdienst zu erwähnen: Einführung ins Bibellesen und Beten. Der Termin war ungünstig, Sonntagnachmittag um 15 Uhr. Da verdaut man sein Wiener Schnitzel. Wer kommt da schon? Kurz vor 15 Uhr, so berichtete seine Frau Birgit, habe sie aus dem Fenster geschaut – und sah vor dem Gemeindehaus etwa achtzig Leute. Das Interesse war kein Strohfeuer. Nach einer Einführung in das Bibellesen und Beten bildeten sich »Stille Zeit Kreise«. Alle folgten dem gleichen Bibelleseplan. Die einzelnen Gemeindemitglieder schrieben sich beim Bibellesen ihre Gedanken auf. Einmal in der Woche traf man sich zum Austausch und zum weiteren Gespräch, Hausfrauen vormittags, junge Eltern nachmittags, Jugendliche und Männer abends usw. Das Ergebnis ist eine geistlich mündige Gemeinde, eine Stadt auf dem Berge – geworden durch persönliches und gemeinschaftliches Bibellesen und Gebet. Damit knüpft die Gemeinde an eine urchristliche Tradition an, die Luther mithilfe seiner Katechismen wiederbelebt hatte. Die Freundschaft und die Gebete der beiden, Friedrich und Birgit Lages, waren ein starkes Element des Rückenwindes, den wir in Österreich erfahren haben. Ihnen und auch Peter Wiegand habe ich besonders viel zu verdanken.

Nach etwa einem halben Jahr halte ich einen Vortrag zum Thema Gemeindeaufbau in der evangelischen Gemeinde in Schladming. Pfarrer Gerhard Krömer, der Gemeindeleiter, hatte mich dazu eingeladen. Nach meinen Darlegungen ergibt sich eine lebhafte Diskussion. Ein junger Tischlermeister, Peter Pilz, fragt nach, will mehr wissen. Der Handwerker gleicht einem aufgebrochenen Acker im März, der darauf wartet, gute Saat aufzunehmen. Er ist an der Entwicklung lebendiger Gemeinde durch geistlich-persönliches Coaching stark interessiert, erkundigt sich nach den Hintergründen, möchte Zusammenhänge verstehen. Seine Frau Helfriede sitzt aufmerksam daneben. Ihre Augen verraten das gleiche wache Interesse. Einige Tage später schreibt mir Peter Pilz einen Brief. Wir bekommen Kontakt, werden Freunde. Peter fängt an, sich neben der Lektüre der Heiligen Schrift auch für theologische Literatur zu interessieren, kniet sich hinein, liest die Dogmatik von Karl Barth. Je mehr er biblische Wahrheit versteht, umso mehr sieht er nun aber auch, dass Verantwortliche seiner Kirche diese zu oft verleugnen. Er leidet unter Oberflächlichkeit, Unvernunft, Wahrnehmungsverweigerung. Obwohl keiner politischen Partei angehörig, wird er – als Mitglied einer Bürgerliste – Bürgermeister in Rohrmoos. In diesem Amt wird ihm erst recht klar, was Menschen in ihren Fragen und Klagen wirklich brauchen, nämlich Erfüllung ihrer Sehnsucht nach dem Erbarmen Gottes. Gleichzeitig wird ihm deutlich, dass seine Kirche gerade das weitgehend verschweigt. Er leidet unter der gesetzlichen Predigt evangelikaler wie liberaler Theologie; auch daran, dass es die Kirche vielfach nicht mehr vermag, das Geheimnis und die Schönheit des Evangeliums zu den Menschen jenseits ihrer Mauern zu bringen. Als er kaum ein Ohr für seine Herzensanliegen findet, tritt der gesegnete Lektor und Leiter von Studien- und Hauskreisen mit seiner Frau aus der evangelischen Kirche aus. Er tut es nicht, weil er sich für besser hält, aber um ein Zeichen aufzurichten. Aus der Kirche Christi ist er damit nicht ausgetreten, aber aus einer Landeskirche, die ihre eigene Wahrheit immer weniger erträgt, was Leuten wie ihm die Luft zum Atmen nimmt.

Menschen, die der einst protestantischen Kirche aus Protest den Rücken kehren, senden eine Botschaft: Komm wieder zu deiner Sache!

»I bin da Koarl«

Nach einigen Tagen in Sierning besucht mich ein junger Mann. Er lächelt, wie nur er lächeln kann: »I bin da Koarl. Sieghartsleitner, Karl. Mei Nom is schwa zum Merkn. Sogns am bestn nur Koarl.« Peter Wiegand hätte ihm gesagt, er solle mich besuchen. »Dann müssen Sie aber auch Klaus zu mir sagen.« Wir hatten noch nicht Platz genommen, da haben wir uns schon geduzt. Karl hatte eine bestimmte Sache, aber sagte gleich, dass er mich gern persönlich kennenlernen möchte. Er war vor drei Jahren in Kirchdorf dabei gewesen, hätte mich gern angesprochen, aber wir, Kaplan Schmidt und ich, seien so belagert gewesen.

Karl Sieghartsleitner ist katholisch – was sonst? Wohin man in Österreich blickt, man sieht fast immer einen Katholiken. Der junge Mann verfügt über einen weiten Horizont. Sein Herz schlägt für den Schöpfer aller Dinge und folgerichtig für die Menschen. Er lässt mich einen Blick in sein Innerstes tun, sucht Anregungen, wie seine Kirche geistlich lebendiger werden kann. Die Zeit geht ins Land, wir werden Freunde. Karl und seine Frau Resi sind bei unserem ersten Seminar dabei. Es geht um Gottes Willen für die Gemeinde, ihre Gaben und Aufgaben, um Menschenführung. Mehrfach hält es den jungen Österreicher nicht auf dem Sessel. Er hinterfragt, kommentiert, ist bewegt. Später wird uns klar: ich hatte wohl Dinge formuliert, die schon lange in ihm gärten. In der katholischen Jugend hatte er mit wachen Sinnen die Impulse des 2. Vatikanischen Konzils aufgenommen. Was wir für unsere evangelischen Gemeinden unter dem Generalbegriff »Missionarischer Gemeindeaufbau« versuchen, möchte er gern in seiner Kirche tun.

Das Leben hatte anderes mit ihm vor. In Oberösterreich liegt das Dorf Steinbach/Steyr. Dort, im Ortsteil Pieslwang, betreibt Karl einen kleinen Hof als Nebenerwerbslandwirt. Sein Haupterwerb besteht in der Geschäftsführung eines Traktorenbetriebs. Steinbach war nach einer langen Blütezeit durch eine florierende Messerschmiedefabrik zu Ansehen gelangt. Dann aber war es durch die aufkommende Industrialisierung mehr und mehr verkommen. Häuser verfielen, Geschäfte wurden geschlossen, die Infrastruktur zerbrach. Da Karl Sieghartsleitner auch kommunalpolitisch tätig ist, ergibt es sich, dass er 1986 Bürgermeister in Steinbach wird. Diese schwere Aufgabe gibt seinem Leben eine andere Richtung als geplant. Der Zukunftsforscher Professor Dr. Johannes Millendorfer hatte Karls Herz für die Erneuerung des ländlichen Raums gewonnen. Nun war Karl Sieghartsleitner Bürgermeister –

im ländlichen Raum. Biblische Gedanken für den Umgang mit Menschen, die für die Entwicklung von Kirchengemeinden wichtig sind, waren Karl bekannt. Für die Entwicklung politischer Gemeinden sind sie voll übertragbar. So besteht Karls erste Maßnahme darin, die zerstrittenen politischen Parteien seines Ortes miteinander zu versöhnen. Dazu schreibt er selbst:

> *Einer der ersten Schritte war die Erneuerung der Beziehungskultur in der Gemeindepolitik. Dazu hatten wir gemeinsame Regeln erarbeitet. Die Fraktionen des Gemeinderates trafen eine Vereinbarung über eine ›neue politische Kultur‹. Damit trat die Dominanz der Parteipolitik in den Hintergrund. Die meisten Funktionsträger machten mit, einige stiegen aus.*[4]

Der Bürgermeister zeigt sich als Friedensstifter (Matthäus 5,9). »Wenn das Klima stimmt, geht der Same auf.« Er setzt sich mit Bewohnern der Ortsgemeinde zu Gruppen- und Einzelgesprächen zusammen. Auf diese Weise wird unter Einbeziehung vieler Menschen in langen Monaten ein Leitbild entwickelt.[5] Jeder Erwachsene im Dorf, der will, kann es sich zu eigen machen, ja lebt im Bewusstsein, an ihm aktiv mitgewirkt zu haben. Entscheidend für ein Leitbild ist ein Prozess, in dem möglichst viele mitwirken. Die Mühe, die aufgewandte Zeit und das Einbeziehen vieler Dorfbewohner hat sich gelohnt. Die Leute sprühen vor Ideen. Liebende Fantasie und deren Umsetzung unter der Mitwirkung des überaus fähigen Joseph Preundler und seiner Frau Gabi wirken sich aus. Acht Jahre später erhält Steinbach den Europäischen Dorferneuerungspreis der Europäischen Arbeitsgemeinschaft für Dorferneuerung und Landentwicklung. Delegationen aus der Schweiz, Deutschland, Finnland, Lettland, Japan, Indien, China und Russland erkunden den »Steinbacher Weg« vor Ort.

Karl wird ein weltweit gefragter Mann. Einmal erkundigt er sich verschmitzt: »Klaus, hat dir schon einmal ein Universitätsprofessor den Koffer getragen?« »Nein, umgekehrt, ich habe schon Universitätsprofessoren die Koffer getragen.« Karl zieht ein Foto aus der Tasche. Es zeigt die Ankunftshalle des Flughafens Osaka, darin mein strahlender Freund. Neben ihm marschiert eine edle japanische Gestalt, ein Professor der Universität. Er trägt Karls Koffer. Der Professor hatte den Nebenerwerbslandwirt aus Pieslwang eingeladen, an der Uni in Kyoto und in Tokio Vorlesungen zu halten.

Menschen gewinnen

»Wir wissen also, wie wichtig es ist, in Ehrfurcht vor dem Herrn zu leben, vor dem wir einmal Rechenschaft ablegen müssen. Deshalb bemühen wir uns, Menschen ›von seiner Botschaft‹ zu überzeugen« (2. Korinther 5,11; NGÜ). Das schrieb der Apostel Paulus an die Gemeinde im alten Korinth. Menschen gewinnen, von der Botschaft überzeugen, das wollte auch die kleine evangelische Gemeinde in Sierning unter der Leitung ihres Pfarrers, Friedrich Lages. Für Anfang März 1982 beschlossen sie, eine Vortragsreihe als »Sierninger Woche« durchzuführen. Aufgrund der guten Erfahrungen von Kirchdorf schlug ich vor, die Sierninger Woche mit der katholischen Gemeinde zusammen zu veranstalten. Das war den wackeren Protestanten nun aber doch zu gewagt. Da es im eigenen Kirchengebäude Probleme mit der Heizung gab, war man wenigstens bereit, das Ganze im katholischen Pfarrsaal durchzuführen.

Plakate und Handzettel wurden gedruckt: Einer sagte es dem andern: Sierninger Woche. Ort: katholischer Pfarrsaal. Einladende: Das Presbyterium der ev. Tochtergemeinde, Sierning. Nun aber begab sich etwas sehr Schönes. Der katholische Pfarrer, Helmut Fröhlich, lud seine Gemeinde, die sonntags zur

Messe in die große Kirche kam, kurzerhand zu den Abenden mit ein. So waren wir baff, dass der Saal gleich am ersten Abend gerappelt voll war. Helmut Fröhlich, der Hausherr, begrüßte die Anwesenden. Bereits am nächsten Abend mussten die Nebenräume mit einbezogen werden. Die Besucherzahl stieg und stieg. Im Zusammenhang mit dieser Vortragsreihe lernten wir Britt Teufel und ihren Mann Peter kennen. Renate hatte den Optikermeister in seinem Laden aufgesucht und zu den Vorträgen eingeladen. Dieser hatte sich bedankt, Religion sei nicht sein Ding, aber Sache seiner Frau. Da kam er bei Renate an die »richtige« Adresse. Sie sprach ihn auf seine Verantwortung als Familienvater an. Sie haben zwei Söhne, Thomas und Martin. Peter ist dann doch gekommen – und hat seinen Anfang im persönlichen Glauben erlebt. Durch diese Woche sind Menschen Christen geworden; dazu hat sich Gutes getan, was das Miteinander zwischen Evangelischen und Katholischen betrifft. Daran hat Pfarrer Helmut Fröhlich einen besonderen Anteil.

In Österreich war bald nach meiner Anstellung das »Amt für Evangelisation und Gemeindeaufbau« installiert worden, das später in ein kirchliches Werk umgewandelt wurde. Man gab mir den Rektor-Titel. Klaus-André freute sich. Nun musste er in der Schule nicht mehr sagen, dass sein Vater Pfarrer sei. »Rektor klingt nicht so fromm.«

Schon schnell bemerkte ich, dass Bischof Sakrausky bei einem Teil der Pfarrerschaft als evangelikal verschrien war. So traf mich neben dem Rückenwind aus den Gemeinden unerwarteter Gegenwind von Pfarrerkollegen, denen die missionarische Nächstenliebe nicht behagte. Nun ist jedoch Gegenwind – bei der richtigen Einstellung – Aufwind, wie mir Peter Teufel, der Segelflieger, erklärte. Von den Widerständen, auch wenn sie gelegentlich schmerzlich waren, habe ich profitiert. Sie haben mich tiefer in die Schrift, tiefer in die Theologie getrieben, galt es doch zu prüfen, ob nicht das berühmte Körnchen Wahrheit am Widerspruch zu finden war.

Das theologische Glück meiner zweiten Lebenshälfte – der Heidelberger Professor Dr. Rudolf Bohren

Gemeinden luden mich ein. Sie wollten gern Fragende, Zweifelnde, Ablehnende, Spötter in und außerhalb der Kirche mit dem Evangelium erreichen. Dass es nun ein Amt gab, das sie in ihrem Anliegen unterstützte, wurde froh begrüßt. Einer Gruppe von Theologen und ihrer Gefolgschaft fiel es dagegen schwer, sich zu freuen, dass Menschen zu Christus kamen. In vielen Gemeinden findet sich dieser eigenartige Heilsegoismus, der sich selber des Glaubens erfreut, ohne ihn auch anderen zu gönnen. Da werden pseudotheologische Klimmzüge gemacht, um klarzustellen, dass Mission nicht mehr nötig sei. Aus der Not kirchlicher Sprachlosigkeit wird die Tugend »vornehmer Zurückhaltung« gemacht und aus der Trägheit eine »Theologie«. Unter dem Strich: Man schämt sich des Evangeliums. Rudolf Bohren nannte das: »Die Kirche hält ihre Wahrheit nicht aus.«

Mehr und mehr Menschen wünschten, unsere Arbeit mit ihrer Fürbitte und finanziellen Opfern zu unterstützen. Zu diesem Zweck wollten sie über den Dienst informiert werden. So wurde der Freundesbrief aus der Taufe gehoben, der bis heute durch meinen Nachfolger, Pfarrer Fritz Neubacher, und seinen Geschäftsführer, Ing. Gerald Wakolbinger, weitergeführt wird. Um den Informationsbrief zu verschicken, brauchten wir die Adressen der Freunde. So lag zu den Veranstaltungen an den Büchertischen eine Liste aus, in die man sich eintragen konnte. Zu sehen, wie sich die Leute danach drängten, uns ihre Anschriften zu geben, hat mir Mut gemacht. Viele stellten sich hinter unseren Dienst.

Durch die Hilfe evangelischer, aber auch katholischer und freikirchlicher Freunde, die gebetet und geopfert haben, ergab sich, dass wir weitere Mitarbeiter anstellen konnten: Martin Reisüber war unser Organisationsleiter, von seiner Frau Marianne unterstützt. Winfried Barowski kümmerte sich um das Büro, was zuvor meine Frau Renate ehrenamtlich getan hatte. Dazu versah Winfried Dienste in den Gemeinden. Sein Gehalt kam vom Württembergischen Brüderbund. Das hatte der Verleger Friedrich Hänssler dankenswerterweise zuwege gebracht.

Irgendwann brauchten wir einen Geschäftsführer. Diese Aufgabe übernahm Volker Nowak, der sich eine Auszeit für sein Jurastudium genommen hatte.

Rudie Matheuszik, aus Kanada war inzwischen Organisationssekretär.

Dr. Daniel Trobisch, Betriebspsychologe der Fa. Swarowski, wurde für Dienste in unserem Werk freigestellt. Roland Gyger aus der Schweiz und Helmut Winter aus Deutschland haben sich besonders des 2 x 2 Kurses angenommen.

Frau Isabella Füßl versah in aller Gründlichkeit die anfallende Büroarbeit.

Ihr Mann, Dr. jur. Reinhard Füßl, war 1. Vorsitzender geworden, als das Amt in ein kirchliches Werk umgewandelt wurde. Er war zu jeder Zeit ein treuer Helfer und Mitstreiter in guten und schweren Tagen. Ihm folgte später Reiner Jasch, der vorher unser Schatzmeister war. Die beiden Vorsitzenden haben ihren wichtigen Dienst selbstlos und ehrenamtlich versehen. Das hat uns sehr geholfen.

Matthias Höhle, ein Allroundtalent, sprang überall ein, wo Not am Mann war.

Willi Schwarz versah ehrenamtlich unseren Kassettendienst, seine Tochter Doris half im Büro. Später stießen auch Frau Mathilde Defner und Susanne Hosbein dazu.

Bald stießen Joe und Sharon Bobb zu uns.

Sie beide waren Lehrer in den USA gewesen und dann Mitarbeiter der Navigatoren geworden. Joe brachte die wichtige Gabe des Coaching ein, das heißt, er kümmerte sich um einzelne Gemeindemitarbeiter und Pfarrer. Biblisch gesprochen handelt es sich um das Geheimnis der Jüngerschaft, das in unseren volkskirchlichen Gemeinden so gut wie gänzlich übersehen wird. »Zu Jüngern machen ist kein vertrauter missionarischer Ausdruck«, sagt Manfred Seitz. Von Joe habe ich selbst viel lernen dürfen. Auf die beiden folgten Victor und Kathy Copan. Victor kümmerte sich besonders um Theologiestudenten an der Uni in Wien, ein wichtiger Dienst. Hinter unseren US-Mitarbeitern standen Gemeinden aus deren Heimat, die sie finanziell unterstützten. Weitere Mitarbeiter stießen zu uns und engagierten sich als Geschäftsführer, Assistenten, Kassierer, Vorsitzende, beim Kassettendienst und wo immer eine helfende Hand benötigt wurde.

In regelmäßigen Abständen trafen wir uns zu einer Mitarbeiterklausur, der Strategiekonferenz (Strako). Da nahmen wir uns Zeit, miteinander über unsere Dienste und Vorhaben zu reden. Wir luden dazu Freunde ein, mit denen wir Kontakt bekommen hatten: Pfarrer Fritz Neubacher, der später mein Nachfolger wurde, Peter Pilz, den Tischlermeister und späteren Bürgermeister, und *last but not least* den Geschäftsmann Gerhard Moder, der es verstand, auch in Krisensituationen die Übersicht zu behalten. So verschieden wir auch waren, wir haben gemeinsam eines gewollt und gewusst. Helmut Thielicke schrieb einmal, dass sich »ein Menschenleben lohnt…, wenn es nur einem einzigen Menschenbruder oder einer einzigen Menschenschwester dazu verholfen hatte, zur Quelle allen Lebens durchzufinden«.

Unser Team von »Evangelisation und Gemeindeaufbau«; mittendrin: Professor Dr. Manfred Seitz, der berühmte Erlanger Theologe (hinten, 2. v. re.)

Eidechsen lieben die Sonne

Als Bischof Sakrausky mir geschrieben hatte, ob ich nicht nach Österreich kommen möchte, um ein volksmissionarisches Amt zu leiten, kam ich ins Fragen: Ist dieser Schuh nicht zu groß? In Sachen Evangelisation waren mir zwar

Erkenntnisse zugewachsen, aber eine Frage war nicht beantwortet: Wie geht es mit den Menschen, die einen Anfang im Glauben erfahren hatten, in den Gemeinden weiter? Oft hatten sich unsere Gemeinden als nicht aufnahmefähig für Anfänger im Glauben erwiesen. In Uelzen war ich erneut in die Gemeindepraxis eingetaucht, hatte wohl auch einiges richtig gemacht, aber im Blick auf eine theologische Reflexion des Themas Gemeindeaufbau hatte ich mehr Fragen als Antworten. Irgendetwas machten wir falsch. Das war mein Grundgefühl. Die »Theologie des Gemeindeaufbaus« von Fritz Schwarz war damals noch nicht geschrieben, die Aufsätze von Rudolf Bohren hatte ich noch nicht entdeckt und Manfred Seitz hielt in Erlangen Vorlesungen über missionarischen Gemeindeaufbau, aber zu lesen gab es das noch nicht. Gemeindeaufbau war kein vertrauter Begriff. Wie später deutlich wurde, gärte die Sache, wartete aber noch auf Reifung. Ich selbst war voller Fragen.

Kein Wunder, dass ich denken musste, die Sache mit Österreich ist möglicherweise ein zu großer Schuh. Mit Freude waren wir dann in Amerika gewesen. Da habe ich Zuversicht gewonnen. Mit Vorfreude, aber auch mit Furcht und Zittern hatten wir uns nach Österreich aufgemacht. Die Frage blieb: Konnte ich den Erwartungen vom Bischof Sakrausky und dem damaligen Oberkirchenrat Fischer und vor allem der Gemeinden entsprechen? In Österreich habe ich hervorragende Theologen und gebildete Gemeindemitarbeiter kennengelernt. Das gilt gleicherweise für solche, die mir positiv, aber auch für solche, die mir kritisch gegenüberstanden. Daneben aber habe ich auch Bedrückendes erlebt. Mit wie viel Unverstand und ideologischem Ballast im Blick auf missionarischen Gemeindeaufbau studierte Theologen geplagt waren, machen Begebenheiten im Kreise der Pfarrerschaft einiger Diözesen deutlich.

Der Wiener Superintendent hatte mich zu seinem Pfarrkonvent eingeladen. Ich sollte meine Vorstellungen für den

Dienst darlegen. Liberale Theologen, denen die missionarische Nächstenliebe nicht behagte, hatte ich in Deutschland zur Genüge kennengelernt. Was ich aber nun erlebte, war eine andere Qualität. Der geballte Unmut, den sie aus ideologischen Gründen gegen ihren als evangelikal verschrienen Bischof Sakrausky hegten, traf mich mit voller Breitseite. Auch dass ich aus Deutschland kam, war in Österreich nicht gerade eine Empfehlung. »Was wollen Sie hier bei uns in Österreich?«, schrie mich einer an. Schon eingeschüchtert antwortete ich, dass ich einfach in ihrer Kirche mithelfen möchte. Wie auf Kommando brach eine kleine Hölle los: »Diese Arroganz! Was denken Sie sich denn? Als ob wir ausgerechnet Sie nötig hätten. Wir brauchen hier keine Evangelisten!«

Noch nie in meinem Leben habe ich mich so niedergemacht und angefeindet gefühlt. Nur wenige standen mir zur Seite. Einer von ihnen sagte später, das war eher eine Meute von Dämonen als eine Pfarrerschaft. Als ich die Versammlung verließ, war mir nicht gerade nach Singen zumute. Ich dachte nur: »Jetzt brauche ich erst einmal einen Schnaps.« In die Pfarrkonferenz des Burgenlandes war ich auch eingeladen, sprach über den Wert des Ehrenamtes in der Gemeinde, darüber, dass es wichtig sei, unsere Gemeindemitglieder für ihre pastoralen Aufgaben zu schulen. Da meldete sich ein Kollege: »Schulen von Gemeindemitgliedern?« Das klänge ihm aber verdächtig nach Hare Krischna.

»Wie bitte?«

»Ja, ja, die schulen nämlich auch!«

Eidechsen lieben die Sonne. Wer die Sonne liebt, muss wohl eine Eidechse sein.

Gelegentlich stieß ich auf die Ansicht, in der Kirche zu evangelisieren sei eine Diskriminierung von Gemeindemitgliedern. Das spräche diesen ja den Glauben ab. Ein Superintendent, so wurde mir berichtet, zog auf einem Pfarrkonvent mit gespreizten Fingern das Buch von Fritz und Christian A. Schwarz »Theologie des Gemeindeaufbaus« aus der Aktenmappe, hob es hoch, schaute süffisant in die Runde und ließ die Schrift polternd auf den Tisch fallen. Hämisches Lachen. Ein Hauch von Bücherverbrennung im Kreise evangelischer Pfarrer.

Ziehen an einem Strang

Die Stille-Zeit-Kreise, die durch Pfarrer Friedrich Lages entstanden waren, hatten sich zu Zellen geistlichen Lebens entwickelt. Nach lutherischer Weise war Gottes Wort zur Mitte des Lebens geworden. Zu diesem Zweck hatte der Reformator den kleinen und den großen Katechismus verfasst. Wer die Bibel ernsthaft liest, kann das dort Entdeckte nicht lange für sich behalten, sondern hat den Wunsch, dass die frohe Botschaft auch anderen Menschen übermittelt wird. So ist aus dieser Bibellesebewegung etwas sehr Schönes entstanden. Ein paar Jahre nach der Sierninger Woche wurde in diesen Bibelkreisen ein verwegener Gedanke gedacht: Wenn sich 1982 so viele bei geringer Werbung und Vorbereitung hatten einladen lassen, was würde sein, wenn wir Ähnliches professionell und gemeinsam mit der katholischen Gemeinde angehen würden? Bald bildete sich ein Vorbereitungsteam aus Katholiken, Lutheranern und Freikirchlern. Anfang 1987 gingen wir beherzt ans Werk. Im Vorfeld mussten zwei Fragen beantwortet werden:

1. Wo soll das Ereignis stattfinden? Wir wollten viele erreichen, wohin sollten wir sie einladen? Uns war klar, dass selbst das stattliche katholische Kirchengebäude nicht ausreichen würde. So fragten wir Familie Baumschlager vom Landhotel Forsthof, die Eigentümer der Tennishalle in Sierning, ob sie uns ihr Gebäude zur Verfügung stellen würde. Sie willigte ein. Drei Tennisplätze mussten dazu mit Filzfliesen abgedeckt werden, eine immense Arbeit.

2. Wer würde uns als katholischer Referent helfen? Man wollte den Vergleich katholischer Priester – evangelischer Pfarrer vermeiden. Frau Dr. Monika Nemetscheck, die Professorin

an der pädagogischen Hochschule in Linz, wurde vorgeschlagen.

Das sollte sich als so etwas wie ein Sechser im Lotto erweisen. Meine erste Begegnung mit Frau Nemetscheck fand in den Räumen der Rundfunkabteilung des ORF statt. Wir verstanden uns auf Anhieb. Ich war gewiss, dass wir gut miteinander können. Frau Dr. Nemetscheck und ich haben uns später die Vorträge – jeweils zum gleichen Thema – an den Abenden geteilt. Das geschah ohne jede vorherige Absprache und war doch stimmig, wie von unsichtbarer Hand geführt. Die kleinen und großen Freundlichkeiten Gottes, die jene erleben, die Menschen zu gewinnen suchen, wiegen den Kampf, die Schmerzen und Niederlagen, die solcher Dienst neben aller Freude mit sich bringt, bei Weitem auf.

Die 2. Sierninger Woche sollte vom 6. bis 13. März 1988, stattfinden. Das Generalthema lautete: Wie sinnvoll ist das Leben? Ein Mitarbeiterkreis und ein Freundeskreis wurden gebildet. Wir versammelten uns zu einem ersten Planungstreffen. Von nun an gab es viel zu tun. In den Bibellesekreisen wurde für das Vorhaben gebetet. Auf den Schultern von Martin Reisüber, Winfried Barowski sowie den katholischen Freunden Horst Korenjak und Manfred Hoffmann lagen die Hauptverantwortung und die meiste Arbeit. Horst Korenjak, ein grafisches Genie, gestaltete die Werbung. Wir waren gespannt, wie es werden würde. Winfried Barowski hat später in unserem Freundesbrief über die 2. Sierninger Woche berichtet. Hier ein kurzer Auszug:

> *»Dann war der Sonntagabend da. Feuerwehr, Polizei, Sanitäter, Saalordner, Bücherverkäufer und viele andere Helfer standen bereit. Langsam füllte sich die Halle. Alle 1 200 Stühle waren am ersten Abend besetzt. Abend für Abend kamen mehr Zuhörer. Am vierten Abend waren bereits 2 400 Plätze belegt. Allerdings standen nur 2 000 Stühle zur Verfügung. Der Rest musste sich auf den Boden setzen. Doch dies hielt*

niemanden ab, weiter für die Abende Mundpropaganda zu machen. Am Samstag platzte die Halle aus allen Nähten. Zirka 4 000 Menschen waren gekommen...

Besonders gefreut hat uns, dass der Anteil junger Menschen so groß war. Viele, die kaum noch eine Beziehung zur Kirche haben, ließen sich einladen ... Inzwischen gibt es eine Reihe von Gesprächskreisen, die sich zusammengefunden haben. Wir nennen diese Kreise Entdeckerrunden. Hier können die Teilnehmer erste eigene Entdeckungen beim gemeinsamen Studium der Bibel machen ... Inzwischen hat Willy Schwarz, unser ehrenamtlicher Mitarbeiter, mehr als 6 000 Kassetten kopiert und ein Ende ist noch nicht abzusehen. Täglich erreichen uns Bestellungen. Wir wissen, dass viele der gekauften Kassetten verschenkt oder weitergeborgt werden. So werden durch die Kassetten vielleicht noch mehr Menschen mit der frohen Botschaft erreicht als durch die Abendveranstaltungen. Das macht uns froh ...«

»Es bogen sich der Balken Stützen« – die zweite Sierninger Woche

Was war das Geheimnis dieser Sierninger Woche? Da muss ich nicht lange nachdenken: Sie war in erster Linie nicht aus dem Gedanken entstanden, wir müssten einmal etwas Besonderes machen. Der Ursprung waren bibellesende und betende Gruppen. Wie man Rotkehlchen nicht daran hindern kann, zu zwitschern, Pferde nicht daran, zu wiehern, so wenig kann man lebendige Christen daran hindern, von Jesus zu reden. Wes das Herz voll ist, des fließt der Mund über. Als Zugabe wurde uns eine Einheit unter den Konfessionen geschenkt, die wir als vom Geist Gottes selbst gewirkt empfanden: Katholiken, Lutheraner und Freikirchler zogen an einem Strang. Danach bildeten sich Bibelrunden quer durch die Konfessionen.

Begegnungen, die man nicht vergisst

Im Reisedienst der Kirche lernte ich fortwährend neue Menschen kennen. Da sind welche, über die ich mich ungemein freuen konnte, und andere, an die ich nicht so gerne zurückdenke. In diesem Kapitel möchte ich Letztere möglichst aussparen.

Es war noch zu Beginn der Siebzigerjahre, da hatte der CVJM Bielefeld zu Jugendvorträgen in das Haus des Handwerks eingeladen. Das Unternehmen nannten sie *Heaven in* und sie hatten sich vorgenommen, junge Leute zu erreichen, die mit dem Glauben an Christus nicht viel am Hut hatten. Die sogenannten 68er rumorten damals noch kräftig. Da passte eines der Themen wie die Faust aufs Auge: »Revolution – Vom Protest der jungen Leute«. Nach meiner Erinnerung war das der bestbesuchte Abend. Als ich vor den Jugendlichen stand, war mir klar, worauf wir uns eingelassen hatten: viel langes Männerhaar, viele Bart tragende Protestler. Wenn das mal gut ginge! Im Verlaufe meines Vortrags blieb es überraschend ruhig. Zum Schluss kam ein Student mit einer Aktentasche auf mich zu. Sie wären eine Studentengruppe und hätten sich vorgenommen, den frommen Laden nach fünf Minuten hochgehen zu lassen: »Hier«, und dabei öffnete er seine Tasche, die voller Flugblätter war. »Die wollten wir im Saal verteilen. Ich sollte das Zeichen dazu geben«, sagte der junge Mann. Wohl auf mein fragendes Gesicht hin fuhr er fort: »Ich weiß auch nicht. Dann habe ich es völlig vergessen. Wir dachten, es käme Bildzeitungsgequatsche. Das Gegenteil war der Fall.«

In diesen Tagen lernte ich Hermann Hoyer, den CVJM-Sekretär, näher kennen. Er und Horst Punge hatten das alles angezettelt. Hermanns Frau war an MS erkrankt. Später wurde sie zu Hause von Hermann und Sohn Markus gepflegt. Ihr Zustand war herzzerreißend, hatte ich sie doch schon in ihren gesunden Tagen gesehen. Was Hermann da an Liebe und Zuwendung investierte, konnte nicht unberührt an mir vorübergehen. In einer einsamen Stunde habe ich ihn gefragt: »Hermann, wie geht es dir wirklich damit?« Ich erwartete Tränen eines verzweifelten Ehemannes, stattdessen sagte er: »Klaus, es geht uns so gut. Das Leiden hat uns näher zueinander und näher zu Jesus gebracht. Wirklich, es geht uns gut! Aber danke, dass du fragst!« Unter Schmerzen hatten sie zu ihrem Geschick Ja gesagt und waren gesegnet worden. Für mich eine unvergessliche Erfahrung. Seine Frau starb. Später hat Hermann noch einmal eine Familie gründen können, mit Christiane und den beiden tollen Söhnen Tobias und Christoph.

Die Aufgabe in Österreich brachte es mit sich, dass ich Theologen kennenlernen durfte, die mein Leben bereichert haben. Kaum waren wir im August 1980 aus den USA zurück, stieß ich auf Fritz Schwarz. Ihm ging es um die »Überschaubare Gemeinde«. Nach den Erfahrungen in Uelzen war dieses Thema in mir regelrecht am Kochen. 1984 hat der Herner Superintendent zusammen mit seinem Sohn Christian das Thema Gemeindeaufbau für den deutschsprachigen Raum noch einmal zu hoher Bedeutung geführt. Seine Bücher in einer auf Jesus ausgerichteten Frömmigkeit und einem wachen Auge für die Stärken und Schwächen der Volkskirche, haben in mir viel angestoßen. Fritz Schwarz war ein prophetischer Streiter für die Sache Jesu und seiner Gemeinde. Kurz vor seinem Tode hat er uns besucht und mir einiges, was ihm auf dem Herzen lag, anvertraut. Dann ist er weiter zu unseren Freunden Ralf und Gitti Miro nach Gloggnitz gefahren, wo ihn der Tod ereilte.

Prof. Dr. Manfred Seitz hatte sich mit der ihm eigenen Art dem gleichen Thema zugewandt. War Fritz Schwarz entlarvend im Blick auf volkskirchliche Defizite, so war es Prof. Seitz gegeben, das alles in einer vornehmen Weise zur Sprache zu bringen, wobei er an Klarheit nichts zu wünschen übrig ließ: »Weil die Gemeinde keine missionarische Ausstrahlung mehr besitzt, gerät sie unter Legitimationszwang«, also unter das Gesetz. »Kann man die Taufe ernst nehmen, ohne nach einem sie ergreifenden Glauben zu fragen?« Seitz hat sich nicht gescheut, sogar die Confessio Augustana (CA), eine wichtige lutherische Bekenntnisschrift, kritisch zu beleuchten:

> *Aber die Sätze der Reformatoren reichen nicht mehr aus. Sie enthalten eine Kirche ohne Sendung, nur unter dem Primat der Sammlung, sozusagen ein der neutestamentlichen Vielfalt gegenüber reduziertes Kirchenmodell, das viel zu einseitig, viel zu sehr von der damaligen Situation abhängig, viel zu erweiterungs- und entwicklungsbedürftig ist, als dass wir uns heute in ihm finden können. Wir müssen also weiterdenken und neu ansetzen.*[6]

Wie Prof. Seitz mit theologischen Gegnern umzugehen pflegte, habe ich bewundert. Der Professor der Praktischen Theologie ist Seelsorger, was sich auch in seinen Sachbüchern über Gemeindeaufbau zeigt. Bei einer Tagung an der Uni Erlangen-Nürnberg, auf der es um das heiß umstrittene Thema »Gemeindegründung in der Volkskirche« ging, hat Manfred Seitz sich hilfreich eingebracht. Zu meinem Buch »Gemeinde entwickeln für die Volkskirche der Zukunft« (Vandenhoeck & Ruprecht, 1992) hat er ein schönes Vorwort geschrieben.

Prof. Dr. Michael Herbst, der als Jugendlicher in unserer Bielefelder Jugendwoche *heaven in* gewesen war, hat bei Prof. Seitz studiert und dann als dessen Assistent promoviert. Seine Arbeit erschien 1987 unter dem Titel »Missionarischer Gemeindeaufbau in der Volkskirche«. Michael Herbst ist Professor an der Universität Greifswald geworden und gibt die Stafette der missionarischen Nächstenliebe weiter an die nächste Theologengeneration.

Dann kam ich mit Prof. Dr. Rudolf Bohren in Kontakt. Ich wollte ihn zu unserer Frühjahrstagung einladen und hatte ihn zu diesem Zwecke in Dossenheim bei Heidelberg besucht. Zu meiner Freude sagte er zu. In Bad Hall, zur Frühjahrstagung, sahen wir uns wieder. Der scharfe Denker und »gnadenlose« Kritiker hat mir sehr geholfen. Seine Art der Wertschätzung hat gutgetan. Dafür habe ich ihm in seinem Haus im schweizerischen Grindelwald Holzscheite aufgeschichtet. Daran hatte er dann aber auch gleich wieder etwas zu meckern. Rudolf Bohren betrachte ich als das theologische Glück meiner zweiten Lebenshälfte. Bei ihm verbinden sich biblische Tiefe mit weltlicher Weite, die Lust an Gottes Wort mit der Lust an der Wissenschaft. Darüber hinaus war er ein Geschichtenerzähler und Dichter von Format. Gelegentlich habe ich ihm Predigten von mir geschickt, die er mir mit kurzen Anmerkungen zurücksandte. Einmal schrieb er an den Rand: »Du hast noch nicht genug gestaunt!« Von ihm, der am 1. Februar 2010 mit 89 Jahren starb, lerne ich weiterhin. Der Glaube der Väter lässt Anfechtungen besser bestehen.

Ein Segen wurde mir Dr. Eberhard Rieth. Eberhard Rieth ist Zahnmediziner und Psychologe. Er hatte das Fachkrankenhaus Ringgenhof in Wilhelmsdorf geleitet und war Direktor zweier Krankenhäuser, der Zieglerschen Anstalten in Wilhelmsdorf. Eberhards Interesse am missionarischen Gemeindeaufbau in seiner Heimatgemeinde und seiner württembergischen

Kirche hat mich inspiriert. Nach einer Reihe von Gesprächen mit Gemeindepfarrern hat er mir einmal sein Fazit mitgeteilt: »Sie wollen bewusst missionarischen Gemeindeaufbau und tun unbewusst alles, um ihn zu verhindern.«

Zu meinen tüchtigen Mitarbeitern im Werk für Gemeindeaufbau stießen, wie schon erwähnt, Joe Bobb und seine Frau Sharon. Friedrich Lages hatte mich mit ihnen bekannt gemacht. Die beiden waren aus den USA und gehörten zu der nicht hoch genug zu lobenden Missionsgemeinschaft der »Navigatoren«. Diese bilden Mitarbeiter aus, die keine eigenen Gemeinden gründen, sondern bestehende Gemeinden unterstützen. Sie wollen nicht herrschen, sondern dienen. Genau in dem, was uns in der Volkskirche so verzweifelt fehlt, nämlich die biblische Vorstellung von Jüngerschaft, waren sie gründlich ausgebildet. So waren Joe und Sharon nach Deutschland gekommen. Dort hatten sie in verschiedenen Gemeinden bereits wertvollen Dienst getan. Als ich sie kennenlernte, sprachen sie ein völlig akzentfreies Deutsch, was ich vorher und nachher bei Amerikanern so nie mehr erlebt habe. Barton, Susan und Stephanie, ihre herrlichen Kinder, in Deutschland geboren, wuchsen ganz nebenbei total zweisprachig auf, ein beneidenswertes Privileg. Joe und Sharon entschlossen sich, uns in unserem Dienst in Österreich zu helfen. Ich habe von beiden viel gelernt. Sie haben unser Leben erweitert und vertieft. Aus dem Dienstverhältnis ist eine lebenslange Freundschaft geworden.

Während meines Dienstes in Österreich erlebte ich drei Bischöfe. Oskar Sakrausky, der mich nach Österreich geholt hatte, verfügte über das kantigste Profil. Von liberalen Amtsbrüdern gern beschimpft, hat er seinen Standpunkt unerschrocken behauptet. Sakrausky ist für verfolgte Christen protestierend auf die Straße gegangen, hat sich gegen die Tötung von Kindern im Mutterleib öffentlich zur Wehr gesetzt, und damit in eigenen Reihen nicht nur Sympathie geerntet. Vor allem hat er dafür gesorgt, dass in einer Zeit des

Pfarrermangels, dem Pietismus nahe stehende Pfarrer der Freien Evangelisch-Theologischen Akademie (FETA; heute STH) in Basel nach Österreich kamen, also Theologen, die sich der missionarischen Nächstenliebe verpflichtet wussten. Damit hat Bischof Sakrausky seinem Land einen wichtigen Dienst erwiesen.

Von anderer Prägung war Dieter Knall. Er kam aus Siebenbürgen. Ich erlebte ihn als jemanden, der stets auszugleichen versuchte, was ihn gelegentlich in die Nähe eigener Profillosigkeit führte. Manche empfanden ihn als Chamäleon, das je nach Umgebung die Farbe wechselte. Mir sicherte er von Anfang an seine volle Unterstützung zu, ein Versprechen, das er, als es drauf ankam, nach meinem Empfinden wohl ein wenig vergessen hatte.

»Nach dem Knall kam der Sturm«, so der kirchliche Volksmund, als Herwig Sturm Bischof wurde. Er hatte sich erst spät zur Kandidatur entschlossen. Längst, so dachte man, war ausgemacht, dass Oberkirchenrat Dr. Johannes Dantine Bischof würde. Es kam anders. Die Amtszeit von Herwig Sturm war für mich die angenehmste und stressfreiste. Seine Hilfsbereitschaft, die Wertschätzung und selbstverständliche Unterstützung, die er uns in unserem Werk zuteilwerden ließ, dazu seine menschliche Art, das tat gut.

Der Präsident unserer Synode A.B. und der Generalsynode, Dr. Peter Krömer, hat mir meinen Einstieg in die Österreichische Kirche sehr erleichtert. Etliches war anstellungstechnisch anfangs nicht geregelt worden. Die ordnende Hand von Peter Krömer hat die erforderlichen Wege geebnet. Dafür bin ich ihm dankbar.

In Deutschland gab es die Arbeitsgemeinschaft für Gemeindeaufbau (AGGA). Der Vorsitzende war Superintendent Fritz Schwarz; ihm folgte Pastor Bernd Schlottoff. Danach bin ich in die Bresche gesprungen. Der entscheidende Motor des Ganzen aber war der Unternehmer Dr. Jörg Knoblauch. Er, ein begabter Manager, hat die Dinge im Zusammenspiel mit seiner Frau Elfi und seiner Schwester, Traudl Knoblauch, in bewundernswerter Weise vorangetrieben. Sie organisierten unter anderem Weltreisen zu lebendigen protestantischen Gemeinden rund um den Globus. Was die Teilnehmer da zu sehen bekamen, konnte ihnen keine Univorlesung vermitteln. Jörg Knoblauch hat viel Zeit, Kraft und auch eigene finanzielle Mittel in den Dienst der AGGA investiert.

Seit dem Fall der Mauer zwischen den beiden deutschen Staaten konnten auch Pfarrer aus der ehemaligen DDR an unseren Treffen teilnehmen. Unter ihnen war Pfarrer Jens Heil, ein ehemaliger Offizierschüler der Volksarme. Er hatte zum Glauben gefunden und war unter unvorstellbaren Nöten 1976 aus der SED ausgetreten, um Theologie zu studieren.

Ende der Neunzigerjahre sollte eine Akademie für christliche Führungskräfte (AcF) gegründet werden. Der Initiator, der Geschäftsmann Karl Schock, fragte mich, den inzwischen wegen einer Herzoperation vorzeitig im Ruhestand Lebenden, ob ich nicht mitmachen möchte. Nun haben wir 2008 schon das zehnjährige Jubiläum gefeiert. Der Dienst in dieser Akademie bereitet allein schon wegen der motivierten Studierenden echte Freude.

Ähnliches hatte ich zuvor an der Uni in Wien erlebt. Dort war ich vom Ordinarius für Praktische Theologie, Prof. Dr. Hans-Christoph Schmidt-Lauber, zu Vorlesungen eingeladen worden. Dadurch hatte sich ein Kreis von missionarisch gesonnenen Studenten gesammelt, mit dem ich eine Zeit lang engeren Kontakt hatte.

Prof. Dr. Johannes Reimer und Dr. Dr. Volker Kessler, Studienleiter der AcF, suchten mich mit der Frage heim, ob ich nicht eine Dissertation zur Verkündigung und Leitung in der Gemeinde schreiben möchte, – einem Themenkreis, den wir an der Akademie behandeln. Dem Anstoß beider ist es zu verdanken, dass es zu meiner Promotion gekommen ist. Am 9. Mai 2006, wurde mir, dem Siebzigjährigen, in Pretoria die Doktorurkunde überreicht. Meine Arbeit hatte das Thema:

»Wohin Predigen führt: Die sendungsorientierte Gemeinde als Ziel biblischer Verkündigung.« Professor Dr. H. J. C. Pieterse, der Promoter, hatte mir viel Freiheit gelassen, den Weg durch das Thema zu finden, meine Entdeckungen zu machen, auch eigene Erfahrungen einzubringen. Professor Dr. Manfred Seitz war als Co-Promoter der erste Leser.

Zurück nach Österreich: Als Friedrich und Birgit Lages in Ruhestand gingen, folgte ihnen Andraes und Andrea Meißner. Selten habe ich ein Pfarrerehepaar erlebt, das eine derart starke, im guten Sinne kämpferische Einheit darstellt. Sie sind – um es in der Fußballsprache zu sagen – hochengagiert und konzentriert »am Ball«. In den Predigten von Andreas verbinden sich brennender Glaube, Liebe zur Gemeinde und ein weit gefächertes Wissen. So verkörpert er mit seiner großen Predigtgabe ein hohes Maß an Glaubwürdigkeit. Für unsere Kirche ist es ein Segen, dass sie solche Pfarrer in ihren Reihen hat.

Disziplinierungsversuche

Im Oktober 1992 hatten wir von der deutschen Arbeitsgemeinschaft für Gemeindeaufbau, AGGA, an der Universität in Erlangen einen Kongress veranstaltet: »Gemeinde gründen in der Volkskirche«. Dazu hatte ich einen Vortrag gehalten: »Das Dilemma der Volkskirche«. Meine Gedanken zu volkskirchlichen Defiziten löste Erleichterung und Empörung zugleich aus. Erleichterung, weil ich Dinge berührt hatte, die in der Kirche verdrängt werden, die es aber zu benennen, sachlich zu diskutieren und zu beheben gilt, wo es geht. Empörung, weil manche das nicht sehen wollten. Die Gegner haben sich der Sache nicht gestellt, umso mehr aber an der Form meiner Aussagen, wie ich es empfand, künstlich Anstoß genommen. Ich hätte pauschaliert. Was hatte ich Böses gesagt? Eigentlich hatte ich nur wiederholt, worauf prophetische Denker unserer Kirche schon immer hingewiesen hatten. Ich hatte auf heuchlerisches Handeln unserer Kirche verwiesen, zu dem wir als Gemeindepfarrer genötigt werden:

> *Sie kennen die Szene: Da stehen Eltern und Paten mit dem Kind am Taufbecken. Die Gemeinde schaut zu: »Wollt ihr, dass euer Kind getauft wird und wollt ihr es im christlichen Glauben erziehen, so antwortet Ja«, so sagt der Pfarrer, wie er immer gesagt hat. Und sie antworten: »Ja!«*
>
> *Dabei weiß der Pfarrer, dass sie gerade das, was er sie nötigt, hoch und heilig zu versprechen, nicht können. Und sie wissen, dass es der Pfarrer weiß. Wir verführen die Menschen zur Lüge vor unseren Altären, verführen sie massenweise zum Meineid im Angesichte der Gemeinde der Heiligen – und das alles im Talar und mit liturgischer Miene.*
>
> *So sind die meisten Konfirmationen auch keine Konfirmationen.* Confirmare *heißt festmachen. Glaube soll festgemacht werden. Wenn aber kein Glaube ist, kann auch keiner festgemacht werden. Und wir wissen doch, dass oftmals kein Glaube ist.*
>
> *Dieses »Konfirmationstheater« hinterlässt bei vielen Beteiligten – ich rede von unseren Konfirmanden – einen unangenehmen Nachgeschmack. Kinder, die die ganze Hohlheit dieser Sache mitgekriegt haben, sind eine Generation später genau die Eltern, die im Traum nicht daran denken, ihre Kinder solch einem unwahrhaftigen kirchlichen Getue auszusetzen …*
>
> *Welch eine Kirche! Ist das noch Kirche? Es ist, als hinge uns eine Decke vor den Augen …*

Ich gebe gern zu, man kann das konzilianter sagen. Aber wird man dann gehört? Theologen lieben es, sich »ausgewogen« zu artikulieren, nach allen Seiten abgesichert, abgerundet, ohne Kanten, theologische Eindeutigkeit scheuend. Schwammigkeit beherrscht viele Kirchenkanzeln. Anders meine theologischen Gewährsmänner. Bonhoeffer hatte von »billiger Gnade und verschleudertem Sakrament« gesprochen. Zum Schluss meines Referates hatte ich eine Reihe von Reformvorschlägen gemacht, die mir wichtig waren. Nachdem, was ich inzwischen in der Volkskirche erlebt hatte, sollte sich folgende Beobachtung bald als prophetisch erweisen: Selbstbeschädigungen zur Sprache zu bringen und Verbesserungsvorschläge zu machen, das wird in allen Betrieben dieser Welt begrüßt und man bekommt sogar eine Prämie. In der Kirche werden Sie dafür »verprügelt«. Als wenn man seine Kirche nicht liebt, wenn man auf ihre ständigen Selbstbeschädigungen aufmerksam macht und wirkliche Verbesserungsvorschläge anzeigt. Ich kenne auf deutschem Boden zwei weltliche Systeme, in denen es genauso gehandhabt wurde: im System der Nazis und im System des real existierenden Kommunismus. In der verflossenen DDR, da war es so: Wer das System kritisierte und Verbesserungsvorschläge im Geiste von Karl Marx machte, der kam hinter Gitter oder wurde dahin abgeschoben, wo er nicht mehr stören konnte.

Ähnlich ist es in der Kirche: Wer das System kritisiert und Verbesserungsvorschläge im Sinne Jesu Christi macht, der bekommt einiges zu spüren. Der setzt sich wilden Unterstellungen aus. Wir wurden gelehrt, die biblischen Texte historisch-kritisch zu betrachten. Je kritischer, umso besser. Aber wehe dem, der beginnt, den Zustand der Kirche und ihrer Gemeinden einmal historisch-kritisch zu sehen. Der wird mit der ganzen Schärfe von pseudotheologischen Argumenten bearbeitet, unter Druck gesetzt. Wenn das nichts hilft, dann erfolgen Disziplinarmaßnahmen. Und tatsächlich. Oberkirchenrat Dr. Johannes Dantine kam von Wien aus angereist und informierte mich über den Beschluss seines Gremiums, ein Disziplinarverfahren gegen mich einzuleiten. Das Schreiben, das mir dann zugestellt wurde, bezog sich auf einige Zitate, die mir vorgehalten wurden. Sie waren nicht nur aus ihren Zusammenhängen gerissen, sie waren zum Teil falsch zitiert und verdreht. Es sei nicht Gegenstand der Vorwürfe, dass ich größte Besorgnis über den Zustand der Kirche geäußert hätte, sondern dass ich »allgemein gültige Beurteilungen über alle Gemeinden, alle Pfarrer, alle Taufen, alle Konfirmationen fällen« würde. Es war künstlich hingedreht. Deswegen ein Disziplinarverfahren? Kirche, wo leben wir?

Mir wurde bedeutet, dass der damalige Kirchenkanzler, der in geistlichen Fragen überfordert war, sich durchgesetzt habe. Dieser war es dann, der sich in dem Rundbrief eines kirchlichen Vereins derart entgleisend gegen mich geäußert hatte, dass mir von zwei seiner Ratskollegen nahegelegt wurde, nun meinerseits gegen ihn ein Disziplinarverfahren zu beantragen. Hab dankend abgelehnt. Jetzt jedenfalls sah sich der Oberkirchenrat in der Klemme. Man bot mir nun an, die Sache durch eine gemeinsame Erklärung aus der Welt zu schaffen. Am 21. April 1993 distanzierte sich der OKR von den Aussagen seines Kirchenkanzlers, erklärte sie für seine Privatmeinung, und ich versprach Besserung, was die Schärfe von Formulierungen betraf. Von der Sache hatte ich nichts zurückzunehmen, im Gegenteil. Bin ich zu Kreuze gekrochen, als ich auf den Schlichtungsvorschlag der Kirche einging? Zwei Umstände hatten mich bewogen, es nicht auf das Verfahren hinauslaufen zu lassen:

1. Unser Jüngster, Klaus-André, war elf Jahre alt. Er hatte sich erschrocken gezeigt, dass man versuchte, seinem Vater ein Verfahren anzuhängen. Ihm wollte ich Seelenstress ersparen.
2. Disziplinarverfahren werden unter anderem von Theologen durchgeführt. Ich hatte kein Vertrauen auf eine faire Behandlung.

Bischof Dieter Knall brachte kommentarlos ein Amtsbrüderliches Rundschreiben seines Vorgängers, Bischof D. Gerhard May, vom September 1967 in Umlauf. Das offenbarte, dass der ehemalige Bischof unserer Kirche mit mir auf derselben Anklagebank saß. Bischof May hatte 25 Jahre zuvor an die

Verantwortlichen seiner Kirche geschrieben (Die Unterstreichungen stammen im Original von Bischof May):

> *Die Fassade unserer Volkskirche steht noch. Dahinter sind Teile des Hauses zerfallen, andere Räume stehen leer, in einigen hausen noch Leute im Biedermeierstil, auch wenn sie Fernsehgeräte haben. Der Auszug aus dem zerbröckelnden Haus ist in vollem Gang.*
>
> *Dieser Auszug ist nicht mit der Emigration in der Gegenreformation zu vergleichen, als man die Heimat verließ, um den Glauben zu bewahren, sondern man hat den Glauben verloren oder, vorsichtiger ausgedrückt, das Vertrauen in diese Volkskirche. Man verlässt sie (auch ohne Kirchenaustritt, aber innerlich) freiwillig, unbewusst, bestürzt, verärgert. Man verlässt sie, weil man die Lehre nicht mehr versteht und sie nichts mehr zu bieten scheint … Man findet auch nicht eine neue geistliche Heimat oder nur eine Pseudoheimat. Die eschatologischen Hoffnungen der alten Emigranten sind ihnen unbekannt. Das scheint ein unaufhaltsamer Vorgang zu sein.*
>
> *Wir aber spielen weiterhin Volkskirche. Wir spielen sie, denn wir tun so, als ob … (Gewiss dürfen wir die letzten Bewohner der Fassade nicht unbetreut lassen, denn auch sie sind Menschen und gerade sie brauchen uns). Aber die Statistik der Taufen, Trauungen, Beerdigungen und der Zahl der Kirchenbeitragspflichtigen ist eine große Illusion, als hätten wir noch eine Volkskirche. Seit dem Ende des Konstantinischen Bündnisses von Staat und Kirche scheint nun auch noch die Volkskirche ihrem Ende entgegenzugehen. Dann aber sind die Entfremdeten das legitime Missionsfeld.*
>
> *Man ist unsicher. Man glaubt nicht, aber man benützt die Kirche als Zeremonienmeister … Dieser Unsicherheitsfaktor erhält noch die Fassade und fördert zugleich den Zersetzungsprozess …*

Ich fühle die eigene Endlichkeit

Renate und ich gehen einen sich lang hinziehenden Hügel hinauf. Alle paar Meter bleibe ich stehen, atme tief, betrachte gelben Löwenzahn und was sonst noch am Wege wächst. »Komm doch«, drängelt Renate. Da merke ich, dass ich nicht Schritt halten kann. Im Sierninger Krankenhaus sagen sie mir, mein Herz bekäme verzweifelt wenig Sauerstoff. Ich solle zur Operation nach Linz. »Sie müssen einen Schutzengel haben«, sagt dort einer der Ärzte. »Sie stehen unmittelbar vor einem tödlichen Herzinfarkt.« Vier oder fünf Bypässe sollten es schon sein, meinen sie. Es ist 1996, die Zeit, als von hundert Bypassoperierten garantiert einer nicht mehr aufwacht, weil das stillgelegte Herz nicht mehr anspringt.

Mir wird bewusst, dass es das Ende sein kann. Das Empfinden des nahenden Todes umfängt mich unmittelbar. Vor Jahren hatte ich rasante Vorträge über das Sterben gehalten: »Du musst sterben – und was dann?« oder »Endstation Friedhof?« Die Zuhörer sind hoffentlich beeindruckt gewesen. Im Kopf war mir klar, dass es auch mich einmal trifft. In meiner Seele jedoch – das muss ich bekennen – war das nicht angekommen. Aber jetzt. Im Linzer Krankenhaus greift sie nach mir, die eigene Endlichkeit. Nichts ist wirklicher als die Tatsache, dass es hier mit uns einmal ein Ende hat. Aber wir lassen das ungern an uns heran. Das Gespür dafür war auf einmal so elementar, dass mir alles bisherige Reden über Leben und Tod etwas leer erschien. Ich sehe Barmherzigkeit darin, dass wir nicht dauernd an unser Ende denken müssen. Aber verdrängen sollten wir es auch nicht. Deshalb steht in Psalm 90 die Bitte, dass Gott uns beibringen möge, unsere Sterblichkeit zu bedenken, damit wir klug werden.

Noch einmal denke ich an jene Berührung, damals, vor dem Spiegel. Da war es die Erfahrung der Fremdheit, das Fragen danach, wer ich bin. Ist so etwas eine Transzendenzerfahrung? Nun liege ich da, bedenke mein Ende, aber ohne Panik.

Dennoch! Die Seele hält den Atem an. In mir wird es still. Das Manuskript für mein Buch »Die Predigt beurteilen« ist fast fertig. Vorsichtshalber bitte ich Martin, das letzte Kapitel zu vollenden und dann alles dem Verlag zu übermitteln.

Auf einmal kommt er auf, der schwere Gedanke: Du glaubst an Gott. Ja! Wenn das nun aber gar nicht stimmt? »Niemand hat Gott je gesehen«, steht selbst im Buch der Bücher. Gibt es ihn wirklich? Ich fühle mich, als wäre ich »an die Anfänge des Glaubens zurückgeworfen«. So hatte es Bonhoeffer einmal gesagt. Urzweifel kommen auf, aber seltsam – keine Verzweiflung. Als wisse die Seele: Das trennt dich nicht von deinem Vater im Himmel. Ich kann nicht behaupten, dass mich jetzt mein starker Glaube hält. Völlig anders. Nichts an mir ist stark. Aber der, der mir den Glauben geschenkt hat, hält mich, mit meinen Zweifeln. Stille Gewissheit.

Der Zweifel ist nie ausgestanden. Der Glaube leidet am eigenen Unglauben. Der große Blaise Pascal hat einmal die Argumente für oder gegen den Glauben an Gott gedanklich durchgespielt. Dabei war er zu folgenden Resultaten gekommen:

> *Du glaubst an Gott, und Gott existiert – in diesem Fall wirst du mit dem Himmel belohnt. Du hast alles gewonnen.*
>
> *Du glaubst an Gott, und Gott existiert nicht – in diesem Fall gewinnst du nichts, verlierst aber auch nichts.*
>
> *Du glaubst nicht an Gott, und Gott existiert nicht – in diesem Fall gewinnst du ebenfalls nichts, verlierst aber auch nichts.*
>
> *Du glaubst nicht an Gott, obwohl Gott existiert – in diesem Fall hättest du ihn und damit alles verloren.*

Daraus folgerte Pascal, dass es besser sei, bedingungslos an Gott zu glauben. Damals halfen mir Pascals Gedankenspiele nicht. Eines aber zeigen sie, dass die Frage nach Gott die wichtigste der Menschheit ist. Wer dem widerspricht, hat es nur noch nicht gemerkt.

Bald werden sie mir den Leib öffnen. Ich bin bereit zu gehen. Wenn Gott es will. Bis zur Operation sind es noch zwei Tage. Hab ein Buch dabei, das ich aufgrund seiner Bedeutung endlich lesen will. Seltsam, es erreicht mein Inneres nicht. Eine Erfahrung dieser Tage: Angesichts der Ewigkeit verblassen die Wichtigkeiten. Stattdessen erinnere ich mich an Olav Hanssen. Von seinen Einkehrtagen besitze ich Mitschriften. Da geht es um die Ewigkeit. Ich lese wie einer, der Durst hat. Reines Quellwasser! Jeder Zug tut wohl! »Ein Tag, der sagt dem andern, mein Leben sei ein Wandern zur großen Ewigkeit. O Ewigkeit, so schöne, mein Herz an dich gewöhne, mein Heim ist nicht in dieser Zeit.« Das dichtete Gerhard Tersteegen. »O Ewigkeit, so schöne …«

»Wir haben jetzt elf Uhr abends. Alles ist gut gegangen«, sagt eine warme Frauenstimme. Elf Stunden lang währte die Narkose – ich lebe noch.

Das Empfinden der nahen Ewigkeit ist unvermindert da. Zwei Tage später. Zu Beginn der Rehabilitation sitzt mir der Arzt gegenüber, der mich begleiten wird. Er öffnet meine Akte. Schaut und schaut noch mal. Fast fallen ihm die Augen aus dem Gesicht: »Donnerwetter, da haben Sie aber Glück gehabt!« Spontan durchfährt es mich: »Ist es wirklich Glück, noch hier zu sein?« Das Ewigkeitsgefühl sitzt mir noch in den Knochen.

Als Renate und ich später den Hügel hinaufgehen, halte ich Schritt.

Noch einmal USA

Woher stammt bloß meine Liebe zu den USA? Wie sich das für einen anständigen Deutschen gehörte, waren die Amis auch für mich die bösen Feinde gewesen. Als sie uns 1945 überrollt hatten und wir Kinder den ersten Kontakt mit den verruchten US-Soldaten bekamen, fing das Feindbild bereits an zu bröckeln. Mit Schokolade und Kaugummi gewannen sie unsere verhaltene Sympathie. Dann wurden wir, die wir dauernd Hunger hatten, in der Schule mit »Schulspeisung« regelrecht beglückt. Die käme von den Quäkern. Das wären amerikanische Christen. Also nannte man das hochwillkommene Essen »Quäkerspeise«. Gerade waren sie noch unsere Feinde und nun beschenken sie uns? Das ging nicht in meinen Kopf, ließ mich leise grübeln. Da mag meine Liebe zu den Amis begonnen haben. Mit zwölf Jahren habe ich Karl May gelesen. Der hat mich in das Land der unbegrenzten Möglichkeiten geführt. Diese Namen allein! Wie die klingen! Sagenhaft!

Dakota, Nebraska und Wyoming; Omaha, New York und Frisco; Texas, Arkansas, Arizona; New Mexico! Welch eine Musik. In Montana gab es die Schwarzfuß-, Pigan- und Blutindianer. Für Winnetou und Old Shatterhand habe ich gezittert, als sie von den Sioux verfolgt durch die Prärie galoppierten. Die Apachen haben mich begeistert und die Komantschen geärgert. Am Knie des Missouri lagerten die Riccavees, und schon wieder hatten die Sioux das Kriegsbeil ausgegraben, den unvermeidlichen Tomahawk. Die Schoschonen waren Feinde der Sioux. Den Vollblut-Yankees bin ich begegnet und dem großen Häuptling Mah-to-toh-pah. Er trug diesen Namen, weil er vier Bären auf einmal getötet hatte. Sie nannten ihn »Bärentöter«. Den Yellowstone-River habe ich kennengelernt und St. Louis, erlebte kalifornische Cowboys in Büffelkuhleder gekleidet, erblickte mich selber an einen Marterpfahl gefesselt und von Old Surehand persönlich aus den Fängen der Cheyenne befreit. Das große Wetterleuchten in den Weiten der Prärie habe ich im Geist vor mir gesehen. Das »Wigwamfeuer des großen Geistes« nennen die Sioux dieses Leuchten. »Ich habe Manito im Blitz gesehen«, sagt der Utah-Schlangenflussindianer.

Also, wem das nicht reicht, meine Liebe zu Amerika zu verstehen, dem kann ich nun auch nicht mehr helfen. Sollte jemand wagen, mich zu belächeln, dem gebe ich zu bedenken, dass sich kein Geringerer als der große Philosoph Ernst Bloch am 11. März 1978 in der Westfälischen Rundschau zu Worte meldete: »Es gibt nur Karl May und Hegel – alles dazwischen ist eine unreine Mischung.« Da weiß man Bescheid.

Natürlich hat uns unser Jahr in Minnesota die Liebe zu diesem Land und seinen Leuten erst recht tief ins Herz gebrannt. Genährt wurde das Feuer später durch die Freundschaft mit Joe und Sharon Bobb. Als sie noch in Bonn lebten, habe ich sie besucht. Mein Auto war total verdreckt. Sie hatten gerade Stephanie bekommen, ein wunderschönes Mädchen. Als ich Bobbs am nächsten Morgen verließ und in den Wagen steigen wollte, habe ich den kaum wiedererkannt. Er glänzte wie noch nie. Joe hatte ihn schnell mal gewaschen und poliert. So sind sie, die Amis! Ich habe auch deutsche und österreichische Freunde. Wenn ich die mit meinem verdreckten Wagen aufsuche, treffen mich mitleidige Blicke. Natürlich zu Recht. Meinem Auto ist es egal. Leider kann ich Bobbs im Moment nicht besuchen. Sie wohnen zu weit weg.

1990 war ich in München und hielt einen Vortrag in der Paul-Gerhardt-Gemeinde. Da traf ich den durchs Fernsehen bekannten Pfarrer Dr. Kurt Jung, einen gebürtigen Amerikaner deutscher Abstammung. Er hatte bei Professor Helmut Gollwitzer promoviert und war in Deutschland geblieben. Seinen Ruhestand aber wolle er in den USA verbringen und zwar in Florida. Seine Frau Ruth war wegen ihres Asthmas und der gesunden Luft im amerikanischen Süden schon vorgefahren und wartete auf ihn. »Möchtest Du nicht ein Stück von Amerika besitzen?«, fragte Kurt nebenbei. »Wie soll ich das verstehen?« »In Florida kann man Grundstücke kaufen, für acht- bis zehntausend Dollar. »Ein Stück Amerika!« Das ging sofort ins Blut. Winnetou und Old Shatterhand. Wir haben uns tatsächlich zu dem Abenteuer hinreißen lassen, besitzen

Joe und Sharon Bobb

ein kleines Haus in Cape Coral im Südwesten Floridas. Dort verbringen wir den Winter und haben es nie bereut.

Natürlich begaben wir uns bald auf die Suche nach einer Gemeinde. Doch die Lutheraner, also die eigene Zunft, erlebten wir als langeilig, was uns richtig geärgert hat. So sind wir bei den Baptisten gelandet. Dort haben wir nach Kurt und Ruth weitere Freunde gefunden: Charlie und Ingrid Kellenberger, George und Leona Cummings. In einer munteren Sonntagsschulklasse sind wir gelandet. Da habe ich trotz meines begrenzten englischen Sprachschatzes sogar unterrichten dürfen. Der intensive Kontakt mit den Leuten dort gibt uns menschlich viel und meinem schwachen Englisch kommt er auch zugute.

Gern laden wir Freunde ein, aus Österreich, Deutschland und dem Norden Amerikas. Sie verbringen mit uns im Winter ein paar Wochen in der Wärme am Golf von Mexiko und nehmen so Teil an unserem Glück.

Dass alle Kinder und Enkelkinder schon da waren, versteht sich von selbst und hat viel Freude ausgelöst.

2009 in Cape Coral, Florida/USA

10.

Bilanz

Besonders schön und ziemlich peinlich

Einmal wurde ich vor einem Vortrag interviewt, woran ich am liebsten dächte, wenn ich auf meinen kirchlichen Dienst zurückblicke. Da habe ich Folgendes erzählt:

In Uelzen hatte ich eine Konfirmandin. Sie war Autistin. Niemand außer ihrer Mutter hätte sie je reden gehört, hieß es. In meiner Kindheit hatte ich schon einmal Ähnliches erlebt. Meine Konfirmandin war in sich verschlossen, konnte aber lesen und schreiben. Wenn Lehrer oder Ärzte etwas von ihr wissen wollten, fragten sie das Mädchen, worauf sie ihre Antwort auf einen Zettel schrieb. Als sie zu uns in den Unterricht kam, war sie sechzehn Jahre alt. Kerzengerade saß sie da. Im Unterricht gab es neben ernsten Dingen auch viel zu lachen. Wenn eine Lachbombe platzte, blickte ich schnell einmal zu ihr. Ob sie wohl ein wenig reagiert? Nein, das tat sie nicht. Alle lachten, sie blieb stoisch, ernst und stumm. Nach einiger Zeit aber bemerkte ich, wie doch schnell einmal der Hauch eines Lächelns über ihr hübsches Gesicht huschte.

Eines Tages klingelte das Telefon. Ein Psychologe. Ich hatte über ihn gehört, dass er in seinem Beruf sehr fähig sei, aber ansonsten ein entschiedener Atheist. Er sagte mir, dass meine Konfirmandin bei ihm in Behandlung sei. Wir wechselten einige Worte, dann sagte er, er habe das Mädchen gefragt, ob es neben ihrer Mutter irgendeinen Menschen gäbe, mit dem sie reden würde. Da habe sie meinen Namen aufgeschrieben. Wie das wohl käme, wollte mein Gesprächspartner wissen, was ich Besonderes täte. Ich konnte nur darauf verweisen, dass ich den Kindern versuche, die Schönheit Gottes vor Augen zu malen – und es würde viel gelacht. Als ich sie zu Hause besucht habe, hat sie mir in ihrem Zimmer ihre Kostbarkeiten gezeigt. Meine Konfirmandin schrieb mir, selbst als ich die Gemeinde bereits verlassen hatte, gelegentlich einen kurzen Brief in die USA, wo wir das Jahr nach Uelzen verbrachten. Ich denke, dass ihr die Atmosphäre, die vom Evangelium ausgeht, gutgetan hat.

Im gleichen Interview wurde ich nach meinem unangenehmsten Erlebnis gefragt. Spontan fiel sie mir ein, die Peinlichkeit aller Peinlichkeiten. Nach einem Gottesdienst hatte ein jüngerer Herr mit einer älteren Dame im Arm herumgestanden. Sie hatten herübergelächelt. Ich hatte ihr Lächeln erwidert. Schließlich war ich auf sie zugegangen. Weil sie sich eingehakt hatten, war es mir rausgerutscht: »Die Dame ist Ihre Mutter?«, fragte ich den jungen Mann. Sekundenstille. »Nein, sie ist meine Frau.« Mir war elend zumute. Ist denn kein Mauseloch in der Nähe? Nein, es war keins da. Wenn ich dran denke, wird mir heute noch schlecht.

Die irdischen Schätze

Als ich ein Kind war, habe ich mich danach gesehnt, Geschwister zu haben. Einmal, ich lebte inzwischen bei meiner Mutter, haben wir bei einem Sonntagsausflug einen Klapperstorch gesehen. Der, so war ich gelehrt worden, liefert kleine Kinder frei Haus, man müsse ihm allerdings eine feierliche Bitte inbrünstig vortragen. Da gab es eine hilfreiche Vorlage. So habe ich dem Storch aus Leibeskräften zugerufen: »Klapperstorch, du Bester, bring mir eine Schwester! Klapperstorch, du Guter, bring mir einen Bruder!« Geholfen hat es nicht. So habe ich schon als Kind gewusst, dass ich einmal selber viele Kinder haben möchte.

Das Leben hat es gut mit uns gemeint: Sechs Kinder haben wir: Martin, Jörg, Petra, Kerstin, Judith und Klaus-André.

Diese wiederum haben uns zwölf Enkelkinder geschenkt: Jan, Hanja, Benjamin, Elisa-Maria, Julia, Tobias, Sebastian, Viktoria, Maren, Nena, Aaron, Leo. Von den sechs Kindern ist Jörg schon von uns gegangen, mit 32 Jahren. Wir haben ihn unter großem Schmerz an seinen Schöpfer zurückgeben müssen und doch gehört er weiterhin zu uns. In meiner Liste mit den Telefonnummern aller Kinder, Enkel und Freunde steht sein Name unter 5015, Psalm 50,15. Auch die kleine Viktoria ist schon gegangen. Sie hat nur neun Tage leben dürfen, schwer herzkrank ist sie nach einer langen Operation gestorben.

Eine große Rolle spielen auch unsere Schwiegerkinder: Margot, Jörg, Dietmar, Manfred, der gestorben ist, und Angela. Unsere Kinder, Enkel und Schwiegerkinder sind unsere irdischen Schätze: »Siehe, Kinder sind eine Gabe des Herrn.« Von unseren Kindern habe ich hier nicht viel erzählt. Sie sollen, wenn sie wollen, ihre eigenen Erinnerungen aufschreiben.

Manchmal tummeln sich alle Kinder, Schwiegerkinder und Enkel auf unserer Wiese hinter dem Haus. Dann denke ich auch mal wieder an meine Mutter. Wie viel Angst und Verzweiflung hat sie wohl durchgemacht, als sie wusste, dass sie als ledige Frau ein Kind bekam? Was mögen ihr Freunde oder die Familie geraten haben? Wenn sie mich nun abgetrieben hätte ... Es gäbe alle unsere Kinder nicht, auch keines unserer Enkelkinder. Wer abtreibt, treibt nicht nur ein Kind ab, sondern viele – Enkel, Urenkel, Ururenkel und so fort. Eine Abtreibung greift nicht nur vernichtend in das Leben eines Einzelnen ein, sondern in das Leben von Generationen von Menschen. Würde unsere Gesellschaft doch so geartet sein, dass niemand mehr meint, seinem eigenen Kind das Leben nehmen zu müssen! Meine Mutter hat mir das Leben gegönnt und damit unseren Kindern und Enkelkindern und all den anderen, die noch kommen werden auch. Danke, liebe Mutti!

Renate, im Sommer 2010

Während ich dieses schreibe, ist Renate, mit der ich 51 Jahre lang verheiratet bin, neu an Lymphdrüsenkrebs erkrankt. Zehn Jahre lang hat sie das, obwohl dreimal als geheilt diagnostiziert, mit sich herumgetragen. Im November 2010 brach das Leiden erneut aus. Immer wieder haben wir gehofft, dass mit Gottes Hilfe und der Kunst der Ärzte eine neue Frist geschenkt würde. Der Himmel hat es anders gewollt.

Renate ist am 2. November 2011 heimgegangen, wie wir Christen sagen. Sie hat während ihres Kampfes nie geklagt. Einmal hat sie ein Gebet aufgeschrieben, das ihre Sehnsucht nach unserem Herrn bewegend zum Ausdruck bringt. Zuerst hat sie ein Jesuswort notiert: »Ich bin die Auferstehung und das Leben. Wer an mich glaubt, wird leben, auch wenn er stirbt. Und wer lebt und an mich glaubt, wird niemals sterben« (Johannes 11,25-26; NGÜ). Zu diesen Worten über die Auferstehung schreibt Renate:

Uns allen gilt das wörtlich. Der Weg zur Ewigkeit ist frei – zu unserem himmlischen Vater. Danke, Herr Jesus! Danke für deine Erlösung am Kreuz von Golgatha für mich! Mach mein Sterben in deine Hände hinein leicht. Jesus, ich liebe dich und wie sehr freue ich mich, dich zu sehen, das wird richtig schön und ist eine wunderbare Aussicht. Amen.

Renate fügte hinzu: »Die Ewigkeit ist um mich herum, sie hat hier schon begonnen.« Obwohl sie sich der Ewigkeit so nahe wusste, hat Renate bis zuletzt liebendes Interesse an jedem Einzelnen in unserer großen Familie und in unserem Freundeskreis gehabt. Jeden hat sie gründlich nach allem

Großen und Kleinen gefragt. Sie hat gewusst, dass bei Gott das Kleine manchmal ganz groß und das sogenannte Große manchmal nur klein ist. Uns war bewusst, welch ein Vorzug es ist, dass wir in Österreich in einem Land leben, wo Kranke und Sterbende mit Hingabe und Sachkenntnis gepflegt werden. In vielen Ländern sterben junge und alte Menschen in Elendshütten oder gar auf der Straße.

Beim 50. Jubiläum unseres Jahrgangs im Johanneum 2009 war Renate noch fröhlich mit dabei (1. Reihe, 3.v.li.).

In den letzten Tagen waren wir alle aus nah und fern immer wieder bei ihr, auch Renates Schwester Hannelore mit Claus-Peter samt Thorsten, unserem Neffen, aus Berlin. Gisela war es wegen ihrer Krankheit nicht möglich, dabei zu sein. In Renates letzter Nacht haben Martin, Klaus-André und ich bei Renate gewacht; Stunden, die wir nicht vergessen werden. Am nächsten Tag ist Renate gegen 13.30 Uhr still von uns gegangen. Judith und ich waren bei ihr. Bald darauf waren wir mit den meisten Kindern und Enkeln im Stillen Raum der

Palliativstation um Renates Bett versammelt. So konnten wir auf besondere Weise Abschied nehmen. Martin hat die kleine Feier geleitet. Jeder ging noch einmal zu ihr und machte über ihr das Kreuzzeichen – als Zeichen des Sieges von Golgatha.

Die Mitarbeiter der Palliativstation im Steyrer Krankenhaus haben wir als sehr fachkundig, sensibel und liebevoll erlebt.

Mir ist, als begreife ich jetzt erst langsam und immer deutlicher, welch eine Gottesgabe Renate für mich war. Habe ich das Zusammensein mit ihr zu selbstverständlich genommen? Jeder Tag, den man zusammen ist, ist ein Geschenk.

Gratulation von höchster Stelle

Als Kind hatte ich Abenteuerbücher gelesen. Über Afrika. Da wollte ich hin! Über Südamerika. Da wollte ich hin! Über China. Da wollte ich hin. Karl Mays Bücher haben mich in die Prärien Nordamerikas geführt. Da wollte ich auch hin. Ich wollte die Welt kennenlernen. Und dann? Dann habe ich den kennengelernt, der die Welt gemacht hat. Ein Qualitätsunterschied, wie er größer nicht sein kann! Den seinen Vater zu nennen, der die Welt gemacht hat, ist mehr, als die ganze Welt zu gewinnen. Später hat er mich übrigens überall dort hingeschickt, ich musste nicht einmal die Reisekosten zahlen. Glaubt mir, die Welt kennenzulernen ist schön. Aber was ist das gegen das Glück, den kennenzulernen, der die schöne Welt geschaffen hat? Das ist nicht zu toppen.

In diesem Zusammenhang steht mein größter Erfolg. Dazu möchte ich den von mir geliebten und verehrten Professor Dr. Rudolf Bohren aus Heidelberg zu Wort kommen lassen. Der hat einmal eine Predigt gehalten, in der er meinen größten Erfolg beschreibt. Er sprach über den 32. Psalm: »Glücklich der, dem Übertretung vergeben, dem Sünde zugedeckt ist!

Glücklich der Mensch, dem der Herr die Schuld nicht zurechnet und in dessen Geist kein Trug ist!« (Psalm 32,1-2).

Das »Glücklich«, das in manchen Übersetzungen mit »Wohl dem« wiedergegeben wird, ist ein Glückwunsch, eine Gratulation von allerhöchster Stelle:

Merkwürdig, wozu uns hier gratuliert wird! Wir pflegen zu Geburtstagen, zu Verlobungen, zu Hochzeiten, zu Beförderungen und zum Jahreswechsel zu gratulieren. Wir beglückwünschen uns, wenn wir etwas geschafft, geleistet und erreicht haben. Bei Festen und Erfolgen gibt es Gratulationen. Hier wird uns zu dem gratuliert, was Gott getan hat. Hier wird uns zur Vergebung gratuliert: Vergebung ist das Fest, die Feier des Glückes. Vergebung ist der größte Erfolg, den wir haben können – völlig unverdient … O das Glück dessen, dem die Übertretung vergeben und dessen Sünde bedeckt ist! O das Glück des Mannes, dem der Herr die Schuld nicht anrechnet! … Weil Jesus kam, weil Heiliger Geist kam, darum ist die Vergebung nicht mehr auszulöschen über euren Köpfen. Sie ist nicht mehr loszureißen von euren Herzen. Doppelt genäht, doppelt angenäht mit himmlischen Fäden ist die Vergebung an euer Leben. Da ist gar nichts mehr zu machen, als glücklich zu sein und das Fest der Vergebung zu feiern, ein Leben lang.

So weit der Auszug aus der Predigt. Der wichtigste Satz für mich: Vergebung ist der größte Erfolg, den wir haben können – völlig unverdient.

Als ich in meinen Erinnerungen grub, kamen Dinge hoch, an die ich mich nicht gern erinnere, die ich darum auch nicht niederschreibe. Ich habe manches Stoppschild überfahren, bin vor Gott und Menschen schuldig geworden. Manches weiß ich noch. Vieles habe ich vergessen. Wohin damit?

Ein Mauseloch zum Verkriechen gibt es nicht. Es gibt Besseres: Auch wenn es mir schwerfiel, ich bin zu einem Seelsorger gegangen, habe das, was mich belastet hat, herausgebracht, gebeichtet, unter dem Kreuz Jesu abgelegt, wie wir Christen sagen. Dann ist es mir zugesprochen worden: Das Blut Jesu Christi macht dich rein von aller Sünde. »Herzlichen Glückwunsch dem, dem die Übertretung vergeben ist!« Unser größter Erfolg ist die Vergebung der Sünden. Einen größeren gibt es nicht, aber geringer darf der größte Erfolg unserer Durchreise nicht sein.

Der Apostel Paulus hat den Christen in der Hafenstadt Korinth einmal einen heftigen Brief geschrieben. Ihre schweren Verfehlungen hatte er zur Sprache gebracht. Das hat ihnen arge Schmerzen bereitet. Diese Schmerzen aber haben sich als lebensnotwendig erwiesen, waren die Betroffenen durch sie doch zur Umkehr gekommen. Es gibt Selbstanklagen, die ins Verderben führen, wenn da niemand hilft. Es gibt aber auch eine Bekümmertheit über das eigene Versagen, die neues Leben ermöglicht und den Gescheiterten menschlich macht. Solch ein Schmerz hilft zur Einschätzung der eigenen Grenzen, bewahrt vor falscher Selbstsicherheit und Stolz. Paulus sagt es so:

»Ein Schmerz, wie Gott ihn haben will, bringt eine Umkehr hervor, die zur Rettung führt und die man nie bereut. Der Schmerz hingegen, den die Welt empfindet, bewirkt den Tod.«

Sich das Glück der Vergebung schenken lassen und dem zu folgen, der es schenkt, das ist es! So kommt es zur Gratulation von höchster Stelle.

Das Schönste kommt noch

»Stationen einer Durchreise« ist der Untertitel, weil ich glaube, dass wir unterwegs sind. Das Ziel ist noch nicht erreicht. Ohne ihn gesucht zu haben, ist mir der begegnet, der von sich sagt, dass er der Weg, die Wahrheit und das Leben ist, also auch der Weg zum Ziel.

Wuppertal, im Sommer 1958. Dr. Bieneck beginnt mit dem Evangelium nach Matthäus. Über seine Absicht schafft er von vornherein Klarheit. Ich schreibe mit:

Unser Hauptanliegen und Ziel ist: Wir wollen Jesus besser kennenlernen. Und damit ist auch das Hauptanliegen des Evangeliums getroffen … Das letzte Buch von Adolf Schlatter hat den Titel »Kennen wir Jesus?« Die Frage nach Jesus muss unser Hauptanliegen sein.

Die Frage nach Jesus rührt an das Geheimnis unseres persönlichen Daseins. Den ersten Christen war klar, dass das All von Christus her auf Christus hin geschaffen ist. Alles ist darum allein von ihm her zu verstehen. Wer sich mit der Welt befasst und dabei vom Mysterium Christi absieht, lässt das Entscheidende aus dem Spiel. Das führt oft zu falschem Umgang mit allem, was zur Welt gehört. Ich glaube, dass die Krise der Gesellschaft und der Umwelt eine Folge unserer geistlichen Heimatlosigkeit ist. Wer Jesus kennt, weiß auch über sich selbst, was er ohne ihn nicht wüsste. Schlatter drückt es so aus: »Wenn uns seine Kenntnis entschwindet, kennen wir uns selbst nicht mehr.« Dann kennen wir auch den Sinn unseres Lebens nicht. Unsere Sehnsucht nach dem Leben würde missdeutet und bliebe ungestillt. Die Frage »Warum und wozu sind wir da?« bliebe unbeantwortet. Wir wären ärmer dran als die Tiere. Sie kennen die großen Fragen nicht. Aber wir, wir tragen sie mit uns herum. Wenn wir uns ihnen verweigern, verkrüppeln wir unseren Geist, begeben uns auf die Ebene der Tiere.

Welchen Sinn sollte mein Dasein in einem sinnlosen Kosmos haben? Der Säugling hat Durst. Er weiß, dass es etwas gibt, das sein Verlangen stillt. Danach schreit er. Darum schreit er. Sein Durst ist ihm das Zeichen: »Da ist etwas, außerhalb von mir. Das brauche ich zum Leben! Um alles in der Welt, das muss ich haben!« Darum der durchdringende Schrei. Etwas anderes aber schreit immer mit: die Sehnsucht nach dem Ewigen. Jesus sprach vom Himmelreich. Durch Jesus weiß ich, dass wir hier »nur« auf der Durchreise sind.

Auf zwei Stationen meiner Durchreise blicke ich noch einmal zurück.

Zuerst die Oetkersiedlung. Ich denke an meine Mutter, meine Großmutter, an Heinz, Onkel Ewald und Tante Gustel, an Onkel Heini. Habe allen zu danken. Heinz war mein Freund, mit mir zu jedem Blödsinn bereit. Wir standen uns nahe. Die Erwachsenen dagegen kamen mit sich nicht klar, waren oft unter sich verkracht. Sie hatten ja auch niemanden, der ihnen half. Familientherapie kannte man nicht. Sie wären wohl auch nicht hingegangen. So gerieten sie aneinander, fügten ihren Seelen Verletzungen zu. Sie kannten nur sich. Das ist zu wenig. Den guten Hirten kennen ist das Lebensgeheimnis. Ihn nicht zu kennen ist die größte Not unserer zerrissenen Welt. Ein Liederdichter, der Jesus kannte, nennt ihn die »Gnadensonne«, weil sein Licht unser Elend aufdeckt. Aber nicht, um uns zu beschämen oder gar zu zerstören, sondern um uns von dem zu befreien, was uns beschämt und zerstört. Unser größter Erfolg. Dieser unverdiente Erfolg hat eine stark soziale Seite. Jesu Liebe lehrt uns, dem Frieden nachzujagen, einander zu helfen, vor allem, einander zu vergeben. Das hätten wir Sozialdemokraten so sehr gebraucht. Wir kannten den Friedensbringer nicht. Wenn du ihn kennst, suchst du dein Ziel nicht mehr in dir. Du bist dir nicht mehr selbst überlassen in der Masse, die von ihm nichts weiß oder nichts wissen will. Du bist einer von denen, die man »begnadigte, befreite Sünder« nennt. Die wollen nicht bloß ihre eigene Seligkeit. Ich wies auf den sozialen Aspekt. Christen geht es um Gottes Reich. Damit haben sie mehr im Auge als sich selbst. »Dein Reich komme!«, beten sie. Damit beten sie, dass es auch zu denen komme, »die noch nicht darinnen sind« (Luther). Und wofür sie beten, dafür versuchen sie sich auch einzusetzen. »Dein Reich komme!« Das zeigt wiederum, dass wir auf der Durchreise sind.

Die andere Station meiner Durchreise, an die ich noch einmal denke, ist das Lob meiner Lehrerin. Seltsam, dass es so viel bewirken konnte, dass ich meine, es habe mir die Kindheit gerettet. Ich glaube, dass im Loben ein Geheimnis liegt, fühlen wir uns doch durch ein echtes Lob seltsam tief berührt, als träfe uns ein Funke aus einer schöneren Welt. Du weißt dich angesehen, wertgeachtet, auch lieb gehabt, umarmt, von Herzen gewollt. Warum tut es so gut, gelobt zu werden? Beim Bibellesen hab ich es entdeckt: In der Ewigkeit wird gelobt! Das Himmelreich ist des Lobes voll. Was es dort sonst noch zu tun gibt, ist weniger bekannt. Wahrscheinlich werden dort keine Maschinen mehr konstruiert, keine Autos gebaut, keine Bücher geschrieben. Langweilig wird es dennoch nicht, darauf möchte ich wetten. In der Ewigkeit, das steht oben an, wird Gott gelobt. Darum ist es das Beste, jetzt, während unserer Reise dorthin, schon damit anzufangen. Überraschenderweise werden dort aber auch wir Menschen gelobt – von höchster Stelle: »Und dann wird jedem sein Lob werden von Gott« (1. Korinther 4,5b). Wenn du gelobt wirst oder andere lobst, dringt ein Funke aus der ewigen Herrlichkeit in unsere Zeit. Darum ist unsere Seele – werden wir gelobt – so seltsam berührt.

Der Grundton der Heiligen Schrift aber ist das Gotteslob: »Ich will dich erheben, mein Gott, du König, und deinen Namen preisen immer und ewig« (Psalm 145,1). Wenn wir das tun, Gott loben, tut das auch etwas mit uns. Gott wird nicht größer im Universum, wenn wir ihn loben, aber größer in uns und damit unter den Menschen. Gotteslob kommt aus einem Herzen, das den Ewigen lieb hat. Liebende loben sich.

Gott lieben und loben, auch in den schweren Zeiten der Durchreise, das ist es! Dadurch bekommt unser Leben einen geheimnisvollen Glanz. Das Schönste kommt noch. In allem, was Gott lobt, strahlt es schon in unsere Welt.

Anmerkungen

1 Paul Schütz: Die Kunst des Bibellesens: Verlust und Wiedergewinnung des biblischen Maßstabs, Hamburg 1964. 56-57.

2 Georg Gremels (Hrsg): Er führte mich hinaus ins Weite, Francke, Marburg 2001

3 *Wohin Predigen führt. Die sendungsorientierte Gemeinde als Ziel biblischer Verkündigung.* Als Buch erschienen unter dem Titel: *Harmlos, kraftlos, ziellos. Die Krise der Predigt und wie wir sie überwinden.* Witten: SCM R.Brockhaus, 2009.

4 Karl Sieghartsleitner, Günther Humer, *Der Steinbacher Weg. Gemeinsam gewinnen. Ein Modell für die lokale Agenda 21.* Steinbach: Oberösterreichischer Verein für Entwicklungsförderung, 2002, S. 8 (Hervorhebung d. Autors).

5 Karl Sieghartsleitner, Leitbild. Steinbach: Gemeinde Steinbach/Steyr, 1998.

6 Manfred Seitz, Erneuerung der Gemeinde. Göttingen, Vandenhoeck und Ruprecht, 1985, S. 15

Klaus Eickhoff

Harmlos, kraftlos, ziellos

Die Krise der Predigt – und wie wir sie überwinden

Gebunden, 13,5 x 20,5 cm, 464 Seiten
Nr. 226.281,
ISBN 978-3-4172-6281-0

Dr. Klaus Eickhoff nimmt die Predigtkultur in unseren Kirchen und Gemeinden unter die Lupe, schaut genau hin, bringt Zu- und Missstände zur Sprache und lässt zahlreiche Experten zu Wort kommen, um unsere Kirchen und Gemeinden aus Erstarrung und Belanglosigkeit herausführen.

Klaus Eickhoff

Vom Geheimnis des Leidens

Wie lieb ist der liebe Gott?

Taschenbuch, 12 x 19 cm, 80 Seiten
Nr. 395.302,
ISBN 978-3-7751-5302-7

Klaus Eickhoff erzählt von vielen Begegnungen mit Menschen, denen Leid widerfahren ist. Er zeigt, dass es keine einfache Antwort auf diese existentielle Frage gibt. Dass es jedoch Trost inmitten von Leid gibt, wenn wir uns an Jesus wenden.

Bitte fragen Sie in Ihrer Buchhandlung nach diesen Büchern!
Oder schreiben Sie an: SCM Hänssler, D-71087 Holzgerlingen;
E-Mail: info@scm-haenssler.de; Internet: www.scm-haenssler.de